U0152944

THE PERILS OF INTERPRETING

The Extraordinary Lives of Two Translators between Qing China and the British Empire

翻譯的危險

清代中國與大英帝國之間兩位譯者的非凡人生

Henrietta Harrison

沈艾娣 著

趙妍杰 譯

時報出版

中國人並不真的相信，大使們被派往他們宮廷，所懷的唯一想法是讓他們更為便利地瞻仰天命所歸的皇帝的聖德，儘管他們在官方的敕諭中如是說——他們絕非是政治中的低能。因此，如果我們很不幸地成功說服他們相信通商**並非**我們的目標，他們會以為**征服**將接踵而至。

——小斯當東，《中國雜論》，1821年

我從未後悔承擔了這項任務，可就連愚蠢透頂的人理解了其中的凶險也都會避退三舍。

——李自標，1794年二月二十日信件（傳信部檔案，羅馬）

目次

推薦序

想像這是一場穿越劇

盧正恒／陽明交通大學人文社會學系副教授

大概是我剛為歐陽泰（Tonio Andrade）的《最後的使團：1795年荷蘭使團和一段被遺忘的中西相遇史》（同樣揭露了一支歐洲使團與翻譯在歷史上的角色，推薦讀者與本書一起閱讀）完成一場簡單的座談會後不久，接到這項對我而言不亞於小斯當東或李自標在使團中的艱鉅任務。為什麼說是艱鉅？因為這本書是譯自重要史學家沈艾娣（Henrietta Harrison）2021年的大作 *The Perils of Interpreting: The Extraordinary Lives of Two Translators between Qing China and the British Empire*。沈艾娣教授自牛津大學獲得博士學位，現為英國牛津大學亞洲與中東學系中國近代史教授、彭布羅克學院何鴻燊中國歷史講座教授，同時也是英國國家學術院院士，研究領域包含清代社會文化、中西交流史、華北鄉村與宗教等，擅長在細微史料中發掘大歷史，是清代研究領域中舉足輕重的學者。雖然我從未有機會受其親炙，但是仰慕已久，過去沈教授的研究更是清史研究者不可忽略的必讀之作。

馬戛爾尼使團作為中國史乃至於世界史、全球史中至關重要的一頁，極富代表性的影響力和所引發的後續事件，業已被學界和大眾所認識，相關的研究也已經充分且完整。本書乍看下，是在探索該使團，不過其實更重要的是聚焦在居中者，或者清楚一點地說，是那些跨文化的居中者。過去已有如黃一農院士、游博清教授等學者針對此使團有細緻的探索，他們將焦點放在那些位高權重者的政治需求、鬥爭、討論、協商中。此書的英文版問世後，中文學界也有王宏志教授《龍與獅的對話——翻譯與馬戛爾尼訪華使團》（2022）一書讓我們可進一步理解多位翻譯在這場歷史關鍵中的角色。不過，讀者為何還需要閱讀沈艾娣這一本書？又可以從中看到什麼不同的歷史樣貌？我想關鍵在於，正如書中開頭揭示：「這是一本關於譯者的書」，也就是這本書不是談論馬戛爾尼使團，而是在一群最關鍵的人身上：翻譯。

今日，科技的發展，讓跨語言的對話已經漸漸不成問題；例如Google Translator已可以利用手機畫面拍攝，幾乎無痛轉換地把一種語言換成另一種語言——即便出來的成果還有進步空間——讓現代社會跨文化、語言的交換與交流變得更加簡單。漢語的「翻譯」，可以譯自兩個英語詞彙：interpreter和translator。後者，重點在於trans-，一種跨越、轉變，translator大概更像是描述那些在房間內，把一份文本轉變為另一種語言的工作者。不過，interpreter則更像是沈艾娣書中那個inter-，在兩者之間的口譯者。既然要在兩者之間，那他們就扮演至關重要的角色，不僅僅是因為轉達內容是否精確，更有可能在當中提供關乎自己利益的內容。正因如此，這樣的口譯者在歷史研究中最難以被研究，因為他們是在歷史現場用口語轉換，難以留下歷史學上仰賴的文字史料。可是，沈艾娣在這本書精湛且流暢地運用中、英雙方的資料，清楚地描繪刻畫了兩位主角的生平與經歷過的歷史：李自標與小斯當東。兩位譯者都是跨文化交流者，他們更多、更需要的是如何準確但又不準確地居中傳遞。

沈艾娣用乾隆皇帝——一位老年卻透露旺盛精力的滿洲勇士——做為開頭，指出精通各種語言的他，卻在接見馬戛爾尼時需要通過翻譯來接見前來「朝貢」（在他認知中）的使團。實際上，翻譯在有清一代都是重要的任務，早在入關前就已經大量仰賴多語言能力者。主因在於滿洲以少數統治各種多數和跨文化者，本身即需要大量翻譯人員：漢、滿、蒙、藏等。不僅是施政現場需要，中央政策的執行和各類文告的宣達，也需要多種語言的呈現。入關以後，清帝國就通過有系統的方式培養各種翻譯人才，例如書中提到松筠最初擔任的筆帖式就是一種翻譯官員；兼以各類字典的刊行，例如《御製五體清文鑑》等；最後則是語言互譯詞彙的統一，各種字詞的再定義都不單單是「溝通」，也包含背後蘊含的政治性和統治邏輯。

除了不同語言的互譯外，即便被歸納於一種「語言」的不同方言，也很可能是阻礙或產生翻譯的重要因子；正如李自標就因為善於北方方言而最終成為使團的翻譯。廣大的帝國有各種方言，正如廣東、福建方言往往和北方官話有巨大差異，乃至於被許多皇帝描述為「鳥語」。試想在今日臺灣，學習語言已是自幼稚園就開始的一種「競爭」，幾乎每一位幼童通過各種學習渠道都可以說上幾句英語詞彙——當然也提醒我們需要更關注偏鄉學童的語言教育所面臨的匱乏與困境。又，臺灣推行方言教育多年，不過作為在教育現場者，教學過程中也發現學生對於方言的理解愈來愈弱。往往與學生前往田野調查進行口述訪談時，會意外發現與不諳漢語者的年長者交談時，也會有著將方言「翻譯」成為漢語的人物出現在這些場合中。為了便宜行事，如何把某一些詞彙「清楚地」譯為另一種語言？如何把方言中有但是漢語中不會有的語詞用「合適的」方式轉譯？我們又多大程度上「相信」這些翻譯者說出來的內容呢？二十一世紀今日所發生的事情，也正是十八、十九世紀所發生的——當然我要強調，在沈艾娣這本書中呈現的這兩個世紀雖然僅隔數年，但幾位翻譯在兩個時代所面臨的狀況和局面已經彷彿截然不同的兩個世界，不僅是因為乾隆皇帝駕崩、嘉慶皇帝登基，也因為歐洲世界面臨巨大的革新和改變。

既然將二位譯者充當主角，沈艾娣開頭清楚且詳細地描寫了二位主角自幼年的生活、家世。李自標來自涼州大家族，信仰天主教已久，家境並不貧困，家族中有軍中服役者、考中科舉者，他的父親也因此有辦法在眾多子嗣、沒有傳宗接代危機的前提下，可以把他送往歐洲學習，期待他成為一名優秀的傳教士，為神服務；一名幼童在十八世紀，從涼州抵達澳門、搭上法國船艦開往模里西斯、越過非洲南端、抵達巴黎、南下馬賽、乘船抵達那不勒斯，進入另一個文化圈開始求學。書中這段過程的描述彷彿讀者可以體會那種路途顛簸、海水浸透的辛勞，最終抵達終點成為小留學生。相較於此，小斯當東的家族複雜性也不遑多讓，他的父親老斯當東在法國學習，最後前往西印度群島當醫生，一輩子期許自己和兒子能攀上高峰，通過自身的專業和手腕，最終成為馬戛爾尼摯友和親信。馬戛爾尼在擔任格拉納達總督後不久，法國奪下該處，因此他被派往印度東海岸的馬德拉斯擔任總督，老斯當東也隨著前往。面臨的又是印度本土的邁索爾政權勢力對馬德拉斯地區產生的強大威脅。馬戛爾尼和老斯當東經歷了第二次邁索爾戰爭，並且簽訂和約。在這一段過程中，讀者或許可以感受到老斯當東是一位對兒子有高度期許的父親，他用盡各種方法培養他的兒子，就連使團返國後，他寫下的專書《英使謁見乾隆紀實》（*An Authentic Account of an Embassy from the King of Great Britain to the Emperor of China*）也不斷將兒子放在C位，試圖營造出使團中小斯當東的巨大影響力。

整本書不僅僅涉及二位主角，實際上所有在事件中被提及的人皆各有意義，無論是獅子號的船長高爾（Ernest Gower），或是李自標兄長、曾在臺灣參加剿滅林爽文事件的軍官李自昌，又或是小斯當東返回中國後在英國東印度公司廣州商館遇到的高傲職員與商務員，又或是站在皇座旁的三位權臣：福康安、和珅、松筠。這些人物的個性和小心思，都在沈艾娣精妙的筆觸和引用史料編織下，被描繪得木入三分，正因為有他們活靈活現地在這本書中出場，配合上各式圖繪、地圖，更能襯托出整個十八、十九世紀栩栩如生的場景。

沈艾娣精湛的書寫技巧，讓整篇文章展現一種彼此相互猜忌的氛圍。正如《遇見黃東：18－19世紀珠江口的小人物與大世界》（同樣推薦讀者接著此書繼續閱讀）作者程美寶教授在一篇書評中提到：「**你知道嗎，看一本書，看到自己怕的，就代表這本書很厲害。**」讀者們將可以隨著每一章節，心情從而起伏、擔心，好似我們就是那個晚年四處躲藏的李自標，又像是面臨不同局勢懷抱理想的小斯當東。

不過相對地，書中的翻譯不是商業互動中針對幾兩銀子殺價的人；他們是兩個國家在「談判」過程中最關鍵的角色。跟隨著這樣的特殊角色，更重要的是「信任」對應出來的危險，誰才是被信任的人？反映出的是他們可能身陷在危險的政治互動中。李自標原先並非那位雀屏中選的主要翻譯官，正如小斯當東一開始也不是，不過在漫長的航行中，李自標逐漸被馬戛爾尼所信任和理解，並且成為受到「信任」的譯員。這樣的親信關係，當然也體現在使團的幾乎所有位置上，每一個人都是馬戛爾尼信任的人。實際上，整本書不斷利用各場事件，讓大大小小各種跨語言、跨方言的翻譯人員出現，他們或許也值得被逐一品味。

另外，我也希望讀者們可以把關注點在閱讀之餘移往在這本書中不斷提到的各種「工具」。這邊所謂的工具不是螺絲、扳手，而是那些協助學習另一種語言的書籍。書中提到大英博物館在使團出使時所收藏的漢語書籍與當時歐洲學者想要學習的詞表、語法；老斯當東曾經獲贈的漢語字典；李自標在學習時所用的工具書等；小斯當東翻譯的各種法律文本——這些都象徵著知識轉譯和表達，也展現當時文化之間轉譯的過程。例如，使團帶往中國的禮品，清方將之翻譯成「貢品」，並且被標上「貢」這個漢語；只是李自標採取了「禮物」這個詞彙。不少類似的學術討論針對晚清各種知識在中、日、西方之間的流轉翻譯，也提醒著我們今日看似耳熟能詳、習以為常的語彙，無不是經過某群跨文化者的長期努力，才得以被轉譯和傳遞。

十八到十九世紀的歷史過程，是全世界最重要的篇章之一，不單單是人群交流愈趨快速，各種文化、商品、知識、疾病快速地在世界各地交換。在此過程中，連帶著語言成為他們在異文化交流上得以一展長才的專長，小斯當東充當商館人員或李自標成為傳教士，最終一個成為致力於致富與得到重視的商人、一個成為致力傳教的傳教士。李自標終其一生在偏遠的潞安傳教，隨著嘉慶朝禁教，他的人身安全顯得危機重重，他東躲西藏，自始至終沒有被發現；不過，他的侄子採取儒家傳統葬下他那位曾在臺灣參戰並且久未謀面的兄長李自昌，展現了禮儀之爭在一個漢人傳統家庭中的矛盾和衝突。同樣嘉慶朝的變化，也穿透了小斯當東的豐富職業生涯，返回廣州在商館服務、展現高超的經營手段，而阿美士德使團遭遇挫敗後，他最後回到英國並且成為議員，似乎也不再有他在中國那段時間的榮景。或許會有讀者嘗試從學術脈絡來理解這本書，無疑這是一本極為出色且註定名留青史的重要著作。不過，我也推薦不在學術脈絡上看待這本書的讀者，不妨放下一切，採取閱讀兩個人的生活歷程，讓自己神入那個世界，想像自己是當時的李自標或小斯當東，你可以看到什麼樣的人物和體驗什麼經歷：想像這是一場穿越劇吧，穿越到真實的歷史裡面。

最後，我想用沈艾娣在書中說到的一段故事來替這本書做一個簡短的說明：李自標開始理解自己是「成為言詞的翻譯者，而非事務的闡釋者。」這是一本在談論翻譯的書，但是他們不是Google Translator或是一個呆板的AI翻譯機，他們是活生生且各自有其心機和目的的人。他們在兩個大國——龍與獅——的初次正式交鋒中，他們接收到的東西不一定會原封不動地從口中被傳送出去。他們應該被當成「人」，同樣是歷史事件中的角色。我們為何需要沈艾娣教授的書？因為我們需要擺脫傳統以政治主導者為中心的觀點，是時候該把視角轉移到這群被忽視的人身上了。

繁體中文版序

《翻譯的危險》一書的中譯本即將與中文讀者見面，我非常欣喜。羅馬天主教廷檔案中存有李自標的信件，信中講述了他作為一名中國人在十八世紀橫穿歐洲的旅途，從發現這些信件的那一刻起，我就一直確信中文讀者會為他的故事所吸引。

此外，李自標的信件還將我們帶至英國首個訪華使團的事件中心，這在英國和美國都廣為人知，但是中文讀者應該在上學時學過此事，所以了解更多。使團中還有在孩童時就學習漢語的小斯當東，隨著他的故事，本書延伸至廣州貿易的黃金時代並收尾於鴉片戰爭前的辯論。這本身也是一個為中文讀者所熟知的故事，但是通過聚焦於李自標和小斯當東，又變得有所不同。這不再是一個由馬戛爾尼勛爵、乾隆皇帝和林則徐占據主角的故事，我們轉為透過譯員的視角來觀察，所以有別於一場文明的衝突或者一個同外部世界隔絕開來的大清帝國，這成為關於彼時的歐洲和中國之間所存在的友情和聯結的故事。

除了看到一個新的講述中國近代史的方式，我希望這本書也能夠吸引眾多曾經在海外遊歷、學習和生活的中文讀者，因為這是曾經和他們有相同經歷的一代人所留下的故事。中國留學生的故事通常被理解為始於容閎、美國傳教士和洋務運動，但是在此很久以前就已經有中國人在歐洲學習。那不勒斯的中華書院創辦於1732年，當十三歲的李自標於1773年到來時，共有十五名中國學生在此學習成為神父，同時還有一組來自鄂圖曼帝國的學生，而學院的本地學生則主要來自於那不勒斯的貴族和精英階層，他們因為學院提供出色的人文教育而慕名而來。同後來的許多代中國留學生一樣，這些幼童和青年都需要學習一門新的語言（對他們而言是拉丁語），並使用這門語言開展學業。李自標到來的時候年紀尚輕，便掌握了近乎完美的拉丁語和義大利語，在宗教培訓中他們還學習了希臘語和希伯來語。和後來歷代出洋學習的中國學生一般，儘管他們置身海外多年，他們始終沒有忘記故土，也經常思鄉，一位已經歸國的年長的同學還給李自標寄來了一首詩來鼓勵和寬慰他。儘管這些中國人時刻記掛故鄉，他們也結下了超越國界的友誼。李自標的年紀比其他中國學生都小得多，而他最好的朋友是一位和他年紀相仿的義大利男孩——瓦雷梅贊公爵（Duke of Vallemezzana）的繼承人喬瓦尼·馬里亞·波吉亞（Giovanni Maria Borgia）。我所遇到的最令人動容的一份檔案是李自標寫給波吉亞的一封信，寫信時他藏身於山西的一座小村莊，且已是風燭殘年，信中講的卻是他們年少時相互交織的靈魂。在使華之後，小斯當東於十七歲時返回廣州，就職於東印度公司，為了能夠從事翻譯，他學習並提升了漢語能力，同樣也同許多華人結為好友。實際上，正是這些友人使得他在尚未有漢英詞典的時候就能夠開展《大清律例》的翻譯工作。

許多曾經出國留學的中文讀者也會有口譯的經歷，至少是在非正式的場合。他們自然能理解本書的一個主要論斷，即翻譯在塑造所要傳遞的資訊時所具有的重要性以及這在談判中所發揮的作用。在亞洲，翻譯研究以及口譯的歷史是重要的學術領域，針對這一主題的許多重要研究都用漢語書寫。在本書中，我主要關注口頭翻譯，但這是一個遠早於留聲機的時代。我希望能夠將讀者帶離那種翻譯職業化的敘事，因為這指向的是精準無誤、不偏不倚的譯文，並且讓讀者明瞭翻譯總是複雜且不完善的，而口譯——特別是在外交中——總是有其特定的社會和政治語境。那些做過口譯的人會更加容易理解和接受此事。這種情況也給口譯者賦予權勢，但這也會將他們置於潛在的危險當中，這也是書名「翻譯的危險」的由來。

為了從事這項關於譯員及其生平故事的研究，我使用了一些中國學者無法輕易獲取的檔案材料，並將它們同我在電子資料庫中所能夠找到的史料聯繫起來。長久以來，天主教會都是一個全球性的機構，其檔案也多使用多種語言，但主要是歐陸的語言，直到二十世紀末期之前都很少使用英語。現存的李自標的信件乃是用拉丁語和義大利語寫就，對這個故事感興趣的翻譯史學者也未曾讀過這些信件。我也隨即使用網路搜索來追蹤那些我辨認出來的人物。例如，羅馬的檔案中有一封義大利語信函提到李自標的兄長李自昌，我也找到了他名字和軍銜的漢語寫法。隨後通過電子資料庫，我也在《平臺紀事本末》中找到了與李自昌相關的材料，此前從未有人曾想到這一材料會與馬戛爾尼使華有關聯，同時在北京第一歷史檔案館中也有相關的材料。為英國人擔任翻譯的李自標和他的這位兄長之間的關聯，也成為我從馬戛爾尼使華所發掘的最為精彩的故事之一。

我也自覺極有必要擺脫那些已經發表的檔案彙編，因為這些在很大程度上都是有所取捨的，而且也深刻地影響了我們對歷史事件的理解。關於使團的檔案有民國時期故宮博物院的中國學者刊印的《掌故叢編》，其中強調了清朝拘泥於叩頭儀式而忽略了軍事防禦，同樣也有差不多同期出版的馬士（Hosea Ballou Morse）所著的《東印度公司對華貿易編年史》，在這些文獻中，這一問題顯得尤為突出。有別於此，我使用了北京中國第一歷史檔案館於1996年所刊印的《英使馬戛爾尼訪華檔案史料彙編》中的全部檔案，也通讀了現存於大英圖書館的印度事務部檔案中所錄的中國商館檔案（亞當馬修出版社〔Adam Matthews〕於2019年在網上發布了《東印度公司：中國、日本及中東的商館檔案》〔*East India Company: Factory Records for China, Japan and the Middle East*〕）。

最後，我也想向來自中國社會科學院的譯者趙妍杰表達衷心的感謝。多年以前，她翻譯了我之前的作品《夢醒子：一位華北鄉居者的人生（1857–1942）》。她在譯文中所展現的「信」和「雅」以及她本人作為一名備受尊重的歷史學者所體現的認真負責，讓那本書廣受中文讀者的歡迎，我相信《翻譯的危險》一書也能獲得同樣的認可。

沈艾娣

2024年4月25日於牛津

人物表

涼州李家

李自標，又稱李雅各（Jacobus或Giacomo Ly）、梅先生（Mr Plum）、梅雅各（Jacobus May或Mie乜）

李方濟，其父

李自昌，其兄，清朝軍官

李炯，李自昌之子，儒生

麥傳世，原名Francesco Jovino di Ottaiano，傳教士

戈爾韋的斯當東家

小斯當東，原名喬治·湯瑪斯·斯當東（George Thomas Staunton）

老斯當東，從男爵喬治·萊納德·斯當東爵士（Sir George Leonard Staunton bart.），其父

簡·斯當東（Jane Staunton），娘家姓柯林斯（Collins），其母

約翰·巴羅（John Barrow），小斯當東的數學教師，後成為海軍部祕書

伊登勒（Johann Christian Hüttner），小斯當東的古典學教師

本傑明（Benjamin），為照顧小斯當東而購於巴達維亞的一名奴隸

阿輝（A Hiue），一名被帶到英國同小斯當東講漢語的男孩

吳亞成（Assing或Ashing），曾用吳士瓊之名，隨斯當東一家於1794年來到倫敦，後來投身貿易

彼得·布羅迪（Peter Brodie），老斯當東的朋友，後來娶了簡的妹妹**薩拉**（Sarah），他們的孩子中有醫生**本傑明·柯林斯·布羅迪**（Benjamin Collins Brodie）和律師**彼得·貝林傑·布羅迪**（Peter Bellinger Brodie）

湯瑪斯·登曼（Thomas Denman），一位表親，後來成為首席大法官

喬治·林奇（George Lynch），小斯當東的繼承人，以及其他信奉天主教的**林奇**家族中的愛爾蘭表親

清廷

乾隆皇帝，1736–1799年在位

嘉慶皇帝，1796–1820年在位

道光皇帝，1820–1850年在位

和珅，乾隆的寵臣，掌管帝國財政

福康安，成功的將軍，其兄為**福昌安**

徵瑞，與和珅交好的稅務專家

松筠，恪守儒家道德的蒙古族邊務專家

梁肯堂，直隸總督，他的兩位僚屬陪同馬戛爾尼使團：鹽政官員**喬人傑**和武官**王文雄**

和世泰，嘉慶皇帝的妻弟

蘇楞額，長期在內務府供職的官員

廣惠，阿美士德使華時徵瑞的繼任者

張五緯，阿美士德使華時喬人傑的繼任者

林則徐，1838年被派去清理鴉片貿易的欽差大臣

袁德輝，英文和拉丁文的翻譯

兩廣總督：**郭世勳**，經辦了通報馬戛爾尼使華一事；**長麟**，一位貴族，及其簡樸的表親**吉慶**；**吳熊光**，曾處理1808年英國占領澳門一事；**蔣攸銛**，為人謹慎

英國人

國王喬治三世（George III），1738–1820年在位，但是自十八世紀八〇年代起便患有嚴重的精神疾病，於是在1810年由其子任攝政王代替，即後來的**喬治四世**（George IV）

威廉・皮特（William Pitt），首相，以及他的外交部長**亨利・鄧達斯**（Henry Dundas）

喬治・馬戛爾尼（George Macartney），利薩諾爾伯爵（Earl of Lissanoure），1793年擔任英國首位出使中國的大使

簡・馬戛爾尼（Jane Macartney），馬戛爾尼之妻，布特（Bute）伯爵之女，雖失聰但是在政治上頗為活躍

愛德華・溫德（Edward Winder）、**約翰・克魯**（John Crewe）及**喬治・本森**（George Benson），馬戛爾尼的愛爾蘭親戚

額勒桑德（William Alexander），青年畫家

威廉・皮特・阿美士德（William Pitt Amherst），蒙特利爾的阿美士德男爵，帶領了1816年的訪華使團

亨利・艾理斯（Henry Ellis），白金漢郡伯爵的私生子，陪同阿美士德使華

亨利・約翰・坦普爾（Henry John Temple），以**巴麥尊勳爵**（Lord Palmerston）之名為人所知，外交部長

義律（Charles Elliot），鴉片戰爭期間派駐廣州的商務總監督

天主教會

郭元性，又名Vitalis Kuo，李自標父親的朋友

郭儒旺，（Giovanni Kuo，別名 Camillus Ciao），郭元性之侄

李自標在那不勒斯的同學：**嚴寬仁**（Vincenzo Nien）、**柯宗孝**（Paulo Cho）、**王英**（Petrus Van）和**范天成**（Simone Fan）

基納若．法迪卡提（Gennaro Fatigati），那不勒斯中華書院院長

喬瓦尼．馬里亞．波吉亞（Giovanni Maria Borgia），瓦雷梅贊（Vallemezzana）公爵的獨子，李自標的朋友

基安巴提斯塔．馬爾克尼（Giambattista Marchini），掌管澳門中國傳教團的財務

錫拉巴（Lorenzo da Silva），一位法國遣使會傳教士在澳門的僕人，能講多種語言

索德超（José Bernardo de Almeida），居住北京的葡萄牙前耶穌會士

劉思永（Rodrigo da Madre de Dios），澳門的通譯處負責人

吳若瀚（Giambattista da Mandello），方濟各會士，山西宗座代牧（主教），及其繼任者**路類思**（Luigi Landi）和**若亞敬**（Gioacchino Salvetti）

中英貿易

法蘭西斯．百靈（Francis Baring）和**威廉．埃爾芬斯通**（William Elphinstone），位於倫敦的東印度公司董事會主席

亨利．百靈（Henry Baring）、**喬治．百靈**（George Baring）和**益花臣**（John Elphinstone），法蘭西斯．百靈與威廉．埃爾芬斯通之子，三人被安置在公司駐廣州辦公室

潘有度，又稱潘啟官（Puankhequa），多年的資深行商；他的親戚**潘長耀**，又稱康官（Consequa）

劉德章，又稱章官（Chunqua）；其子**劉承澍**，一位京城的戶部官員

伍秉鑒，又稱浩官（Howqua 或 Houqua），同美國人過從甚密

鄭崇謙，又稱侶官（Gnewqua），其生意破產

安東尼奧（Antonio），華人通事之子，能講西班牙語

李耀（Aiyou 或 Ayew），魯莽的年輕通事

何志，又名約翰·賀志（John Hochee），後移居英國

喬治·米勒（George Millet），東印度公司的船長

伊拉斯謨斯·高爾（Ernest Gower）、**度路利**（William Drury）、**弗朗西斯·奧斯丁**（Francis Austen，珍·奧斯丁之兄）和**默里·麥斯威爾**（Murray Maxwell），英國海軍軍官

馬禮遜（Robert Morrison），首位前往中國的新教傳教士，其子**馬儒翰**（John Morrison）

梁發（Liang Afa），馬禮遜的皈依信徒，其子**梁進德**

引言

1793年季夏的一日清晨，英國派往中國的首任使者、利薩諾爾伯爵（Earl of Lissanoure）喬治・馬戛爾尼（George Macartney）身著巴斯騎士團（Order of the Bath）的長袍，鴕鳥羽毛垂於頭頂，在乾隆皇帝面前下跪，雙手將一金匣舉過頭頂，金匣外嵌鑽石，內含英王喬治三世的信件。[1]乾隆是十七世紀征服中國的滿族勇士的後裔。他能講漢語和滿語，同時也懂得足夠的蒙語、藏語、維吾爾語，接見來自這些區域的使團時無需翻譯，他也頗為此自豪，但此時此刻卻非得有翻譯。[2]

年少時曾遍遊歐陸的馬戛爾尼，此時講的是義大利語。他的言詞由跪在他身後的一位年紀稍輕的人譯成漢語，此人身著英式服飾，戴有白色假髮，自稱姓梅，但真名李自標，是來自於中國西北邊區的天主教徒。[3]李氏在那不勒斯受學，講的是簡單的漢語而非朝廷中的官話，但是對皇帝卻極為恭敬，同時也有一種他自帶的引人親近的真誠。當他轉向馬戛爾尼時，則是將皇帝的話以文雅且正式的義大利語轉述出來。皇帝聽了一小段陳詞，問了幾個禮節性的問題，之後賞賜馬戛爾尼一塊玉如意。

當馬戛爾尼退下時，他的副手喬治・萊納德・斯當東（George Leonard Staunton）取而代之，這是一位接受耶穌會教育的愛爾蘭新教徒，熱衷於當時的科學發現，信奉盧梭，蓄有奴隸，支持新近的法國大革命，也是馬戛爾尼長期的朋友、祕書和親信。老斯當東一輩子的大事就是教育年方十二的兒子喬治・湯瑪斯，此時也跪在他身旁。李自標仍在翻譯，這次是譯成拉丁語，小斯當東（George Thomas Staunton）能聽懂兩邊的話：他父親自他三歲起就開始同他講拉丁語，他見到李自標的前一年就開始學習漢語。當乾隆帝詢問英人中可有能講漢語者，此前已見過小斯當東的大學士和珅頗懂得如何逗老皇帝開心，便稟報有個男童能講些許，並將他叫上前。小斯當東有些靦腆，不過當皇帝解下腰間的黃色絲綢荷包並賞賜給他時，他也能用漢語講出幾句致謝的言詞。[4]

御座旁邊，一起觀禮的是當世最有權柄的三位大臣：後來成為嘉慶皇帝的親王、剛剛在西藏平定廓爾喀人也是最受乾隆賞識的將軍福康安、掌控帝國財政的和珅。在場的還有松筠，此人原本是從事滿蒙翻譯的生員，那時剛從北方邊境歸來，在那裡同俄國人議定了《新恰克圖條約》。在接見和宴請英國使團後，乾隆命福康安、和珅和松筠帶馬戛爾尼去花園賞玩，相較於和珅的閃爍其詞和福康安的傲慢無禮，松筠則熱切地打聽俄國政治和政府，令曾出使俄國的馬戛爾尼頗為受用。

這是中國同西方交往的歷史中最著名的時刻之一，而乾隆皇帝不論是在歷史中還是在生活中都處於舞台中央。此時他已年過八旬，簡單地穿著深色長袍，盤著雙腿坐在御座之上，不過他作為這個幅員遼闊的帝國的專制君主已近半個世紀。即便是和珅和福康安同他講話時也需要下跪，他也樂於被人頌揚他在位時是中國歷史上最輝煌的統治之一：在經歷朝代更迭帶來的百年戰亂之後，人口遽增，農商俱興，清帝國也在對西北的蒙古人和準噶爾人用兵之後達到全盛，在他的贊助之下，藝術與學問也日益繁榮。遠在華南海岸，中國的物產也令歐洲人慕名而來：精美的絲綢和瓷器尚無法在歐洲複製。近來同英國的貿易也興盛起來，主要是因為歐洲人和美國人漸尚飲茶，而只有中國栽種茶葉。

在接見英國使團之後，乾隆果斷拒絕了英國人在京師派駐使臣和在岸邊覓一小島作為貿易基地的要求。很快在歐洲，人們便傳言乾隆此舉是因為對馬戛爾尼不悅，馬戛爾尼僅願單膝跪地，而非行朝廷中正式的三拜九叩之禮。[5] 此後，此次出使的失敗便歸咎於乾隆皇帝：作為天子，自詡為文明世界的主宰，卻對崛起的英國勢力一無所知，也未能意識到馬戛爾尼絕非僅是一位遠方君主派來護送貢品的使臣。

然而，當我們把目光從乾隆皇帝身上移開並轉向在場的其他人時，這次出使便有了新的意義。這是一本關於譯者的書：為馬戛爾尼勛爵翻譯的李自標以及憑藉父親所寫的使團官方紀錄而大獲稱讚的小斯當東。他們的經歷引人入勝，因為他們都是難得的通曉多國語言的人，兩人知識淵博，精通並由衷熱愛他方的文化。兩人都曾在年幼時遊歷，因此在理解對方的文化時頗為無礙。兩人在成長的關鍵時期都與天生所屬的同齡人疏離，使得這種跨文化理解得以強化：就李自標而言，他在那不勒斯天主教神學院學習時，年紀較其他中國學生小了很多，就小斯當東而言，當他被派往廣州的東印度公司工作時，當地的英國年輕人排斥任何他們社交圈子之外的人員得到任命。這種疏離促使李自標和小斯當東兩人在少年和青年時期都形成了非常堅韌的跨文化友情，而這又塑造了他們後期認知世界的方式。兩人都常常思鄉，從來都是將自己視作另外一個大陸上的異客，但是當他們返回故國時，卻又往往顯得不同於常人。

戴白色假髮的李自標和跪在中國皇帝面前的小斯當東的故事，向我們展現了中國和英國的接觸並不是初次相遇的文明之間發生的衝突，而是早期現代世界全球聯繫日益密切的結果。把英國人帶到中國的茶葉貿易，實則源自於十六世紀葡萄牙和荷蘭海員將香料販至歐洲的航行。在很多地方，這些貿易擴展至區域統治，荷蘭人控制了大部分爪哇，在一段時間內也在臺灣建立了據點，而葡萄牙人則在果阿、麻六甲以及華南海岸線上的澳門建立了貿易基地。隨葡萄牙人而來的是第一批天主教傳教士，這批傳教士的繼任者仍然在清廷擔任藝師、技工和星象師。近兩百年間，天主教傳教士遍布中國：李自標祖上是最早皈依基督教的家族，也因為天主教會的全球機制遠赴歐洲。

同期英國定居者在美洲建立的殖民地因為美國革命而丟失大部。到馬戛爾尼使華時，英國對外擴張的重心已經轉移至印度，在那裡原本的一些小型貿易據點已經轉變為一個龐大的殖民帝國。老斯當東與馬戛爾尼初次相遇於加勒比海的格拉納達島（Grenada），而馬戛爾尼剛獲任此地總督。當格拉納達被法國人占領時，馬戛爾尼覓得新職，這次是去印度東海岸的馬德拉斯（Madras）任總督，老斯當東則擔任他的助手。然而，邁索爾（Mysore）的軍事力量不斷擴張，馬德拉斯長期受此威脅；兩人回國時相信英國在印度建立的新帝國會崩塌，一如之前在美洲建立的帝國。英國政府意圖通過擴大對華貿易來支持和資助在印度的擴張，所以派出使團，兩人也因此來到了中國。

小斯當東生於1781年，也是他父親出發去馬德拉斯那年，隨著他成長的過程，英國在印度的勢力得到了擴張和鞏固，這重塑了整個已相互連接起來的世界。位於西藏南境的廓爾喀邦試圖擴張，馬戛爾尼使華時，福康安正在遠征廓爾喀人，因此也聽說了英人在印度的勢力，但彼時對於他來說這並不是什麼重要的軍事問題。英國在印度海岸占領的一連串地盤原本並不大，而且朝夕不保，然而在此後的數年間轉變為一個龐大的殖民政權。拜這一進程所賜，英國海軍的巨型戰艦也在南中國海游弋，令人心悸，原因是他們要同法國和美國開戰。

到馬戛爾尼使華之時，通過貿易、宗教、金融方面的交流，中國已同英國、歐洲、美洲之間互通互聯，李自標和小斯當東的幼年經歷也充分展現了其程度之深。從李自標的視角來看，此次出使取得了成功：即使英國沒有達到本初的目標，雙方已開展了有意義的談判，當使團離開時，英國和清廷的官員都對結果感到滿意，也對未來充滿希望。然而，到了十九世紀前期，掌握居間翻譯技能之人的處境卻變得日益險惡。小斯當東後來成為著名的漢文譯者，亦在英國對華貿易中成為銀行家，但當英國海軍於1808年武力占領澳門後，他的兩位華人密友被發配邊疆，而嘉慶皇帝威脅要擒他時，他也不得不出走以為上計。嘉慶也對作為外來宗教的天主教嚴加鎮壓，李自標只得隱匿起來，自十六世紀耶穌會士來華後便在宮廷中效力的歐洲傳教士也被驅趕殆盡。1838年，林則徐前去接管廣州，雖然他為人機敏，也樂於了解英人，但其禁煙政策則主要基於現成的中文書面材料，有時他掌握的情況甚至不如早前的乾隆皇帝。結果他引發了一場戰爭，而曾旅居海外或在廣州城同洋人打過交道的中國人都知道這場戰爭根本打不贏。

本書聚焦於作為翻譯的李自標和斯當東，自然也關注外交事務，大的背景是中國與早期近代世界的互通互聯，而此時的世界日漸成為帝國主義和暴力衝突的舞台。長期以來，這些衝突被解釋為源自清廷對外部世界的無知，尤其是從古老的朝貢體制調適為近代國際關係的新世界所遇到的困難。十九世紀，英帝國主義者以此作為開戰的理由時，這一觀念便牢牢地扎下根來。嗣後，中國的民族主義者亦以此攻訐清廷，以正革命之名，於是更是將這一觀念嵌入中國近代的國家歷史之中。[6]

中國作為文明的中心，外人前來納貢以示恭敬，這一典範既歷史悠久又根深蒂固。實際上，這一概念近來在中國的國際關係學者中有所復蘇，他們以此來解釋中國當下在東南亞及其他地方施加更大影響力的願望，並將此事合理化。[7]然而，對於清朝而言，這只是一個強大的理想，而非對於現實世界的展現，至少在清朝皇帝眼中是如此。清朝由十七世紀征服中國的滿洲武士所建，他們為了管理帝國所建立的制度中包含了諸多本族傳承的元素，這些與漢族的典型傳統有大不同之處。[8]即便是到了十九世紀中後期，處理與外國關係的決策仍是皇帝和近臣的特權，他們也多為滿人。我們越是了解他們制定政策的細節，就越會發現他們的決定也受到當下現實政治的左右。朝鮮一直被視為標準的朝貢國，清朝與朝鮮的關係變化便是一個例證，作為國家收入來源的貢品的價值同樣也是一例。[9]

我們一直以來都清楚中國同歐洲以及後來同美洲接觸的重要性：十六世紀以來耶穌會士在華傳教以及十八世紀貿易的大擴張。馬戛爾尼使華之後的數年，是這些對外接觸的重大轉捩點。喪失美洲殖民地後幾近崩塌的大英帝國重心東移，在鞏固了對印度的控制後也進入了一個新的階段。英國人在心理上免不了要證明印度殖民統治的正當性，這急劇改變了他們對歐洲之外族群的觀念，也深刻影響了他們如何看待中國和中國人。同一時期，歐洲國家之間的外交關係也為法國大革命所改變。數百年來，歐洲的外交都是由王子和皇帝們所議定，他們的社會地位都有正式的層級，而到了十九世紀初，基於平等主權國家之間的外交這一現代理念開始生根發芽。[10]

這一時期的中國同樣面臨著轉折，乾隆駕崩後顯現出來的財政危機，在整個十九世紀裡支配了政策制定的過程。由於要同法國開戰，英國已習慣於發行國債這一新手法，也使其能夠造出威脅華南海岸的巨型戰艦，而清政府為維持日常運轉已顯得左支右絀，根本無力再在軍事上進行巨額投入。[11] 這場危機驅使清朝官員制定了限制對外接觸的政策，這又深深影響了李自標和斯當東的人生。竊以為，這些政策屬於更大範圍內中國人看待世界方式的重塑，官員們重振了典型思維的元素，其中便有朝貢體制的儀式，這也是他們面對英國海軍威脅的政治因應。

李自標和小斯當東的人生經歷幫助我們理解這些變化，因為作為翻譯，他們使得我們能夠聚焦於國與國交往的機制。王宏志將翻譯問題視為理解清朝早期對英關係的關鍵，就這一時期的譯員著述頗豐。儘管在此書中，我認為英國海軍力量的威脅驅使清朝採取禁絕西方的官方政策，我也認同王宏志的論點，即翻譯對於外交而言至關重要，因為對於漢語、英語這兩種迥異於彼此的語言來說，翻譯的過程不可能是簡單而透明的。[12] 外交翻譯的角色不可或缺，特別是在罕有他人具備必需的語言技能的情境中。在馬戛爾尼使團中，李自標既要譯成漢語又要將漢語譯出，絕大部分時間沒人能聽懂他在講什麼。當今專業的口譯者通常是女性，她們被想像為隱形的聲音，即便如此，外交翻譯仍然頗具分量：上層領導人可能有專屬的翻譯，而重要的談判可能會讓高級別的外交官參與翻譯。[13]

口譯者的力量源自翻譯的特性。今天我們經常談論資訊由一地到另一地的流動，但是對於所有的資訊，呈現即塑造。翻譯者開始要先選擇他想傳達的東西，然後必須決定是嚴格對照原文——這樣會顯得外國腔十足——還是用讀者的語言原本的表述方式重新寫出來。當這些資訊被呈現給政治決策者時，這些決定通常至關重要。最著名的例子就是「夷」字，中國人經常用它來稱呼英國人。李自標和斯當東都將它理解為外國人的意思，但是到了十九世紀三〇年代，支持戰爭的英國作家堅稱它的意思是野蠻人，這也廣為英國議員所知。斯當東為此大聲疾呼，認為這種翻譯在道德上即屬錯誤，因為它「傾向於加深我們與中國人的裂痕。」[14]

口譯者面臨著與書面譯者一樣的選擇，而且需要速度更快，同時也需要置身於一種社會情境中，即雙方在文化上的態度可能截然不同。即使是今日最精準和最專業的口譯者，也僅能做到部分傳遞，除非事先能夠獲取文件並提前準備。同步口譯要求譯員做到邊聽邊講，直到二十世紀才出現。在此之前，所有的口譯都是講順序的：譯員先聽取別人講的話，然後用另一種語言表達出來。[15]在這種情境下，口譯者的選擇和決定變得更加重要。

口譯對於歷史學者而言是一個難以處理的主題，因為在錄音設備出現之前的時代，言出即逝。我們僅能從斯當東和李自標的書面譯文中猜測他們如何開展口譯，而李氏的譯文大部分已散佚，僅餘殘章，因此也更為困難。據我們所知，李自標並未做筆記，而且他也不太可能逐字逐句記住馬戛爾尼所講的話，因此他一邊聽一邊需要決定傳遞哪些要點。他同樣要選取正確的語調和方式，以適合馬戛爾尼希望傳遞的內容並且能夠為乾隆皇帝所接受。李自標的選擇不可避免地塑造了皇帝和大臣所聽到的內容以及他們對此的反應，絲毫不亞於馬戛爾尼的話。

成功的翻譯遠非僅是一項語言能力。同這一時期的諸多譯員一樣，相較於翻譯者，李自標的角色更像是談判者。儘管理想的譯員應當單純把講話從一種語言轉成另外一種語言，但在十八世紀通常的期望並非如此。[16] 在北京為馬戛爾尼和清朝官員翻譯時，李自標經常穿梭於兩邊，他們甚至不是同處一室。他將此舉描述為向清朝官員闡釋「大使心中所思」。[17] 這給了他很多自己作主的空間，最明顯的是他把一條自己的主張塞進了商談之中。

正是這種權力使得翻譯變得如此凶險。譯員要獲得語言技能，不可避免要深深沉浸在另外一種文化之中，而國民身分也顯然是一個引起猜疑的問題。然而引發猜疑的絕不止於此，還有社會階級、制度利益和宗派政治：李自標在英方的要求中夾帶私貨時，顯然不是忠於馬戛爾尼或是中國，而是以天主教徒的身分行事。出於同樣的原因，英、清兩國政府都極度擔心廣州貿易的既得利益會影響到兩國之間的商談。馬戛爾尼選李自標作翻譯，很大程度上是因為他把自己看作是在替英國政府行事，因此要避免起用與東印度公司有聯繫的譯員。在多年後的鴉片戰爭中，清朝負責談判的官員寧可接受他們憎惡的英國翻譯，也不願任用能講英語的中國商人及其雇員。

譯員的經歷告訴我們，同另外一個文化打交道時，擁有外語技能是至關重要的，而這也會帶來許多信任的問題，以及當兩國關係交惡時也會身處險境。十九世紀初期，隨著英國擴張在印勢力，這種情況就在中國出現了。本書認為，當時的中國有為數不少的人對歐洲知之甚多，但是英國的威脅讓擁有這些知識變得危險，因此便無人願意顯露。

馬戛爾尼使華之所以令歷代歷史學者著迷，部分是因為事件本身充滿謎團。馬戛爾尼的日記中到處都是他對遇到的中國官員的抱怨，他難以理解這些人為何那般行事。今天我們從清朝檔案中了解到更多乾隆皇帝做出官方決定的過程，但是仍有諸多方面尚未可知：為什麼馬戛爾尼被問到了位於喜馬拉雅山脈的英屬印度邊界處正在發生的戰爭？清朝西北邊疆的專家在制定對英政策中發揮了何種作用？他們對於歐洲列強知道多少？而乾隆本人又知道多少？我們僅能通過被書寫且保存下來的東西來了解過去，但是在雲譎波詭的清廷政治中，離權力中心越近的人，往往越少留下私人紀錄。我們之所以認為口頭翻譯頗有價值，一定程度上是因為它把非正式會面和談話帶回政治決策的核心，這也提醒我們有多少東西是我們無從得知的。我們清楚知識本身就是一件強大的政治工具，而這也把知識的問題帶回至我們闡釋中國同西方關係的中心。

此外，很重要的一點是要認清在外交談判中欺詐是常有的事，甚至真正的無知對政治決策者而言可能有戰略意義。[18]中方和英方都寫到對方天性狡詐。但這實際上並不完全是實情：廣州貿易之所以成功，就是因為雙方在打交道時都小心翼翼地誠實以待，大額買賣完全依賴所涉商人的榮譽和信用。然而無疑在外交互動的過程中，雙方都時不時地欺騙對方：在馬戛爾尼是否在乾隆面前下跪叩頭這一最為著名的問題上，中方和英方的證據互相矛盾，很顯然有人講了假話。甚至當我們面對這些談判的書面紀錄時，我們也不能總是完全相信。

這給我們帶來了另外一個疑問：為何清朝政府對於1839年的英國如此無知，以至於他們挑起了一場壓根就無望獲勝的戰爭？在鴉片戰爭前夕，被派往廣州取締英國人主導的鴉片貿易的欽差大臣林則徐向皇帝上奏稱，英人「其腿足裹纏，結束緊密，屈伸皆所不便，更無能為，是其強非不可制也。」[19]在同歐洲人密切接觸兩個世紀之後，這種荒唐的說法居然出現在關鍵的決策過程中。一種可能的解釋無疑是中國精英歷來崇仰本國文化而輕視他國文化，這也是長期以來的論調。同樣真實的情況是，不論在中國還是在歐洲，精英人士都想從書本中獲取學識，而非向傭人、水手甚至翻譯這樣的普通人學習，而恰恰是這些人對世界的了解更多。

回顧李自標和斯當東以及他們生活的世界，我們不能簡單地說此時的中國人對西方一無所知。可能本書的讀者最終仍然會認為1839年的中國依然封閉且對西方缺乏了解，但我希望你最終會相信我們仍需更加努力地思考究竟是誰無知，且為何。在十九世紀早期的中國究竟對歐洲有何種了解？而這種知識為何不能傳遞到最高決策層？這些都是不可能回答的問題，但是即便如此，思考這些問題依然重要。

李自標和小斯當東被請去做翻譯，是因為他們具備必要的語言和文化技能。他們都不是職業翻譯：李自標是天主教神父和傳教士，而小斯當東在中國的職業是作為英屬東印度公司的職員從事貿易。然而不同於我們後文會遇到的對華貿易中的專業通事，他們兩人都是在重要的外交場合做翻譯，因此能夠對他們了解得更多。李自標將他參與馬戛爾尼的活動都寫信報告給那不勒斯書院和羅馬教會裡的上級。在之後的生涯裡，他每年都持續向他們寫信報告，同時也給那不勒斯書院的學生寫了大量的信件。小斯當東是一位多產的作家，也有足夠的家貲來出版十七本書，大部分都是自掏腰包，其中呈現了他想要傳遞給後代的人生際遇。出於謹慎，他燒掉了幾乎所有書信，但是卻保留了他兒時訪華時的日記，他母親也留下了他從中國寄來的信件。這些材料又引出了其他材料：李自標胞兄在清軍的履歷文件、小斯當東友人李耀在廣州獄中所寫的信以及其他諸種。

為了將這些故事置於歷史情境當中，本書使用了當時主導了中西關係的三大機構的檔案：清朝政府、天主教會和英屬東印度公司。李自標和小斯當東的人生皆為這些機構所塑造，也通過它們為世人所研究。樊米凱（Michele Fatica）是第一位寫了李自標及其在馬戛爾尼使團中的角色的人，他也正是研究那不勒斯書院歷史的專家，而該院自十八世紀中葉便開始將中國人訓練為天主教神父。[20]陳利在小斯當東的觀念如何影響西方人理解中國法律方面著述頗豐，也研究了廣州的混合司法實踐，彼時商業和刑事案件都在具有不同法律傳統的雙方之間反覆交涉。[21]

這些檔案中的任何一個都是卷帙浩繁且複雜無比，單獨研究其中一個都意味著學者要窮其一生。隨著越來越多的檔案獲得出版，借助電子搜尋引擎使得我們能夠將這些檔案聯繫起來，大大轉變了我們對於此時中西關係的理解。通過研究在華傳教的耶穌會士，我們知道了乾隆的祖父康熙掌握西方算術，令朝臣嘆服，同時歐洲和中國學者之間也建立起了私人社交網路。[22]廣州貿易的海量檔案，遠遠超出英屬東印度公司的資料，經過探究也為我們展示了另一個世界，其中數以百計的中國人每日進出外國庫房，英國富商同華商共餐並享用鱉湯，甚至華人精英能講英文並在美國投資。[23]現在的學者也逐漸發現，以這些貿易的規模之大、價值之高，總有途徑能夠通往英國和中國的政治高層，不僅是通過例行的稅收體系，還能借道乾隆皇帝的內廷度支以及英國私人投資者的政治影響力。[24]

在這些檔案裡，小斯當東和李自標都有諸多別名，這也反映了當時複雜的起名字的習俗，並結合了作為本書主題的跨文化歷史。小斯當東在獲洗禮時被母親起名湯瑪斯，這是他兒時使用的名字，而當喬治・萊納德・斯當東（老斯當東）從印度回國時，希望自己的兒子能隨自己叫喬治。在父親故世之後，小斯當東也經常被稱為喬治爵士，而出版時的署名為喬治・斯當東爵士。在漢語世界中，他則以「斯當東」一名為人所知。為了避免混淆，筆者使用他的全名——喬治・湯瑪斯・斯當東（George Thomas Staunton，譯文中為「小斯當東」或「斯當東」），同時也使用他父親的全名喬治・萊納德・斯當東（George Leonard Staunton，譯文中為「老斯當東」）。我也在行文中使用了李自標的全名，而實際上他可能並未用過此名：幼年時，在中國他可能會有一個小名，而他現存的信件通常落款為李雅各（Jacobus Ly或Giacomo Li），後來他又改了姓，成了梅雅各（Jacobus May）。英國人稱他為梅先生（Mr Plum，英文中梅子與李子為同一詞），但是當面則稱其為神父（Padre）或牧師（Domine）。時至今日，在他工作的村子裡仍有人記得梅神父，這可能是「李」對應的英文單詞重新譯為漢語時變成了「梅」，但在廣東話中的意思則是「誰」神父（又有了無名之輩的意思）。

同樣的複雜情況也出現在本書的其他人物身上，特別是在廣東的人們，這裡經常是英語同漢語混雜到一起。本書在講述李自標和小斯當東的生平的同時，也講了許多生活在兩種文化之間的其他人的故事。有些年輕人的小名後來成了他們的英文名字，例如到了英國的阿輝（A Hiue）和小斯當東的另外一位朋友吳亞成，又被稱為阿成（Assing）。曾是小斯當東保人的資深商人潘有度，他最為人知的名字是潘啟官，這是他從父親那裡繼承的經商時的名字，也傳給了他的兒子，但是潘有度同樣是一位漢族文人，還有親戚在朝裡做官。我盡可能使用了這些中文名字的現代拼音轉寫，即使這經常並非他們最廣為人知的稱呼。如果使用他們的英文名字，會形成消除中國人同歐洲人實實在在的差異的效果，而且很不幸地也會暗示這些中國天主教徒或是從事對英貿易的人並不是真的中國人。由於這樣的一種機制，生活在不同文化之間的人們長期被排除在國家歷史之外。與之相反，我希望本書能夠讓讀者相信這些人正是這些國家歷史的重要組成。

第一部分

跨越世界的人生

第一章
涼州李家

馬戛爾尼使華的三十二年前，也是乾隆皇帝在位的第二十五年，中國西北邊疆小城涼州的一個大戶人家誕下了一名幼子。[1]這戶人家姓李，他們給這個剛得的兒子起名自標。因為他們都信天主教，所以他們也給他起了個教名雅各（詹姆斯）。多年以後，老斯當東曾評論道，李自標「出生在被併入中國的那部分韃靼領地，並沒有那些表明純正的漢人出身的特徵。」[2]這一看法或許來自李自標本人。通過這樣介紹他的背景，他強調了涼州的生活可能有助於他成為一名翻譯：清帝國近期向西迅速擴張，這個邊境小城也有著漫長的文化交流史。

涼州，現名武威，是古老的絲綢之路上的一座城市。它位於青藏高原的邊緣，山上積雪融水流過一片平坦而肥沃的土地，最終消失在一直延伸到蒙古大草原的戈壁荒漠中。基於這樣的位置，這座城市的歷史充滿了數百年來漢族、蒙古族和藏族勢力此消彼長的故事。十八世紀時其居民以漢族為主，回溯唐朝（618–907年）的榮光，彼時國力強盛，處於擴張之中，控制了與西方貿易的路線，王翰在〈涼州詞〉中寫道：

葡萄美酒夜光杯，欲飲琵琶馬上催。
醉臥沙場君莫笑，古來征戰幾人回！[3]

這是漢語文學中最為有名的詩篇之一，但是其中的葡萄、琵琶和夜光杯對於唐朝讀者而言都頗有異域風情，而城牆之外黃沙蔽日。這是一個能強烈感知和表達漢族文化的地方，這也恰恰是因為它地處漢族世界的邊緣。

李家祖上應是在十七世紀來到涼州，當時明朝接連兵敗而亡國，取而代之的清朝統治者乃是來自東北邊疆部落的滿族。李家起初來自寧夏，這裡也擁有悠久的中國與內亞民族交往史。他們可能曾經商或從軍，或者僅是為了躲避兵亂。我們所知的是他們自認為漢人，不知何時家中有人加入了一個新傳入的宗教群體，成了基督徒。[4]

基督教傳到此地時，這裡已經被納入清朝版圖，此時來到這裡的歐洲傳教士頗有名望，鑽研從星象到中國古代典籍的學問，並將《聖經》翻譯成漢語，也能出入宮廷。1697年，法國耶穌會士安多（Antoine Thomas）和張誠（Jean-François Gerbillon）隨康熙皇帝西征時曾經過寧夏。耶穌會士已經提供了專為此次作戰營造的最新式的歐洲武器裝備。在寧夏，安多預測了一次日偏食。康熙對外發布通告，並將安多傳至身邊，一同觀看日食，並展示了他所使用的科學儀器。[5]

僅數年後，涼州就有了一小批基督教家庭，1708年傳教士也到了這裡。到來的法國傳教士皆是奉了上諭：杜德美（Pierre Jartoux）和雷孝思（Jean-Baptiste Régis）都在為康熙繪製地圖。

當他們旅行時，他們測量所行經的距離，並經常觀測子午線。他們攜帶一個異常精準的時鐘，通過確定這些觀測的時間，能夠計算出他們所處位置的經緯度。在涼州他們觀測到一次月食，並同歐洲觀測到這次月食的情況聯繫起來，以驗證他們為城市所確定的座標，並據此測繪地圖。他們在漢語上造詣精深：杜德美有中文的地理著述並同偉大的德國哲學家萊布尼茨（Leibniz）通信，而雷孝思則以將中國古代的《易經》譯成拉丁語而聞名。[6]

耶穌會士在涼州僅待了數月，接替他們的是義大利的方濟各會士，後者在的時候皈依基督教的人數曾短暫增加。葉崇賢（Giovanni Maoletti）曾數次訪問此地，並聲稱為近千人施洗。[7]來自那不勒斯的麥傳世（Francesco Jovino）後來接管此地，在城中待了許多年。他言語不多，信仰極為虔誠，對教長言聽計從，同時也有語言天賦，還有明顯的治學興趣。這些都幫他獲得了當地教眾的支持，即便康熙死後，信教日益成為一件危險的事情。當年有一場旱情，城中官員譴責基督教義，言詞殊為激烈，但是麥傳世受到了一位信教的親王的保護，此人遠征歸來，路過涼州，但不知實為何人。雍正於1723年登基後，將基督教譴責為異端邪說，並驅逐了所有不在宮中任職的傳教士，但是麥傳世卻因受到了巡撫的庇護而一直留在城中。最終他被迫遷居廣州，在那裡潛心研究中國典籍，但是很快就回到了涼州。[8]

回到涼州後，麥傳世只能蟄居於最虔誠的信徒家中，極有可能就是李家。在他的家書中，麥傳世坦言，正是皈依教眾的關懷使得他能忍受夾生的飯食、無眠的長夜和艱難的旅途，甚至不得不用鑷子將鬍鬚拔掉，將高鼻子糊起來，以便裝作驢車車夫。外出時，他有時會被認作是當地的回教徒（這些人長相有內亞特徵），被人詢問身分時則驚駭不已。然而絕大多數時間，他都閉門不出，「比修女更加與世隔離」，一心從事將《舊約》首次譯為漢語這一浩大的工程。無疑他也花了很多時間祈禱，因為他用漢語寫了一本關於基督教冥思的冊子。[9] 麥傳世於1737年離世，被葬在李氏家族墓地中。[10] 此後再沒有新來的傳教士，當地的基督教群體因此也很快式微。1746年，巡撫下令鎮壓教眾，共捕獲二十八人，其中五人來自涼州。他們稟報巡撫，外國傳教士都已離去，近來更無人入教。光陰流轉，城中的基督教徒也從逾千人降至百人左右。[11]

此時的涼州也興盛起來。隨著清軍不斷西進，軍隊需要補給，而大部分商貿都路過此地。清朝開創的穩定局面也使得古老的絲綢之路得以重開，灌溉系統也得到擴建。[12] 城中居民回望昔日唐朝的輝煌，但十八世紀四〇年代，一位頗有教養的官員從內地轉任此地時，他為新近的富人所表現出的粗鄙的奢華所震驚：

> 今涼地會請親友，客至，先用乳茶、爐食、油果，高盤滿桌；是未飲之前，客已飽飫矣。茶畢，復設果肴，巨觥大甌，譁然交錯；是未飯之先，而客又醉矣。一二上以五碗，佐以四盤，而所盛之物又極豐厚，究之客已醉飽，投箸欲行。[13]

雖然涼州已經富庶起來，但是仍然要等二十多年後才又來了一位天主教神父郭元性。此人最終於1758年到來，他更加與時代接軌，也迥異於天性恬靜、虔心苦行的麥傳世。這是一個多姿多彩的人物：富有感召力，極其虔誠，野心勃勃，飯量驚人也穿著精緻。而對於涼州的教眾，最顯眼的地方是，這是一位漢人。事實上，郭元性來自山西，而許多在涼州做生意的商人也來自該

圖1.1　1910年的涼州，經歷了十九世紀晚期的戰亂，十八世紀的榮光不再。

省。他出生時，家境優渥（他的一位叔父曾任縣令），但很早就成了孤兒。他在十七歲時改宗，在近十年間一直擔任一位歐洲傳教士的助手，此人大為所動，決定將他送到那不勒斯，那裡新修了一所學院，專門為了培養漢人做神父。在那裡，他是一位表現優異的學生，在最終考試時獲得教宗的贊許，這也使得他自視頗高，可對於後來的同事而言，這並非幸事。[14]

李家此時仍是這個基督教小社群的領頭人，他們歡迎郭元性的到來，一如當年歡迎麥傳世。當郭元性於1761年再次到來時，他恰好能為李方濟一年前出生的兒子李自標施洗。[15]或許正是這個時候，李方濟初次有了將這個孩子送到歐洲受訓成為神父的念頭。這是個大家族，因此將李自標獻給教會並不會讓李方濟斷後。大一點的兒子李自昌已經二十來歲，作為常備兵加入駐紮在城中的綠營，投身行伍之間。李自昌到了這個年紀可能已經婚娶，他的兒子李炯可能與李自標一般年齡。所以李方濟已經有了孫子，同時十分可能的是，在李自昌出生後的數年間，也有其他兒子出生。[16]

李方濟為這名幼子所設定的計畫無疑與對教會重新燃起的希望有關。涼州的基督教社群又開始增長，甚至取得了新的建築作為教堂之用。此時針對基督教徒的動亂仍不時發生，皈依者的數量也無法與十八世紀二〇年代的高峰相比，但是教會在擴充：在十八世紀的六〇年代和九〇年代之間，城中基督徒的數量已經不只翻倍。[17]唯一的問題是，由於地處西陲，很難請來神父。

儘管李方濟的遠大計畫是在教會中發展，這也反映了當時城中的氛圍。涼州的富商出資興學，希望藉此能夠讓自己的子嗣出入將相。整個明朝，涼州只有一人考中進士。清朝為來自甘肅的考生設定了較高的配額。專門為考試修建了大殿，而在乾隆一朝，當地有數人考中進士，也因此有了功名。[18]

同寧夏李家的其他族人一樣，李方濟雄心勃勃，看來極有可能李自標同他的侄子李炯一起接受教育。鑒於李炯後來考中進士，李自標從小讀的應也是傳統的儒家典籍。此時一位有名的涼州塾師曾記載，早上從他的學堂經過的人只會聽到老師大聲朗讀、學生背誦還有老師打學生的聲音。如果學生犯錯，老師會大力敲打學生的掌心，為了緩解疼痛，學生們會熱一些卵石握在手心。日積月累，學堂門前便有了許多卵石堆。[19]

這些都是很典型的漢人做法，而涼州仍然是位於漢族文化世界邊緣的小城，這裡彙集了諸多其他文化，背後都是各自複雜的文明。在涼州，漢人用後來惹惱英國人的「夷」字來稱呼蒙古人，而用指代外人的「番」字來稱呼藏人。蒙古牧民往來於位居城市和高山之間的牧場。在新年時，作為學童的李自標會看到成群的西藏男女青年，身著皮革，腰間懸著長串的珠子，從南邊的山上下來，不僅僅是為了欣賞漢人的風俗表演，也是為了參加大型佛教節日，其間披著面具的巨人跳起嚇人的驅魔舞蹈。[20]

在這樣的世界裡，口譯和筆譯都是自然天成。城市中央的古代佛塔據說保存著四世紀高僧鳩摩羅什的舍利，他也作為最早將佛經由梵文譯成漢文的人之一而聞名於世。[21]而這一時期從這裡走出去的最有權勢的人並不是漢人，而是一名西藏喇嘛，後來成為乾隆皇帝的使臣和翻譯。章嘉・若必多吉（Changkya Rolpé Dorjé）大師出生於城市南邊的山區。後來他被選為一位重要的西藏喇嘛的轉世靈童。當清朝於十八世紀二〇年代加強了對於此地的蒙古族、藏族部落的控制時，他被帶到京師的宮中，與未來的乾隆皇帝一起學習佛教經文。他一生中的大部分時間都在藏語、蒙古語、漢語和滿語之間轉譯佛教典籍。憑著皇帝對他的信任，他也成了御用的翻譯和使臣，數次出使西藏，並且在位高權重的班禪喇嘛訪問京師時擔任翻譯。[22]

涼州八旗偌大的兵營裡仍然使用著滿語：通過官方考試的人經常以譯員的身分入仕。[23]不管滿人看上去有多大區別，漢人把他們寫成外人往往會招致凶險：李蘊芳是當地博聞強識的學者，賞識他的朝中官員有詩文被解讀成譏諷清朝，導致李蘊芳和他的兒子被處死。[24]

1771年，郭元性回到涼州，帶了一個令人激動的消息，即他被召回羅馬。在他的鼓勵下，李方濟和甘肅的其他主要基督教徒起草了一封致教宗的信件，請求擁有一位他們自己的神父。他們希望這位神父來自當地，蓋因此地路途迢迢，而且氣候難耐。[25]這封信體現了郭元性的野心，既希望覓得職位，又不想置身歐洲傳教士的監督之下，但同樣也反映了李方濟對兒子的期望：隨著這封信一起，李自標被交給了郭元性，要隨他一起去那不勒斯接受神職的訓練。李自標此時只有十一歲。關於在這樣的年紀啟程登上這樣的旅程，李自標並沒有留下紀錄。我們所知的唯一的事情，就是他在此後的人生裡受到所有認識他的人的喜愛。似乎他作為大家族中幼子的童年經歷給了他某種自信和勇氣，使得他能接受父親的決定。

他們要走海路，所以他們啟程奔赴葡萄牙在華南海岸的殖民地澳門。這就走了一年，有時走路，有時乘船。郭元性還帶了另一個年輕人，來自位於絲綢之路更遠處的甘州，此人已經為他工作了一段時間。在省城蘭州，又有一個年輕人以及來自西安附近村子裡的王英加入他們。在澳門，隨另一位神父從京師而來的三位年輕人也加入了團隊。其中兩人是官宦子弟，包括十七歲的柯宗孝。還有來自四川的何明宇。團隊中的大部分人都已經近弱冠之年，或是二十出頭。王英和何明宇分別是十四歲和十五歲。李自標是其中最年幼的。[26]

後來，郭元性並沒有同他們一起遠赴歐洲；所謂的徵召也不過是海市蜃樓，源自他自己的願望和野心。然而，他依然熱衷於此：他仍視這些男孩為己任，希望一切順利。澳門的教會組織本來只想送三名學生，但他說服他們要了全部八名。他四處奔忙，為他們挑選歐式衣服和西式餐具。他們需要數套襯衫和褲子，同時也需要襪子、鞋子、外套和帽子。旅途中也需要床具、毛巾、餐巾、餐具、茶葉及飲茶的碗，同樣也需要上課所需的墨水與紙筆。當一切都準備妥當後，郭元性把他們送上了兩艘開往模里西斯的法國艦船。從那裡，他們繼續駛過非洲的南端，再折向北奔赴歐洲，先是到了巴黎，隨後南下穿過法國抵達馬賽，之後乘船去那不勒斯。[27]

李自標之所以能夠從涼州來到那不勒斯，是因為他一出生便加入了天主教會，這也是早期現代世界最偉大的全球機構之一。教會也是知識和學問的淵藪。基督教之所以來到涼州，正是因為康熙皇帝將耶穌會士的歐洲學識運用到了他南征北戰、增擴疆土的抱負中。出於這種與宮廷的緊密聯繫，彼時很多選擇到中國當傳教士的歐洲人——特別是耶穌會士，不過也有像麥傳世這樣的方濟各會士——成為漢語的嚴肅學者。乾隆一朝，在那不勒斯書院學習的中國男童和青年有四十人，而李自標只是其中一個。他們來自中國各地的基督教社群，郭元性在挑選青年男子時看重家世背景也不足為奇，因為等他們到了義大利後這是一個重要的地位標誌。在他們出身的中國家庭中，學習也是成功的關鍵路徑，因此這些年輕人也會期望通過學習歐洲語言和知識來提升自我。

第二章

戈爾韋的老斯當東

李自標開啟前往那不勒斯的漫長旅程的1771年，亦是老斯當東和簡・柯林斯（Jane Collins）相遇並結婚的那一年。直到十年後，他們的兒子小斯當東才出生，此間他們有兩個孩子都在加勒比不幸夭折。像李自標的家族一樣，斯當東一家也來自一個講多種語言的市鎮，位於一個擴張中的國家的外圍，但是不同於清帝國是向內陸擴張，英國正向外建立一個海洋帝國：這個新的帝國將老斯當東從愛爾蘭的故鄉帶到了加勒比地區，繼而又到了印度。年老時，小斯當東曾回想，他一生的道路其實都是先人為他鋪就。[1]而造就這一切的決定都來自於他那才華橫溢、野心勃勃且容易激動的父親。

斯當東家族的祖上是一名英格蘭士兵，在十七世紀征服愛爾蘭的過程中，他在愛爾蘭的戈爾韋（Galway）港附近得到土地。戰爭結束後，愛爾蘭的天主教徒在英格蘭的法律之下長期面臨著財產被充公的風險，而且幾乎無法擔任公職。林奇（Lynch）家族，作為戈爾韋最富有的家族之一，通過將自己的女兒們嫁入信奉新教的斯當東家族部分規避了這些法律。數代之後，斯當東家的男子都是在市鎮政府中活躍的新教徒，但他們經常被視為代表著天主教的利益，而且他們的妻子經常是來自林奇家的天主教徒。[2]

老斯當東就來自於這樣複雜的家族背景，正式的身分屬於英格蘭的新教徒，但又是一位同天主教會有密切聯繫的愛爾蘭人。他曾是一名瘦削、白皙、熱情的男孩，出生於1737年，其童年在他兒子後來所稱的城堡中度過，但實際上只是一個位於科里布湖（Loch Corrib）岸邊講蓋爾語的地區的非常小的堡壘。老斯當東的父親是家中的長子，本有望按照英格蘭的習俗繼承家業，但是林奇一家做出了一項婚姻安排使得家業在所有孩子之間平均分配，這是依照愛爾蘭的慣例，所以堡壘被售出，全家搬到了戈爾韋市區。[3]在他十六歲時，像許多當地的天主教徒一樣，他被送到了法國的一家耶穌會學院，繼而又在蒙彼利埃的醫學院裡度過四年。耶穌會的教育使用拉丁語，所以當他結束在法國的學習時，他能夠講流利的法語和拉丁語，當然也有英語，極有可能也會講童年時期身邊經常聽到的蓋爾語。他在學業上的興趣在於自然科學，而政治上則有革命傾向：他非常激動能同一位愛爾蘭人穿越法國旅行，此人曾因反叛英格蘭人而遭審判，後來從倫敦塔中逃出。[4]

在完成醫學訓練後，老斯當東的第一個想法是去倫敦，但是儘管他在那裡廣交好友，卻未能覓得一個職位。他轉身啟程去西印度群島當一名醫生，他的許多林奇家的親戚在那裡都有投資。[5]時逢加勒比的甘蔗種植園興盛的年代；不管是英國定居者還是非洲黑奴都大量染疾而亡。醫生面對的風險令人生怖，但是潛在的收益也相應地增加。

老斯當東倖存下來並在格瑞那達定居，英國剛從法國手中奪來此地，他也開始向家中寄錢。他的家信充滿閒聊，他對家中的事情也頗為關心，幾乎可以從中聽見他的愛爾蘭口音和他的魅力：「我不認為別處會有像戈爾韋這邊的做法，可以想像那家公司裡的人都三心二意，從來沒有這樣的監察官選舉。」[6]格瑞那達的白人定居者大多是法國天主教徒，都樂於接受這位通曉法語且親近天主教的年輕醫生。在他們的支持下，他成為新總督的祕書，這在倫敦的報界引發了熱議，他們支持新來的、信奉新教的蘇格蘭定居者。[7]

老斯當東現在深信，如果他有錢在這裡投資置產的話，不出數年他便可以發家致富。他於是返回英格蘭去募集資本，並發現他之前在倫敦結識的朋友之一、一直有志於擔任神職的彼得・布羅迪（Peter Brodie）在索爾茲伯里（Salisbury）附近的溫特斯洛（Winterslow）租下了一處村舍，以便深化他同斯蒂芬・福克斯（Stephen Fox）的交情，福克斯的父親正是輝格黨的資深政治人物霍蘭勛爵（Lord Holland），在此處有房產。[8]

就像這些圈子的其他人，老斯當東和彼得・布羅迪想必也聽說過喬治・馬戛爾尼激動人心的故事，馬戛爾尼在霍蘭勛爵的庇護下平步青雲，最近的婚姻也令人驚嘆。馬戛爾尼本是愛爾蘭地主的兒子，又從擔任愛爾蘭議會議員的叔父那裡繼承了一筆錢。馬戛爾尼用這些錢去歐洲廣泛遊歷了一番。在日內瓦，他遇到了斯蒂芬・福克斯並與之賭博，賭注之大已超過他所能承受，但由此結下的穩固交情讓他贏得了斯蒂芬的父親霍蘭勛爵的青睞，並為他打開了通向倫敦上層精英圈的大門。有了霍蘭勛爵的支持，他受封為騎士，並獲命帶領外交使團前往俄國，同葉卡捷琳娜大帝（Catherine the Great）討論通商事宜，理由便是他形象頗佳，舉止文雅，這些在同女性統治者的談判中會有幫助。回國之後，他便與位高權重的前首相布特伯爵（Earl of Bute）的女兒簡・斯圖亞特（Jane Stuart）結婚。夫妻兩人都對政治感興趣，但是她的不尚修飾廣為人知，此時已患有嚴重的聽力障礙。婚後，她迫切地希望馬戛爾尼能真正喜歡上她。有了泰山大人的助力，馬戛爾尼隨後被任命為愛爾蘭布政司（chief secretary to the lord lieutenant of Ireland）。[9]

老斯當東和布羅迪總覺得類似這樣的生涯是他們理所應得的，但是在現實中，老斯當東急需資金，而索爾茲伯里的一位富有的銀行家有四個女兒還待字閨中。本傑明・柯林斯（Benjamin Collins）是一位強硬的商人，通過印刷業發家，現在擁有索爾茲伯里的一家運作不錯的報紙，而且還投資了當時倫敦的許多相當成功的期刊。近來，他開始涉足對外放貸，還把自己形容為銀行家。[10] 抵達英格蘭後不到四個月，老斯當東便娶了本傑明・柯林斯的女兒簡。她充滿深情，但是因為有一個嚴厲且滿腦子都是生意經的父親，也顯得膽怯和頗為焦慮，很可能為老斯當東衝勁十足的自信和魅力所傾倒。

本傑明・柯林斯相較於女兒則遠沒有那麼熱心：他給了女兒一千兩百五十三英鎊作為陪嫁，同時每年還有四百英鎊。此外，在婚禮當天，他向老斯當東提供了一筆四千英鎊的抵押貸款，用於購買一處種植園，該種植園由老斯當東和柯林斯的長子共同所有，為此他還需要每年向柯林斯支付五百英鎊租金。陪嫁的金額比租金少，貸款的金額也不足以將地產直接買下來。老斯當東有的可不僅僅是魅力，還有火爆的脾氣，終其一生，他都十分憎惡這樣的安排。[11] 對於婚姻而言，這樣的開端並不美妙。

年輕的夫妻啟程前往格瑞那達，不久簡就在那產下第一個孩子，這個叫瑪格麗特的女兒不幸早夭，而老斯當東的經濟狀況也沒有起色。[12]隨後，馬戛爾尼也來到此地，並接任總督，為了配上他的新職務，他現在還獲授馬戛爾尼勛爵的頭銜。兩個人有許多共同點，相處得也不錯。馬戛爾尼的看法是，老斯當東是一位紳士，「接受過通才教育，心胸開闊，有異常的進取心和眼界，還有我所遇到的最好的頭腦。」[13]馬戛爾尼夫人，在社會階層上顯然超越了島上的所有人，對簡・斯當東也非常和善。她們兩人此刻都有煩惱：馬戛爾尼夫人至今未育，而簡・斯當東又一次遭受喪子之痛，這是一個叫喬治的男孩，取的是和父親一樣的名字。[14]

老斯當東最終通過一大筆貸款，設法湊齊了購買種植園的錢，如今在島上擁有了一處家產，有奴隸在其中勞作。幾年後，當本傑明・柯林斯開始向他追討抵押貸款的利息所形成的債務時，他答應用抵押奴隸所貸出的六百一十七英鎊為之作保。[15]幾年之後，在面臨針對蓄奴的批評時，他聲稱在溫暖的氣候中人們需求更少，因此西印度群島中奴隸的處境並不比許多歐洲農民差。[16]當然，這般態度並不稀奇。馬戛爾尼同他一樣對此並不在乎，但是卻有些憤世嫉俗，認為「賦予法國人和黑鬼們自由是愚蠢到家的行為。」[17]老斯當東是政治上的激進分子，他關於中國人的看法卻證明是十分不同的。他從未解釋過是什麼促使他相信買賣乃至抵押某些人是合適的，而另一些人則不行。

美國革命的爆發，是一場令老斯當東在西印度群島的雄偉計畫最終破滅的災難。由於法國人支持美國人，英法之間開戰，1779年格瑞那達落入法國人之手。老斯當東的莊園被洗劫，英國人的財產也被沒收。他將部分財產私下贈與朋友，但是其中大部分都很難再收回。他對於買來的非洲奴隸的態度在給父母的信中一覽無餘，「在貨物、牲畜、奴隸、傢俱等方面，我的損失都是相當大的。」[18] 作為島上級別最高的英國官員，他和馬戛爾尼被押到法國當人質。簡與他們同行，有一段恐怖的經歷，即眼睜睜看著旁邊的一艘船在風暴中沉沒，船上的所有人無一倖存。[19] 她似乎已經下定決心，不管她的丈夫做什麼，她都不會再到海上來。

共患難的經歷使得馬戛爾尼和老斯當東的友情更加牢固。兩個人都債台高築，急需找到工作。馬戛爾尼開始施展手法，試圖獲授近在眼前的英國殖民地馬德拉斯總督一職，也跟斯當東談定，讓他作為祕書一起赴任。[20] 關於是否同自己的丈夫一起前往，馬戛爾尼夫人十分苦惱，在給姊妹的信中寫道，「我若去，則令母親痛苦，若不去，則等於放棄所有同爵士保有真摯和友情的希望。」[21] 簡・斯當東此時又身懷六甲，住在自己父母家，但老斯當東催促她在生產後隨馬戛爾尼夫人一起到印度來。[22]

所以小斯當東是在外公位於索爾茲伯里附近的房子裡出生的，時間則是在其父向馬德拉斯揚帆啟航後不久。彼得・布羅迪此時已經娶了柯林斯家的另一個女兒，寫信給老斯當東，告訴他這一消息。[23] 隨後是簡的來信，隨信附上一簇嬰兒的金髮，並讓她的丈夫放心，孩子和他長得一模一樣：

> 他的額頭也像你，眼睛像我，鼻子在我看來跟咱們的都不一樣，小嘴也是這樣，遠比你我的好看，但是他的身形和四肢都十分完美，也是繼承你，這還體現在許多方面，比如說他只想在手裡拿著本書，有點類似你習慣入睡的方式，他的小手貼在臉頰下面，正是你看書看到睡著的姿勢，克萊姆森夫人說他像你一樣早上醒得很早，這一點我是沒法評判的，因為我並不像她一樣起得那麼早。[24]

在之後的生涯裡，小斯當東確實長得跟他父親非常相近，一樣蒼白的愛爾蘭膚色、金黃的頭髮和矮小的身材。

老斯當東在同本傑明・柯林斯就誰應該承擔在格瑞那達所遭受的損失而對簿公堂之後，現在肯定不會允許自己的孩子由妻子的家人撫養。他是從利莫瑞克（Limerick）啟程前往馬德拉斯的，這讓他得以回到戈爾韋探視家人，簡很快發現老斯當東已經答應母親讓她在簡旅居印度時照料幼兒。簡寫信央求婆婆，「夫人您千萬不要責備我（已經失去兩個孩子）十分憂懼讓孩子（尚在襁褓之中）長途跋涉的想法，何況還要途經海上。」[25] 然而，在孩子剛滿周歲時，她便讓保姆陪著小斯當東去了愛爾蘭。兩年之後，她仍然想要讓孩子回來，但是孩子的祖母稱他為「世上最可愛的男孩之一」，顯然十分疼愛，堅持要親自將他交還到母親手中。但簡顯然並不想去愛爾蘭。[26]

此時的馬戛爾尼和老斯當東則遠在印度。他們在此處的經歷塑造了小斯當東的未來以及他們後來對待中國之態度的諸多方面。在歷經法國人占領格瑞那達和一支英國軍隊敗於南部印度的一名統治者後，同此時的很多人一樣，他們開始相信英國的海外帝國很可能會傾覆。他們明白了作戰的基礎在於後勤和補給，勝負的關鍵是信用和融資，而非武器技術。最終，在終結戰爭的談判過程中，老斯當東開始意識到翻譯所具有的力量，進而希望自己的兒子能擔任這一角色。

當兩人於1781年抵達馬德拉斯時，他們發現在這種情勢背後隱藏著英國政府和東印度公司之間的複雜關係。這家公司最初是作為一個貿易組織而設立，壟斷了英國與東印度群島的貿易。在整個十八世紀的進程中，它在印度的權勢和財富達到如斯之盛，以至於擁有了自己的軍隊並開始占領大片領土。到1781

年，它控制了孟加拉邦以及馬德拉斯和孟買等重要港口。有些英國家庭富可敵國，很多人也已獲利，但是政府想要掌控這類極好獲取資金的機會，許多英國人也感到將這麼多財富和權力都集中在一家私人公司的手中是一種威脅。於是便有了對腐敗和濫用職權的指控。馬德拉斯則處於這些指控的中心，因為英國私人投資者曾借了一大筆錢給一位相對弱勢的本土統治者，即阿爾科特的納瓦布（Nawab of Arcot），此時因為一直有戰事，他無力償還債務，英國人便要求軍隊幫他們討債。就在這些爭端進行當中，上一任由倫敦派出的總督死於一場政變，而這場政變是由他的理事會成員在英國高級軍官詹姆斯・斯圖亞特（James Stuart）的支持下發起的。[27]

馬戛爾尼不消多時便意識到事態遠比他從倫敦出發時所預料的嚴重。伴隨著蒙兀兒帝國的崩潰，印度許多勢力強大的邦都在從中漁利並借勢擴張，而東印度公司只不過是其中一個。他們在印度南部最大的競爭者是邁索爾，該邦因為同法國結盟而捲入和英國人的戰爭當中。邁索爾的軍隊摧毀了馬德拉斯周圍五十英里的土地，而法國船隻則威脅要切斷糧食透過海路的供應。馬戛爾尼發現「沮喪乃至於絕望縈繞在每個人心頭，所有的信用都已喪失，政府遭人鄙視，沒有任何財力或是能力方面的資源來作支撐。」[28]老斯當東則更為灰心：「至於此地的公共事務，同大英帝國其他地方一樣，處於一種不定——我擔心——且危險的狀態……如果我們不能很快同這個國家裡的列強達成和平，作為一個邦國，我們必然會遭毀滅。」[29]

馬戛爾尼負責給征討邁索爾軍隊提供資金和補給。主責的將軍亟需補給以及運送補給的牲畜。孤注一擲的話他可能會獲勝，但是他也不敢勉強，因為他的戰馬都因為缺乏草料而死亡，即使能夠獲勝，他仍然會因為缺乏補給而不得不撤退。英國人在後勤補給和資金支援方面的弱項，並未由軍事技術或訓練方面的優勢來彌補。只有當英國政府最終接受了美國獨立並終止了同法國的戰爭時，馬德拉斯才獲救，因為此時海上的貨物才能夠抵達城市。[30]

然而同邁索爾的戰爭依然持續，當英國人接連戰敗時，馬德拉斯內部的關係變得十分緊張。馬戛爾尼和詹姆斯・斯圖亞特將軍開始就誰擁有對軍隊的最高權威而發生爭執，馬戛爾尼也開始確信斯圖亞特在策劃他發起的針對上一任總督的那種政變。最後是老斯當東率領一個連的印度士兵踏上了斯圖亞特住宅的台階，利刃在手，這才嚇退英國軍官並讓他們接受對斯圖亞特的逮捕。[31]當英國人無法贏得戰爭並不得不尋求同邁索爾的新任統治者蒂普蘇丹（Tipu Sultan）議和的情勢變得清晰之後，又是老斯當東代表馬戛爾尼處理此事。馬戛爾尼在給他的信中寫到，「為了使此事能獲得圓滿解決，除了您的決斷、技巧和品行，我別無他求，不僅我的聲譽和未來命運仰仗於此，大英帝國在世界此處的福祚亦如此。」[32]

老斯當東和東印度公司的一位資深商人安東尼・薩德利爾（Anthony Sadleir）一道穿越印度前去媾和，隨行的還有數量逾千的一隊人馬以及兩頭大象。老斯當東代表的是馬戛爾尼以及背後的英國政府，而安東尼・薩德利爾則代表了東印度公司和馬德拉斯的貿易利益。他們之間的矛盾最終因為翻譯的問題而爆發。外交函件的書面譯文用的是波斯語，出自馬德拉斯的波斯語翻譯大衛・哈利伯頓（David Haliburton）之手，但此人卻無法充當相關的南部印度語言的口語翻譯，便沒有隨使團一同前來。薩德利爾則帶了一個叫克里亞帕・穆德利（Choleapah Moodely）的人，也正是他的「杜巴敘」（*dubash*）。這個詞的字面意思就是譯員，但是杜巴敘在翻譯之外還夾雜著顧問和私人投資經理等相關角色，後來東印度公司在中國工作的人員也沿襲了這種做法。馬德拉斯的翻譯們也因此經常都是自身坐擁權勢和財富的人。很明顯穆德利是一個頗有能力的人，同薩德利爾的私交也很好，於是很快便成為同邁索爾的代表進行交流的主要管道。[33]

對方代表同翻譯們舉行了一系列直接商談的會議，卻沒有理會老斯當東和薩德利爾，於是便有了爭端。一位英國祕書出席會議並做了紀錄，但是薩德利爾否定了他的報告，理由是關於會談內容，穆德利向他提供了一份完全不同的版本。這位祕書堅稱他只是省略了重複的地方以及「迎合東方習俗和政策的客套話」。[34]當然，問題就在於所說的話當中哪些應當被視為單純的客套，而哪些又屬於對談判至關重要的內容。當蒂普蘇丹的代表被問及他那一版的議定事項時，結果卻發現他壓根就沒有記錄對於老斯當東所關切的英國囚犯所受虐待的各項抱怨。[35]英國人剛到達蒂普蘇丹的營地，蒂普蘇丹便親自問候穆德利，相當於認可穆德利的地位，這令老斯當東驚駭不已。[36]

老斯當東認為穆德利正盤算著要造出一種形勢，使得蒂普蘇丹想要收買他，可能也有薩德利爾，讓他們背叛英國政府的利益。然而，老斯當東卻從未暗示擔任翻譯的印度人有可能會不忠於英國的利益，原因很簡單，即英國人的利益本身並不一致：東印度公司及其馬德拉斯職員的利益直接相悖於英國政府的利益。他倒是譴責了馬德拉斯的杜巴敘之流，理由是這些人作為中間人的職業使得他們易受腐蝕。[37]

針對穆德利所具有的權力，老斯當東的回應則是提出給翻譯們設定一種截然不同的角色。首先，他要求所有的會談必須有他和薩德利爾在場。他還聲稱在出使的初期，翻譯們的行為尚屬恰當，彼時他們所負責的「僅是翻譯出每一方所說的每一個獨立的句子或是詞語，但是議題、論據、方法以及討論的整個範圍則取決於會談的主角。」[38]這樣的想法尚需要作為一項要求明確講出來，這一事實也提醒了我們這並不是實際發生的情形。

最終簽訂的《曼加洛爾條約》（Treaty of Mangalore）結束了史稱的第二次英國－邁索爾戰爭，其中要求邁索爾和英國各自歸還在戰爭中占領的領土。這在英國本土遭受了廣泛批評，即便挑好的講，至多是與歐洲的法國人也簽訂了類似的條約。

馬戛爾尼返回英國，要同斯圖亞特將軍舉行決鬥，因為是他下令將其逮捕。馬戛爾尼對於如何使用手槍知之甚少，以至於需要在筆記本中給自己寫下說明，但是願意通過戰鬥來捍衛自己的榮譽，如同在賭博中敢於下注一樣，已經成為他所躋身的男性貴族世界的一部分。兩人同意以十二步的距離使用手槍朝對方射擊。在同斯圖亞特決鬥之前，馬戛爾尼重新議定了設置在他的愛爾蘭家產之上的抵押貸款，並給妻子寫了訣別書。斯圖亞特由於在戰爭中失去了一條腿，不得不靠在一棵樹上，但依然嘲弄了馬戛爾尼還不知道如何扣扳機。不出意外，馬戛爾尼沒有命中，而斯圖亞特的準頭稍好，馬戛爾尼被擊中肩部。他最終復原，但是受託保管馬戛爾尼寫給妻子的信件的老斯當東，由於心中十分擔憂，已經將信件轉交。她將這封信悉心保存，作為她最終獲得丈夫摯愛的證據。[39]

老斯當東因為此次出使而獲授從男爵的爵位，由此成了喬治爵士，還有一份來自東印度公司的每年五百英鎊的年金。馬戛爾尼的職業生涯建立在不受腐蝕的名聲之上，但老斯當東則不然，他利用這一機會購買了一些阿爾科特的納瓦布的債務，而這原本

圖2.1 《喬治．馬戛爾尼與喬治．萊納德．斯當東》，萊繆爾．法蘭西斯．阿伯特（Lemuel Francis Abbott）繪於1785年。

就是起初指控的核心問題。利用新獲得的財富，他買回來父親的地產以及科里布湖的堡壘，並找人給自己作畫，畫中他坐在馬戛爾尼旁邊，用手指向一張印度地圖（圖2.1）。[40]

第三章

李自標在那不勒斯的教育經歷

1773年，李自標抵達那不勒斯，時年十三歲。他在這座城市裡長大，終其一生都喜愛和懷念這座城市。在這裡，他接受了古典歐式教育，用拉丁語授課，接受了修辭、哲學及後來的神學訓練。由於比其他中國學生都小很多，他最要好的朋友是一位義大利同學。隨著時光流逝，其他中國學生陸續返回中國時，他的思鄉之情如此之切以至於一病不起，而當他知道無法返鄉時，已經成年的他對這座城市有了更深的了解。

十八世紀的那不勒斯是歐洲的大城市之一。由海上而來，這些中國人應該能看到遠處的維蘇威火山以及近處水岸邊富麗堂皇的新建築。經歷了數個世紀的西班牙統治後，南部義大利在四十多年前成了一個獨立的王國，定都在那不勒斯。為了離新國王近一些，義大利南部各處的貴族家庭都搬到那不勒斯，也修建了許多宏偉的建築。此前的百年間興起了一波修建教堂的活動，當地原本就有許多古代和中世紀的教堂，現在又添加了不少壯觀的巴洛克式建築，以至於一條街上就可能有五座以上教堂。男人、女人和小孩在街上大聲交談，載客和運貨的馬車駛過，輪子輾過熔岩（不同於其他城鎮的灰塵和泥土）鋪成的馬路，更平添了幾分喧囂。當這些新來的中國人沿著山坡向上走時，街道變得更加狹窄和昏暗，抬頭只能看見高處的一線天。這些城市新區裡的房子都是堅固的石質建築，五、六層高，其中不少為不同的宗教團體所有。為了維持他們的財富和權勢，古老的貴族家庭希望能夠限制繼承家產的子嗣數量，因此鼓勵子女加入宗教團體。在那裡他們由家人供養，生活悠遊自在，而他們的風采和生活方式吸引了上層階級的諸多其他成員如此生活。[1]

耶穌基督聖家學院（College of the Holy Family of Jesus Christ），亦即眾人所知的中華書院（Chinese College），就是這種類型的機構。最初興建時是民居，風景極好，後面沿著山坡而上有一個圍起來的大花園。大約四十年前，傳教士馬國賢（Matteo Ripa）從康熙皇帝的宮廷返回那不勒斯，此時的他深信耶穌會士的傳教方式是錯誤的，而在中國傳播福音的最佳方式是訓練一批中國神父。所以他徵召了首批中國學生，並設立了一個宗教團體來教導他們。[2]後來學院也接收當地學生，他們的學費構成了學院的重要收入來源。[3]李自標和他的同學們到來之時，此處已經有七名中國學生、四人來自鄂圖曼帝國以及十五名導師成員。整個社群大體上有五十或六十人，最年幼的是十一或十二歲的學生，最年長的是院長基納若·法迪卡提（Gennaro Fatigati），此人是馬國賢的摯友，那時已經六十多歲了。[4]

儘管設立書院的目標是培養傳教的神父，但它同時也是一所學校。從進門處繪有壁畫的大廳，新來的中國學生會被領到樓上，在建築的主樓層有一間巨大的宿舍，供他們同其他中國人一起居住。[5]幾個星期後舉行了一場儀式，他們穿上了新的制服：

圖3.1　十九世紀早期的中華教堂與書院。一位男子正在進入書院的禮拜堂，拱形的門洞後則是書院本身。入口上方是一個充滿陽光的屋頂陽台，其中有一個花園可以俯瞰城市和海灣。

一件有紅色條帶的黑色教士長袍。[6]從週一到週五每天有四個小時的授課，此外也有固定的自習時段，每天還要參加彌撒、進行晨禱和晚禱。每日正午的時段被留出來，以便和其他學生一起遊憩或是午休，也可以自由活動，人們鼓勵學生們外出散步（儘管他們需要由一名成年社群成員陪伴，嚴格禁止騎馬或是去維蘇威火山），之後要返回繼續下午的課程。[7]

對於書院和城市而言，這些中國學生是特殊的，中國作為仁君統治、古老文明和高深哲學之典範的觀念在這裡仍保有其影響。這種觀念的風潮以及與之相伴的略顯怪異的中國風裝飾，在歐洲別的地方都逐漸式微，但在王權強盛的那不勒斯依然盛行。

為了體現中國人的重要性，書院院長基納若．法迪卡提在中國學生到來時親自為他們沐足，並睡在他們的寢室裡。新學生被帶入宮廷覲見國王，而國王也是書院的主要贊助者之一。總有貴族時不時地造訪，而學生會停課來招待他們，向他們展示書院藏品中的中國物件。[8]

最早的課程是基礎拉丁語，由一位較長的中國學生教授。[9]數年前，那不勒斯開始鼓勵學校用義大利語授課，但直到十八世紀九〇年代，拉丁語一直是教育、法律和大部分學術著作所使用的語言。[10]年幼的李自標很快就學會了這門語言，不久後他的語言能力使得他能夠進入書院的正規課程。

那裡有許多他這個年齡的學生，所以他也開始交上朋友。來自鄂圖曼帝國的男孩本來是一個封閉的小團體，往往反感書院對中國學生的優待。[11]因此，李自標同從南部義大利各地來到書院學習的男孩們交朋友。這些男孩都是因書院教育品質慕名而來的：他們之中的許多人來自富人和貴族家庭，並不打算從事神職。[12]李自標最親近的朋友叫喬瓦尼．馬里亞．波吉亞（Giovanni Maria Borgia），是瓦雷梅贊（Vallemezzana）公爵的獨子。李自標後來回憶，「我們靈魂的相交肇始於我們最初的年紀」，而波吉亞也是唯一一個他一生都以非正式的「你」來稱呼的人。[13]

正是李自標同這些男童一起接受的古典教育，將這一時期整個歐洲的精英連接在一起。詹巴蒂斯塔．維科（Giambattista Vico）的作品經常被作為人文主義教育的哲學基礎之表述，他曾擔任那不勒斯大學的修辭學教授。他所描述的教育同李自標及其同學實際上接受的教育相差不大。他們一開始先學習基礎拉丁語和算術，然後轉而學習修辭學，閱讀所有重要的古典文本，首先

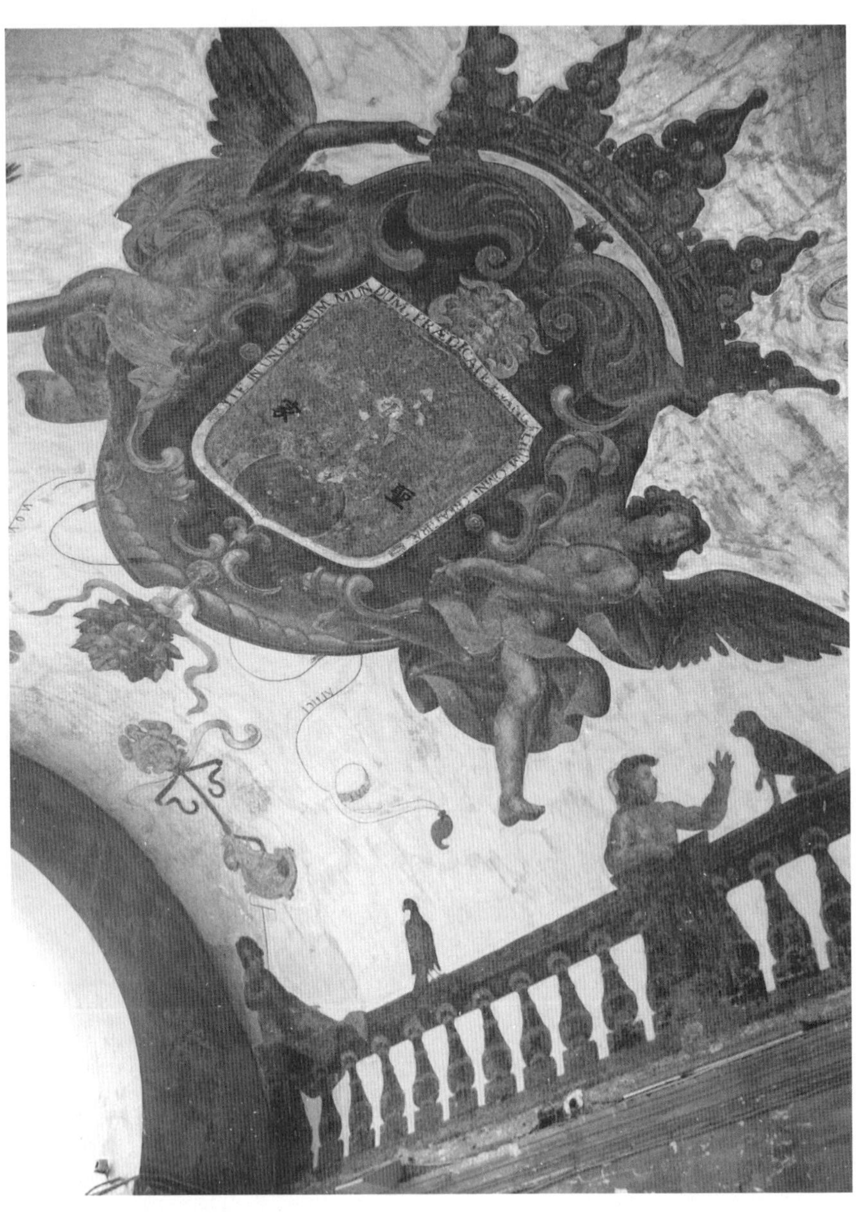

圖3.2　中華書院的門廳。位於徽章正中的是漢字「聖家」，外圍一周是拉丁箴言「外出到全世界去，向萬民宣揚福音」。

是西塞羅的演講，之後是維吉爾和奧維德的詩，甚至有盧克萊修論原子的詩。他們都向菲力舍・卡佩羅（Felice Cappello）學習公開演講的技藝，卡佩羅在書院編寫的教材中有兩本得以出版。其中關於修辭的那本強調了對於從事教會或者法律職業而言接受公開演講訓練的普遍重要性，儘管此書是以論述在布道時使用姿勢和發音的一節收尾。男孩們也學習用拉丁語作詩：現存的一本由不具姓名的中國學生留下的筆記本中滿是拉丁長詩，有不同的格律，論題從宗教（放棄世界而追隨基督）到政治（一首西班牙王后薩克森的瑪麗亞・阿瑪莉亞〔Maria Amalia of Saxony〕的讚美詩），到傳奇（為了拯救國家而放棄王位的不列顛國王卡德瓦拉德〔Cadwallader〕的故事）。[14]

因為他們最終要作為傳教士返回中國，所以這些學生繼續學習中文也至關重要。當馬國賢創建學院時，他從中國帶回一位教師，但到了此時，安排的是一位年紀較大的中國學生來教授年紀小的。[15]這一角色很快由同批來到的李汝林接替，此人的父親是京師的一位武官，從小接受了良好的教育，啟程時已經十九歲了。[16]對教材的選擇看起來頗為傳統：我們恰好知道書院所使用的兩本書中，一本是《古文析義》，另一本是《考卷精銳》。[17]在李自標到來的數年前，那不勒斯大主教曾威脅說如果學生們不能勝任傳教工作的話，將關掉書院，這在他看來需要對於中國歷史和編年史有良好了解，因此這些也極有可能在課程大綱之中。[18]學生們也寫基督教論題的文章：現存的學生筆記本裡有一些用中文寫成的關於死亡以及基督誕生的思考，但頗為糟糕。[19]同一小批中國人一起生活以及向年長的同學學習，並不能讓李自標獲取寫好漢語的技能，但足以讓他保持講一口流利漢語的能力，也提供了書面語言的基本訓練。

圖3.3（上與下） 1759年在波蒂奇為瑪麗亞·阿瑪莉亞王后（Queen Maria Amalia）所建的中國藝術風格的瓷器妝台。不同於大部分歐洲的中國風格物品，上面所寫的中文是真實的。華人學生提供了文本，由工匠複製上去。裡面有一位「遠臣」正在稱頌國王卡洛（King Carlo）。

大概十七歲的時候，李自標開始了他未來以神父作為職業所需要的專業教育。這主要包含哲學方面的課程，之後是教義神學（dogmatic theology），最後是道德神學（moral theology）。教義神學是關於基督教教條的學問。道德神學研究倫理，在這一時期主要涉及對於倫理問題的討論，為的是將來能夠聽懺悔。[20]

這一時期的那不勒斯以其對天主教信仰的高昂情感而聞名，但是啟蒙運動的理性主義也已經成為教會中的一股重要力量，而這在李自標的教育中起到了更多的作用。那不勒斯的兩任大主教都對科學有很大興趣，這也影響了在城市裡漸增的那一類教士。塞拉菲諾·費蘭吉里（Serafino Filangieri）於1776年成為大主教，頗為熱衷牛頓的著作，先前也曾講授過實驗物理學。他將科學研究，尤其是物理學，視為理解宇宙進而增進對上帝的理解的一種途徑。[21]這些理性主義影響給中華書院提供的教育所帶來的衝擊，最好的體現是在菲力舍·卡佩羅編寫的一本《童男用天主教聖訓》（*Catholic Sacred Instruction for Boys*）。這本書雖然是在李自標返回中國後出版的，但它應該反映了卡佩羅自許多年前加入書院後所從事的那一類教學。這是一本關於歷史和學術的作品：一段關於剃度的起源的討論大量引用了普林尼關於一世紀比提尼亞（Bithynia）基督徒的作品以及各種當時剛剛出版的羅馬銘文。此外，雖然卡佩羅最終呈現的都是當時的正統結論，這卻是一本重視辯論的書：在所有的主要問題上都有論點和駁論。關於教士獨身問題，他不僅處理了教會神父和新教徒的各種立場，而且也談及當時關於人口增長和經濟之間關係的政治論爭。副標題「以考試形式安排的關於教士等級的神聖教導」（*The Holy Teaching Concerning Clerical Orders Arranged in the Form of an Examination*）表明這本書的目的是幫助學生備考，言外之意就是要想考得好，他們必須能夠解釋種種辯論以及他們在其中的立場。[22]

在這種相當常規的訓練之外，包括李自標在內的四名中國學生和兩名來自鄂圖曼帝國的學生組成的小組被安排多學了一年形而上學，這是一門介乎哲學、自然科學和神學之間的學科。[23]他可能也學習了希臘語和希伯來語：卡佩羅在他的教材中時常有希臘語和希伯來語的引文，另一名中國學生抱怨一位同學用優雅的希伯來語寫信卻言之無物。[24]這位叫王英的學生在學業上遠不及李自標，所以如果他有學習希伯來語的話，李自標也極有可能一同學習。

李自標是一名出類拔萃的學生。學校每年向羅馬提交每一位中國學生的報告，當李自標十六歲時，基納若．法迪卡提寫到他是「一位年齡比別人都小的男孩，但拉丁語比他們學得都好。」[25]兩年後，他將李自標描述為「擁有傑出能力的年輕人，勤奮、謹慎、虔敬、堪稱楷模」，一年後則是「所有中國人、黎凡特人和歐洲人中最具天賦的，虔敬、睿智、謹慎、好學、有觀察力。」[26]他也寫到他之所以喜愛李自標，是因為他始終使人愉快。[27]

老基納若．法迪卡提是一位深具基督教精神的人，而李自標從到達的那一刻起便是他最鍾愛的學生。在這一時期的那不勒斯，加入宗教團隊的人經常是遵照家人的心願，或是為了職業生涯的最佳出路，或者僅是為了活得輕鬆而加入，但是也有些人的生活則是完全由信仰所塑造，而基納若．法迪卡提就是這樣的人。為了能夠繼續留在書院培訓中國學生，他拒絕了能為他帶來社會地位和金錢報酬的主教職位，也因此受人景仰。[28]從他的信件中可以看出，他為人謙和，哪怕是在駁斥別人時，選擇的言語也多出自《聖經》。他的關愛似乎也激勵了李自標承襲他所展現的價值觀：李自標自己後來的書信風格也再現了基納若．法迪卡提的信仰精神，這在中國學生裡是非常罕見的，這也意味著他講話時經常是這種風格。李自標這種令人愉快的真誠，使得眾人受他吸引，他也始終認為別人會善待他，這些可能源自他早年在涼州的經歷，但肯定也與他和基納若・法迪卡提的關係不無關聯。

李自標投身信仰的決心與日俱增，這也有可能受到了他與喬瓦尼・波吉亞親密友誼的影響，此人有非常強的從事宗教事業的意識，但遭到了家庭的強烈反對，因此而左右為難。作為家中獨子，要繼承公爵領地，原本將許多年輕人推向神職的家庭策略卻要求他必須婚娶並生下繼承人。他最終獲得國王的批准成了一名神父，但這比李自標和其他中國人都要晚很久。[29]

李自標同義大利老師和朋友保持了密切的關係，而其他中國學生卻罕見如此。基納若・法迪卡提認為柯宗孝傲慢無禮、愛與人爭執、漫不經心而且不是十分聰明。[30]一名問題更大的學生叫范天成，基納若・法迪卡提一直試圖讓自己相信此人已經克服了大手大腳的習性。[31]大量來自有錢有勢的家庭的年輕男子迫於壓力進入宗教團體，因此那不勒斯的神父們普遍都有情婦或是偶爾與人共赴巫山。此外，書院附近的山坡上住房條件並不好，也是妓女時常出沒的地方。狎妓並不被認為是一件特別嚴重的問題：馬國賢立下的規矩很明確，即中國學生並不會因關於守貞方面的罪過而被逐出學院。[32]李自標作為學生楷模的名聲在外，由此可推斷他從未行此事，但他一生中都表現出來與人打交道時的戒備和能力，這也意味著即使他有心去收養一個情婦，他也肯定不會讓人發現。

1784年，李自標被授以聖職，時年二十四歲，這本來標誌著他要返回中國了。此前一年，其他幾位年長的中國學生已經離開，但是李自標同最年幼的一群人被留下了。[33]基納若・法迪卡提已故，後來新院長寫道，李自標和其他三名學生滯留書院，只因缺少足以讓他們返回中國的盤纏。[34]到中國的旅費極其昂貴，但是金錢方面的問題之外，書院要想繼續存在，也需要中國學生繼續住在這裡。官方一直試圖消減那不勒斯的神職人員數量，如果某一團體人數過少或者不能實現起初設定的目標，則時常會面臨被裁撤的風險。面對這樣的威脅，書院不得不將中國學生留下，但最後的數年間罕有中國學生到來。對院長而言，除了將已有的李自標和其他中國學生留下之外別無他法。[35]

朋友離去了，基納若・法迪卡提也去世了，臨時由一位相當嚴厲和挑剔的副職掌事，狀態一直都很好的李自標在這時候生病了。一位已經離開的學生王正禮寄了一首詩來慰藉他：

> 現在身體失去了能量和氣力，
> 年輕時享受的那些歡愉已然不再。
> 你有時置身於廣場之中，有時在柱廊濃密的陰影中，
> 現在這些陰影召你回來，而你尋找波蒂奇，
> 那裡的暖風能夠強健身體和心靈。
> 希望聖靈幫助你實現自己的義務。[36]

這些詩句摘自羅馬詩人奧維德的詩作，當時他被流放在黑海附近，哀嘆自己身處蠻荒之地的苦楚。[37]這些詩句來自三個不同的章節，王正禮又有所改編，以符合李自標的處境，利用「柱廊（portico）」來引出海邊小鎮波蒂奇（Portici），書院在這裡擁有一處房子，同許多那不勒斯的上層人士一般，整個學校會到此消夏。[38]王正禮拼起來的這首詩要講的直接意思就是鼓勵李自標，告訴他如果去波蒂奇的話病情會好轉，他也有義務快點好起來。

不過通過選擇奧維德的詩句，王正禮也是將李自標的處境比作奧維德在蠻荒之地的流放，只不過兩人的處境恰好相反：奧維德因思念羅馬而染疾，而對李自標而言，他所在的義大利是蠻夷之地，他思念的故土是中國。最終李自標康復，並作為書院的成年成員安頓下來。

三年之後，新任院長弗蘭切斯克・馬賽（Francesco Massei）寫道，他已經完全足以成為一名好的傳教士，為人尤其謹慎，待人頗為謙恭有禮而不虛飾。[39] 1789年，六名新的中國學生到來，李自標作為最年長的學生可能就成為他們的拉丁語教師。他與這些年幼的學生發展出的密切關係一直持續了一生。[40]

留在書院的中國人在獲授神職之後可以自由出入城市。此時的他們也都有錢做此事，因為他們可以接受贈禮，也能通過做彌撒來掙錢。[41] 作為同事而非學生來結交書院年長的同事，讓這些中國人更加深入城市的生活。有些當地人只是被任命為執事，以便在將來能夠脫離神職並娶妻生子，而另外一些人則是等著找到新的職位。成為李自標好友的費利佩・科佐利諾（Filippe Cozzolino）十七歲時來到學院，五年後就離開了。[42] 有些留下來的年長的書院成員專職教學，偶有人離開去中國傳教，但是大部分人都在城市中過著普通教士的生活，念念彌撒，做做禱告，聽聽告解。他們本應每週在書院中至少待三天，但是要讓他們遵守這項規定卻非易事。事實上，有份報告聲稱要想找個開會的時間是很難的，因為他們幾乎不會同時在院裡。即使在書院內，他們也有很多訪客來餐廳用餐，對飲酒也是不加限制。[43]

1791年一月，李自標在義大利的經歷達至頂點，此時他與王英、柯宗孝和嚴寬仁為了成為傳教士做最後衝刺，他們一起到羅馬參加神學的最終考試，考場中有教宗、傳信部樞機主教和其他主要的教會領袖。考試很順利：所有五人都取得了「優秀」的最高分，也獲得教宗的稱許。他們參加一場莊嚴的彌撒，由教宗親自主持，也有幸去了他的宮殿並親吻他的雙腳。他們也四處觀光，獲贈的禮物是聖方濟各·沙勿略的遺物，此人以身為率先到達中國的傳教士而聞名。李自標給在那不勒斯的社群寫了一些短信，表達了他在見到羅馬巨大的教堂時的驚嘆，也承諾在他返回時告訴他們一切，並特別向喬瓦尼·波吉亞致以問候。[44]

在那不勒斯居住近二十年後，李自標和同伴已經成功完成了要成為傳教士所設定的各項要求。他們能講流利的拉丁語、義大利語以及漢語，通曉歐洲精英的文化世界，但他們接受了在中國工作的專門訓練，所有人都時不時地為思鄉之情所折磨，盼望著回歸家庭和故土。

第四章

小斯當東的奇特童年

小斯當東接受的教育與眾不同。1784年老斯當東從印度回國後，他將自己所有的精力都投入到對兒子的塑造當中，矢志要隔絕所有外界影響，讓他接受面向一個嶄新世界的教育。這恰好是法國大革命爆發前的那幾年，同時期也見證了在英國發生的工業革命的肇端。當時流行的教育哲學塑造了老斯當東的教育方式，尤其是盧梭的觀念。這對於孩童而言則殊為不易：小斯當東在老年時期會引用艾德蒙・吉本（Edmund Gibbon）的評論，他說雖然其他人會憶起孩童時期的歡樂，他卻從未體會過這種歡樂。他的另一個遺憾是，儘管他能講流利的拉丁語，但是他卻從未學會用拉丁語寫詩。拉丁文詩歌創作十分重要，因為這是聯結歐洲精英人士的紐帶，即便在馬戛爾尼那一代人的歐陸遊學、賭博和決鬥都遭摒棄後的很長一段時間也依然如此。[1]小斯當東所錯過的以及後來一直讓他成為英國社會的邊緣人物的事物，恰恰是李自標所接受的那種古典教育。

老斯當東一聽到兒子出生的消息，就開始為他的兒子制定計畫。他在從馬德拉斯寄到戈爾韋的家書中寫道，「我所有的精力都會以他為中心。」[2]那時興盛的一種教育哲學鼓勵將天真的兒童同世界上的各種罪惡相隔絕，而他給小斯當東（當時叫湯瑪斯，還不是喬治・湯瑪斯）所設定的計畫則囊括了一系列他認為很重要的科目，他的觀念正是兩者的雜糅。[3]一開始，老斯當東便要求母親「讓湯米想著說、讀和寫愛爾蘭語」（她轉述給簡時的拼寫也反映了她的愛爾蘭口音）。[4]這是來自於愛爾蘭民族主義和對學習這門語言的熱忱，抑或是如他母親所期望的打算回到戈爾韋居住？不過幾個月後她便去世了，小斯當東則由祖母的好友林奇夫人（Mistress Lynch）照料了一陣子。他只有三歲，並不能理解發生的一切，便一遍又一遍地問祖母為何沉睡不起。之後他和他的保姆被安排乘坐公共馬車返回索爾茲伯里的母親身邊，他的生活瞬間被再次改變。[5]

之後不久，老斯當東便從馬德拉斯返回，同妻兒一起在倫敦定居。他現在擁有的錢財足以讓他生活得很愜意，但是在短期內卻沒有受雇的機會，所以他的首要事務便是小斯當東的教育。由於他性子急，並且不習慣照看年幼的孩子，所以小斯當東要經歷的這些轉變對他來說並非易事，他還在一個難忘的場合講過他父親應該被送回馬德拉斯的「船屋」。[6]

他們起初讓簡教小斯當東閱讀，但是老斯當東並不允許她使用通俗兒童讀物《湯米・特里普的鳥獸史——包括小湯姆本人、他的小狗朱勒和巨人華格羅格的故事》（*Tommy Trip's History of Birds and Beasts with...the History of Little Tom Trip Himself, of His Dog Jouler, and of Woglog the Giant*），雖然她父親正是靠出版這些讀物發家的。[7]他給她帶來安娜・巴博爾德（Anna Barbauld）的新教材，其中通過一長串的指示來教授閱讀（「不要灑出牛奶。

用另一隻手拿勺子。不要將你的麵包丟到地上。」)。[8]老斯當東嘗試控制自己的脾氣以便樹立一個好榜樣。一段時間之後，他發現威脅將他自己的手放入火中是讓孩子聽話的一個好辦法。[9]在父親的持續監督之下，小斯當東似乎繼承了母親的溫柔天性和她的一些羞怯，成為了一個極為順從的孩子。

在小斯當東五歲生日的數天前，他的父親開始同他講拉丁語，在他開口講"si tibi placet"(如您樂意)之前一直拒絕給他任何東西。[10]拉丁語是當時標準教育的一部分，也是科學界的國際語言，但是對於絕大多數的英國男孩，這是一門要在學校裡通過語法學習的語言。老斯當東接受的耶穌會教育使得他能夠在日常生活中使用拉丁語，這在英國是不多見的，而他決定讓兒子從一開始就將拉丁語作為一門口語來學習，這也被視為是一種非同尋常的做法。當小斯當東到了十一歲，他父親同他講話時全部使用拉丁語，「哪怕是最瑣碎的話題」，這被當作一件新奇的事報導在報紙中，當他們外出時肯定也會讓這個羞澀的男孩招來關注。[11]

報紙的報導顯示老斯當東對兒子的教育究其本意而言是一場要為自己帶來聲譽的公開試驗，儘管這耗費了他的大量時間，他也越來越為金錢而焦慮。他需要一份工作，但是前景卻不樂觀。他和馬戛爾尼感覺他們同邁索爾簽訂的條約是一項巨大的成就，拯救了大英帝國，但是在倫敦更招人注目的卻是軍事上的慘敗。此外，他們回到英國之時，小威廉・皮特(William Pitt)擔任首相，於是馬戛爾尼從霍蘭勛爵那裡獲得關照的希望也破滅了。馬戛爾尼便試圖將自己展現為一個遠離政治的專業人士，卻又依靠妻子的政治人脈：簡安排老斯當東去見皮特，替馬戛爾尼謀事。[12]最終馬戛爾尼獲授孟加拉總督的職位，但是因為沒有得到他賴以成功的支持，他拒絕了這一職位，退隱到自己在愛爾蘭的莊園中。[13] 老斯當東既沒有這樣的莊園，也沒有可以讓他即使債台高築也能夠維持生活好幾年的支持，如馬戛爾尼那樣。

此時出現一個讓老斯當東激動的前景，那就是派遣使團到中國的新計畫。當他還是法國耶穌會學校中的一個男孩時，他肯定聽說過在這片土地上，耶穌會士在宮廷中頗有影響力，有學識的人為賢明的皇帝珍視和重用。當然，這絕非是皮特要派遣使團的原因。他首要關心的問題也是當初導致馬戛爾尼被派到馬德拉斯的那些問題：東印度公司統治印度所帶來的問題，尤其是財政方面。對於中國茶葉所徵收的關稅是國家財政的一個重要來源。東印度公司是倫敦的一個大雇主、航運和其他行業的重要投資者、投資者的一個安全可靠的分紅來源，同時也偶爾向政府提供大額貸款。所有這些都很重要，而同邁索爾的戰爭和在印度的領土擴張幾乎導致其破產，儘管公司的雇員都發了大財。皮特政府設置了一個救濟方案，與之相伴的是創設了監督委員會（Board of Control），以亨利・鄧達斯（Henry Dundas）為首，這將逐漸將公司置於政府的控制之下。他們也消減了茶葉的進口關稅，其想法是貿易量會因此而擴張。對華貿易的增長會使得公司的財務充實，用以資助對印度的統治。為了達到此目的，英國政府希望利用出使來獲得一個在華貿易基地和派駐中國朝廷的代表。儘管他們並未言明，但這一策略在擴張他們在印度的活動時大獲成功。另外一項益處則是增加政府對東印度公司的控制。公司的董事們自然盡全力抵制這一方案，試圖削減其支出並指出中國人將出使視為承認自己居於下位。[14]

老斯當東毛遂自薦要率領新的使團，但是他和馬戛爾尼在東印度公司那裡很不受歡迎。在馬德拉斯時，馬戛爾尼在加強政府對東印度公司的控制方面可謂毫不留情。再者，近來老斯當東同艾德蒙・柏克（Edmund Burke）走得很近，兩人都來自於相仿的愛爾蘭背景，而柏克此時正在準備針對東印度公司在印度的腐敗統治發起一場猛烈的抨擊。他甚至還曾將小斯當東帶在身邊。[15]於是出訪中國的大使職位便給了沒那麼多爭議的人選：查理斯・卡斯卡特（Charles Cathcart），這是一位同政府有密切關係的軍官和議員。[16]

在老斯當東失望之餘，法國也傳來了壞消息，法王的政府已經岌岌可危。老斯當東啟程前往巴黎卻又不得不折返。是年冬天，他幾近崩潰：他整日坐在爐火旁，有氣無力，甚至於不願起身用餐或是給他的密友們寫信。[17]他也沒法讓自己繼續教授小斯當東。於是便聘用了會講拉丁語的萊納德・威爾遜（Leonard Wilson）為傭人來照看兒子，威爾遜是一位和他一樣接受了法國神學院教育的愛爾蘭年輕人。此外他仍保持了足夠的興趣將小斯當東送到一位苔蘚和地衣的專家那裡上課。[18]

但是此時的世界似乎終究還是在改變。1789年，法國發生了劇烈的政治變革。老斯當東此時已經康復，便衝向巴黎。儘管當他看到一個人的頭顱被挑在長矛上穿街過巷時驚駭不已，（在給愛爾蘭的回信中）他仍然感覺到這裡「正在進行一場絕妙的、有利於人民的革命。」[19]就他在格瑞那達所遭受的損失，他同柯林斯一家打了一場官司，這場官司的了結，以及簡從父親的家產中繼承了五千四百七十七英鎊，讓他的財政狀況隨即獲得改善。[20]後來查理斯・卡斯卡特在遠赴中國的航行中亡故，所以又要重新籌備英國使團。此次有人提議馬戛爾尼出任大使，同時他有意讓老斯當東擔任他的副手，在使團離開之後接任大使常駐北京。

小斯當東現在已經八歲了。講拉丁語的傭人威爾遜下場並不好：一天晚上他在小斯當東入睡後外出飲酒，身上帶著一塊極其昂貴的金錶，錶上鑲有鑽石以便能在黑暗中報時，原來被簡掛在她臥室裡的一個楔子上。他被捉拿並審判，儘管法庭對其施壓，曾經十分信任此人的老斯當東低報了錶的價值，遠低於其實際價值，以免這樁盜竊案以死刑起訴。後來，威爾遜被判流放非洲。[21]

老斯當東又恢復了他原本的活力與熱情，決定讓小斯當東開始將古希臘語作為口語來學習。十八世紀晚期的倫敦，要找到一個講拉丁語的人並不是特別難，但是一位真正能夠講古希臘語的輔導教師則另當別論了。萊比錫是當時研究希臘語的重鎮，老斯當東便給那裡的一位教授寫信，請他推薦一位輔導教師。教授用拉丁語覆函，推薦了伊登勒（Johann Christian Hüttner），此人便從德國啟程前往倫敦，在那裡同斯當東一家住在一起，教授小斯當東拉丁語和希臘語。[22]與此同時，老斯當東也找到了一位兼職的數學輔導教師：約翰・巴羅（John Barrow）曾在一所語法學校接受教育，十四歲時在一家鑄鐵廠做學徒，在捕鯨船上出海一年，沿途自學了相當多的數學和航海知識，讓他後來在格林威治的一所學校裡謀得了教師的職位。他在語法學校接受的教育意味著他也能夠用拉丁語授課，這正是老斯當東所要求的。同伊登勒一樣，巴羅也很欣賞老斯當東友善的風格，後來還憶起老斯當東對他保證小斯當東是「一個可愛、活潑的男孩，能力超出平均水準，十分溫順。」[23]

同時，出使中國的新計畫逐漸成形，也與促進英國出口緊密相關。所以次年小斯當東十歲的時候，老斯當東決定帶他遊覽英格蘭和蘇格蘭，聚焦於製造業，以提升他的實務教育。小男孩的日記中記載了他如何同爸爸媽媽、伊登勒老師以及一位來訪的瑞典植物學教授一起出發（圖4.1）。

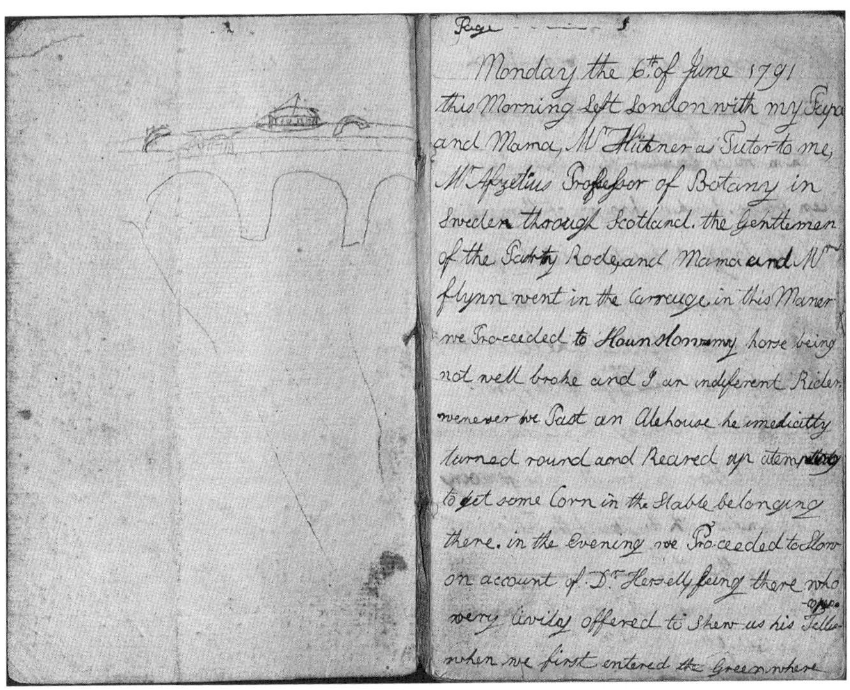
Page 1

Monday the 6th of June 1791
this Morning left London with my Papa
and Mama, Mr Hutner as Tutor to me,
Mr Afzelius Professor of Botany in
Sweden through Scotland. the Gentleman
of the Society Rode and Mama and Mr
flynn went in the Carriage in this Maner
we Proceeded to Hounslow my horse being
not well broke and I an indiferent Rider,
wenever we Past an Alehouse he imedicitly
turned round and Reared up attempting
to get some Corn in the Stable belonging
there. in the Evening we Proceeded to Slow
on account of Dr Hersell being there who
very Civily offered to Shew us his Tellescope
when we first entered the Green where

圖4.1 小斯當東日記的首頁，這是他的家庭作業。除了滿滿的文字，他還畫了一艘由一匹馬拉著的運河船隻，行駛在引水渠上。

老斯當東正處於充滿活力和熱情的狀態，於旅程之初訪問了天文學家威廉・赫歇爾（William Herschel），小斯當東震驚於「望遠鏡的巨大尺寸」，也被允許透過其中一架望向遠方。[24]一路北上，他們參觀了新修的運河、製造別針的工廠和製造長筒襪的工廠（「一台複雜的機器」）。[25]在伯明罕時，他們和馬修・博爾頓（Matthew Boulton）、詹姆斯・瓦特（James Watt）一起用餐，他們所開發的蒸汽發動機如今被視為奠定工業革命基礎的發明之一，這也是希望能夠向中國人展示的物品之一。[26]後來的旅程中，他們看到了一台在紡棉花的機器上運行的新式蒸汽發動

圖4.2　湯瑪斯．西基（Thomas Hickey）所繪的小斯當東，時年十一歲。小斯當東右手指著地球儀上的中國。其下打開的書本是希臘語的歐幾里得《幾何原本》，圖繪內容展現他超常的語言和數學能力。

機。小斯當東和父親還乘著一個桶子下到鹽礦井中，令可憐的簡心悸不已。他們還遇見了一位盲人數學家兼植物學家，他用來計算和記錄天氣的板子讓小斯當東十分著迷。這趟旅行被解釋為小斯當東所接受的教育的一部分，他也拼盡力氣想要跟上，但是他只有十歲，經常感到疲憊。大部分情況下，他的日記通篇閃耀的是他父親對這一時代的新科技發明的熱情。[27]

所有這些都處於科學知識和教育理論的最前線，但是令所有人印象深刻的是這也算得上一種極不尋常的撫育孩子的方法。老斯當東喜歡到處誇耀兒子，在給他的植物學家朋友詹姆斯·史密斯（James Smith）爵士的信中談到他們如何在貝克威爾觀察化石並從中發現竹子，「我兒子認為他能夠辨別另外一種印記為流星花（*Dodecatheon Meadia*）」，但「這個小傢伙作為貝殼學的新手還是很厲害的，能夠確定貝殼的種屬。」[28]當他們來到格拉斯哥時，另外一位植物學家樂意聽「半著魔的斯當東爵士」講新鮮的消息，但是卻同詹姆斯·史密斯開玩笑說小斯當東是個如此古怪的孩子，以至於中國人可能會將他作為稀有物種而留下——「天哪，這個幼童滿腦子都是些什麼想法。」[29]

老斯當東很清楚教育是年輕人發展社交的主要途徑，但是他卻決定讓兒子為一個他期望會到來的全新世界做好準備。李自標的同學相信他能讀懂拉丁文詩句的言外之意，而馬戛爾尼也能夠在海上航行時用拉丁語賦詩來打發時間。[30]他們的古典教育將他們同歐洲的精英階層聯結起來。老斯當東認為兒童具有通過觀察和沉浸來學習語言和科學的能力，這些觀點非同尋常，也迥異於慣例。小斯當東的確學習了拉丁語，他後來的一生中也對科學保持一種興趣，不過他所接受的教育往後都會將他與來自相同階層和背景的人們區隔開來。

第二部分

李自標和
馬戛爾尼使團

第五章

為使華尋覓翻譯

馬戛爾尼在獲任新使團的大使一職後，要做的第一件事情就是任命他的隨從人員，而找到一位合適的譯員實則是最艱巨的挑戰。廣州貿易不可避免地要用到商事譯員，而馬戛爾尼也有意給京師的耶穌會士帶些禮品，期望他們能夠充當翻譯，但是他對雇傭這些群體中的人頗有疑慮。他給鄧達斯的信中寫到：

> 不過謹慎起見，如有可能，斷不可全然依賴此時北京或廣州的譯官。他們可能有當地的觀點和關係，或是自身因敬生畏，以至於不能將最得體表述之涵義忠實、完整地呈現出來。故而應當在歐洲覓得一位高超的漢語譯官，此人或能將各類暗語明示都加以傳達，甚至還有一些語言中的觀念，而在船上時，首要之處便是彼此在長途旅行所難免的親近接觸中能夠形成一種依賴，以確保其履職時的忠誠和熱忱。我們至少要能夠發掘他的情感，此外是他真正的性格，這些能顯示究竟應當對其加以何種程度的信任；在所

有場合，他都能發揮制約常駐傳教士的功用。[1]

這不單是找到一個具有所需的語言能力的人的問題。其中的關鍵在於信任，而這也正是馬戛爾尼希望在旅途中能夠建立起來的。

起初最大希望似乎是找一名從中國回來的法國傳教士，所以決定讓老斯當東去法國。此次行程由東印度公司付費，他也因能夠看到進行中的大革命而激動不已。1792年一月，他啟程前往巴黎，小斯當東及家庭教師伊登勒隨行。到達後，他會見了教會組織，也確實找到了一位先前的傳教士，但此人二十年前就已回來，直接拒絕了再次去中國。同時，斯當東父子也去了國民大會（National Assembly）觀看激進的雅各賓黨的會議，這令小斯當東感到無趣，因為他聽不懂法語。更有戲劇性的是前往巴士底監獄遺址的旅行，老斯當東在那裡向兒子講授了那些「不幸的可憐人……被投入深深的地牢中，戴著鐐銬，全靠麵包和水來維繫生命，以滿足君王和其他掌權之人的反覆無常。」[2]除了給兒子灌輸革命觀念，老斯當東也在考慮愛爾蘭置產的風險，因為「在各地，不論是土地還是個人的任何財產，都不確定能長久保有。」[3]

無法在巴黎找到翻譯，老斯當東決定繼續他們的旅程，進入了義大利並一路南下，直奔那不勒斯的中華書院。他已經在巴黎逗留了不少時日，而旅途中耗費越多，就越需要找到一位翻譯來證明所有付出是值得的。他給英國駐那不勒斯的大使寫信，後者回信說他同書院的院長頗為熟稔，也相信他們會同意，但是中國學生卻擔心如果他們到了京師就會被捉拿問斬，因為此前離開中國時並未獲得批准。[4]確實有這條法律，但是他們肯定知道實際上從未執行過。然而，當老斯當東到達那不勒斯時，他告訴書院，譯員的職責僅是在旅程中向英國人教導中國的習俗和語言，他們可以在澳門同使團作別。他知道他需要一位講官話的翻譯，因為宮廷裡用的是這種北方方言。在完成學業的書院學生中，柯宗孝出身於京師的官員家庭，而李自標也來自華北，所以他們被選中，同使團一起返回中國。[5]

實際上，老斯當東希望翻譯所做的事情遠不止在旅途中教導英國人：他想讓他們跟著使團一起去京城。所以那不勒斯之後他去了羅馬，在那裡他鼓勵李自標和柯宗孝去尋求批准，以便能一直跟隨使團。兩人在梵蒂岡宮廷內到處奔走，安排會面，也感到莫名其妙地重要。他們恰好見到了一位書院先前的贊助者，現在是一位樞機主教，安排他們私下見了教宗，教宗本人也對他們參與使團給予了首肯。之後老斯當東自己也接觸了幾位樞機主教。他們把他視為一位顯要人物和捐助者，給了他一本珍貴的手寫的漢語—拉丁語詞典以及一封請求在華主教們協助使團的信，這些都讓李自標印象頗深。[6]在羅馬的這些天，李自標逐漸意識到自己給使團當翻譯可能是為了教會的利益而承擔的一項任務。

他和柯宗孝還有一個更直接的目標：他們想讓另外兩位他們的同學——嚴寬仁和王英——一起返回中國。王英是一位來自西安的男生，多年前與他們一起南下澳門。他在書院時成績從來都不突出，但是作為同學，他們並不想捨他而去。[7]嚴寬仁則是另外一回事：他是晚了好些年才到書院的，當時已經二十歲，但是卻成為一名出色的學生。四年後，基納若・法迪卡提就曾講過他的拉丁語勝過許多義大利讀書人。[8]當李自標和柯宗孝提出請求時，老斯當東允諾使團會免費將王英和嚴寬仁帶回中國，只是他們需要走海路到倫敦，這樣更快（也更便宜）。傳信部的樞機主教同意了這個方案，因此書院也無法拒絕。[9]

從一開始，老斯當東就對李自標和柯宗孝以禮相待。他為

「兩位中國紳士」購置了一輛單獨的旅行馬車（而非期望他們與自己的傭人同行），而現在也答應帶上他們的同學。[10]李自標在給那不勒斯的回信中寫到，「和我們一起的那些英國紳士實在是考慮周全而且易於接近。」[11]他和柯宗孝同斯當東父子以及伊登勒一起進餐，因為同小斯當東的對話始終都是用拉丁語，所以他們交流起來沒有障礙，儘管他們要習慣英國食物的口味：早餐和晚餐都是麵包與奶油配上加奶的茶或咖啡以及里科塔起司。英國人在午間吃肉，但老斯當東一直都考慮到李自標和柯宗孝作為天主教徒的需求，所以安排他們在大齋節期間吃魚肉和雞蛋。他也找時間讓他們舉行彌撒，甚至安排他們在著名的朝聖地洛雷托（Loreto）做彌撒，這令兩人歡欣不已。[12]老斯當東既同情天主教會，也天性和善，但是他也在執行馬戛爾尼的計畫。從他在印度的經歷，他深知一位值得信賴的翻譯對於外交的成功至關重要，同馬戛爾尼一樣，他相信這樣的信任可以建立在友誼的基礎上。即便如此，李自標也時不時感覺到，不管老斯當東多麼友善，「這有些讓人厭煩，我們就像撒馬利亞人和猶太人住在一起，但是在財富和習俗上都差異巨大。」[13]

後來，老斯當東了解到使團啟程的日期被推後，再加上他受痛風侵擾，所以旅程慢了下來。他決定避開穿越法國的危險，而帶著小斯當東走一條更為有趣的路線，要途經威尼斯和德國。在威尼斯，李、柯二人單獨外出觀光，李自標尤其偏愛去參觀教堂。他欣賞了運河邊上的主要宮殿，也去聽了著名的女童合唱，但他對此評價不高——她們與女演員過於相像。他也去採買物品，要尋一本小祈禱書和一本教會法的教材。但是他的書信顯示他也同老斯當東討論歐洲政治，這顯然讓他感興趣。[14]

小斯當東要聽李、柯二人彼此之間講漢語，以便能夠熟悉這門語言的發音。他父親決定讓他跟著使團一起走，可能也要充當老斯當東在印度艱難談判時所設想的那種翻譯：單純、完全忠於其父，僅是語言的透明介質。只有他身在倫敦的母親抵制這一計畫：當她想起旅途中的危險時便感到如此絕望，以至於她讓自己的兄弟給老斯當東寫信，勸他打消這個念頭。[15]

他們從威尼斯向北穿過阿爾卑斯山進入德國，沿著萊茵河谷而上，中間離開了一下去了法蘭克福，從那裡又去了科隆。此時，法國大革命之後的第一場大戰已經在法國和奧地利統治下的尼德蘭邊境打響。李自標給那不勒斯的信中帶來了蒙斯戰場（Battle of Mons）上的消息：到處都是逃竄的法國士兵和貴族。一日清晨，其中兩人鑽進了他的旅館房間，奪了他的錢袋，裡面只有些硬幣，幸運的是沒有拿走他們別的物品。[16]

五月時，他們一行抵達布魯塞爾。這是他們到達英國之前停留的最後一座大城市，天主教在當地嚴格受限，李自標和柯宗孝都無法穿那不勒斯書院的教士服，所以老斯當東給他們置辦了新衣服。李自標認為這樣十分妥當，覺得老斯當東「念及我們作為神父的卑微身分，絲毫不亞於我們自身」，[17]對此也很高興。李自標給他的同學們發送了一篇專題論文，討論英格蘭和愛爾蘭近期與天主教相關的政治，其中強調了允許天主教徒實踐信仰、興辦學校、進入法律行業的議會新法令。而這只可能來自老斯當東，他似乎告訴李自標，在這之後英國議會中就會出現一個「抬高人民而貶抑貴族」的提議。[18]李自標自身的政治立場則遠為保守：他樂於見到法國人在帽子上別上國王的帽章，因為他希望大革命失敗而法國王室得以復辟。[19]

關於宗教，李自標和老斯當東也有分歧，但是很明顯在這一階段他們討論問題的層次要比旅途剛開始時深得多，老斯當東向他展示了自己同天主教會之間的聯繫之深，當李、柯二人進行每日祈禱時，他也虔敬地參與。甚至李自標似乎曾勸他改宗，因為他曾寫道，喬治爵士「心善、大方、博學且無絲毫驕奢之氣……但是卻在信仰上頗為固執，也並不想改變，雖然其母親是天主教徒而且他的信仰也是由耶穌會士傳授的。」[20]所有這些都是真正信任的體現，因為老斯當東的天主教背景對於他的職業而言一直是一個重大的風險。實際上，他母親的天主教信仰在小斯當東為他所作的長篇傳記中隻字未提。[21]很明顯李自標也了解到這個情況，因為他只有在寫給那不勒斯書院院長的信中提及此事，在此之後還提了一個要求，就是讓院長給喬治爵士寫信，為他善待他們表達感謝。

當他們到達倫敦後，李、柯二人在斯當東家裡住了四個月，度過了夏天。他們同簡・斯當東相處得很好，柯宗孝曾寫道，「她對我們很和善，儘管她是安立甘信徒，她甚至提到自己因為歐洲女子不能前往京師而傷心。」[22]位於哈利街上的宅子是斯當東一家在兩年之內租住的第三處房產。[23]然而這一區域新近的發展給李自標留下深刻印象，他在給喬瓦尼・波吉亞的信中寫道，「可以說倫敦擁有歐洲最好也是最大的市區。因為沒有城牆，所以市區一直在增長。每年要新建五百處宅邸，全都很恢宏壯闊，樣式也都是一致的，因此造出了和諧的街道和秀致的景色。房子裡都很乾淨、舒適，傢俱都是英式的。」[24]他接著講了貨物琳瑯滿目的商店、美麗的公園、馬車、馬匹和街燈。老斯當東還安排他們去參加天主教彌撒，李自標喜歡那裡的男童合唱。「只有天氣不佳。從來都是一樣的，一會很熱，一會又變涼了，很難有一整天是晴朗的。」[25]

李自標和柯宗孝都穿著他們在布魯塞爾買的及膝長的深色大

衣和馬褲，還有斯當東為他們準備的旅途所需的鞋子（兩雙）和襯衫（一人十二件）。「我們還需要戴圍領，繞脖子兩周。」[26]李自標向他的同學們講了他們的穿著，是為了讓他們確信自己和柯宗孝都保持了神父的得體舉止，但另一方面穿著對他來說也很重要。李自標和柯宗孝是中國人無疑，但在十八世紀的倫敦，他們的服飾表明了他們作為紳士的社會階級以及他們作為天主教神父的身分。[27]

同老斯當東一家住在一起也讓李自標和柯宗孝接觸到了他所在的圈子。據說，他的週六夜間談話聚會僅次於大博物學家和科學的贊助者約瑟夫・班克斯（Joseph Banks）爵士。[28]當然，出使中國也是絕佳的談資。李自標遇到的人中有愛德蒙・柏克，他是愛爾蘭人，但同老斯當東一樣，「雖不是羅馬天主教徒，卻是到了作為一個法律上的新教徒**所能接近**的極限」（馬戛爾尼語）。[29]小說家范妮・伯尼（Fanny Burney）不久在一場聚會上遇到了柏克。兩人因為柏克對法國大革命的敵視而爭論起來，不過當他坐下來向她講述使團和兩個中國人的事情時，她又重新來了興致，柏克「對兩人描述得很仔細」，在談及使團的目標時「頗為高調，甚至有些異想天開，但是其中交織著許多暗示和軼事，又充斥著尋常資訊和奇思妙想。」[30]

老斯當東已經帶李、柯二人去見了馬戛爾尼。他們同他能用義大利語交流，馬戛爾尼在歐洲遊歷時學過義大利語，當然也能用拉丁語。為了籌備使華，馬戛爾尼做了大量閱讀，令李、柯二人印象頗深。他們非常高興看到了一組關於皇帝在承德的行宮的雕版畫，而這恰好是那不勒斯中華書院創辦者馬國賢所作。馬戛爾尼很謹慎。在他確信能夠信任這些翻譯之前，他並不想告訴他們此次使華的真實目的，但是李自標對此很感興趣，而且知道他在義大利的朋友也是一樣。[31] 一個月後，李自標給喬瓦尼・波吉亞寫信報告嚴、王二人安全到達倫敦，信中也提到他已經能夠判斷出此次出使的動機，儘管如他所言，此事由於他缺乏經驗並且不會講英語而受到妨礙。他現在相信「此次出訪中國皇帝的最終目的（如同所有具有重要意義的事務一樣被隱藏起來）就是在北京附近獲得某個口岸，只允許英國人在此貿易，使得他們能夠免受廣州商人公司的各種要求，從而自由做生意，也能增加收益。」[32] 許久之後的著述將馬戛爾尼使團描畫為一次在英國和中國之間建立現代國際關係的嘗試，但是李自標的分析卻是敏銳的。在幕後，東印度公司的董事會主席百靈（Francis Baring）已經開始同鄧達斯爭論此次使團成功獲取的任何地域應當屬於東印度公司還是英國政府。[33] 有鑒於奴隸貿易和英國在印統治的擴張，一位激進分子在看到訪華使團的消息時寫下了幾句詩，意在提醒中國人要小心提防，

> 當這些口蜜而心空的
> 拜金奴伸出他們沾滿鮮血的手，
> 不要觸及他們——記住印度的過失——
> 記住非洲的悲哀——保住你們祖傳之地。[34]

一旦了解到使團的最終目的是獲取一處港口以便英國人能夠從貿易中獲取更多利潤，李自標不禁感到自己受了馬戛爾尼和斯當東一家不少恩惠。此時，嚴、王二人過得並不輕鬆，他們同一位英國天主教神父住在一起，每日為所有的開銷擔憂，而李自標和柯宗孝卻有慷慨的供給。此外，老斯當東還告訴他，馬戛爾尼已經同意免費帶嚴、王二人去中國，並不是為了要幫助天主教傳

教，而僅僅是因為他和柯宗孝曾開口請求。[35]如此的美意令李、柯二人無以為報：前往清廷的使團的正式公告已經用英語和拉丁語發出。在英國製造業的實物之外，有人說李自標和柯宗孝曾幫助使團挑選獻給清廷的一些貴重禮品，但是哪一類物件更能成為吸引中國高級官員的禮品卻是東印度公司更有發言權的話題，而不是這兩位前二十年都待在那不勒斯的年輕人。[36]

這些中國人能做的一件事情就是給小斯當東講授語言，而這是由柯宗孝負責的。柯宗孝來自京師的官員家庭，他應該能講官話，而且因為他離開中國時已經接近二十歲，所以他也接受了更多的漢語教育。英國人明白他對漢語的掌握超過李自標，但是他們仍然更喜歡同李自標打交道。柯宗孝沒有那麼靈活，也認為他們在倫敦的生活遠不如人意。[37]當巴羅向他展示了一本《英國聖公會祈禱書》（Anglican Book of Common Prayer）的拉丁本時，他將書扔到地上，並稱「這是惡魔之書。」[38]多年以後，巴羅仍將柯宗孝描述為小斯當東那位脾氣很差的老師。[39]

柯宗孝同一位名叫蒙突奇（Antonio Montucci）的義大利人交談時則更為開心，此人曾設法讓人寫信向老斯當東引薦他，並解釋稱自己「在學習漢語」，也希望能夠同中國人聊上幾句。[40]蒙突奇的漢語知識來自於傅爾蒙（Etienne Fourmont）的作品，後者是位法國人，認為漢字或許是一門通用語言，受此想法所驅便對漢語產生了興趣。傅爾蒙同一位中國青年交談過，此人來到巴黎原本是要學習成為神父，但後來娶了一位法國妻子，然而傅爾蒙關於漢語的觀念幾乎完全來自他根據基本原理來解讀漢語字典和文本的不懈努力。蒙突奇也對漢字的結構感興趣，所以柯宗孝使用了一本漢語字典向他解釋了用以構造漢字的偏旁部首系統。老斯當東之前曾帶著柯、李二人去大英博物館看漢語書籍，因此柯宗孝也能在那裡給蒙突奇做一個簡介。基於這些會面以及他能從字典裡學到的東西，蒙突奇從一名義大利語教師變成了漢語的職業專家。多年後，他在寫到柯宗孝時仍帶有感激，但實際上他從未能夠真正達到閱讀漢語文本的功力。[41]

到這個時點，義大利的傳教士學習漢語的時間已經有兩個世紀之久：曾在涼州與李家一起住過的麥傳世很難說是在中國傳教的最厲害的學者，但是卻能夠用漢語寫書。蒙突奇學習漢語時的困難提醒我們，並非只有在中國存在這種不尋常的對遙遠文化認識的匱乏：在英國也一樣，某些知識僅限於一些特定群體或社會階層，抑或是單純被遺忘。在大英博物館裡藏有漢語書籍，但已沒有人能夠閱讀。此外，馬戛爾尼藉以了解中國的書籍是由一百年前的早期天主教傳教士所作：關於中國近期宮廷政治的知識，對於外交而言至關重要，卻是完全缺失的。

漢語是獲取更多知識的關鍵，但這並不是依賴出版書籍的歐洲學者能夠輕鬆獲得的東西。早期傳教士曾編寫了詞表和語法，但是卻無絲毫動機要讓它們為大眾所能獲取。[42] 多年以前曾經有三名英國男童被帶到中國，用意就是讓他們拾起這門語言。其中最有名氣的是洪任輝（James Flint），此人倖存下來，也學習了足夠的漢語來為東印度公司擔任翻譯一職。然而，他最終獲刑三年並被驅逐出境，因為他曾代表英國人嘗試將貿易擴展到寧波，但並未成功。洪任輝此後從未回到中國，而到開始為出使制定計畫時，這位已知具有相當的漢語知識的英國人已經離世。[43]

實際上也有中國人在倫敦居住：長途旅行中經常有水手身亡，需要有人替換。所以雖然有英國和清朝政府的禁令，中國水手住在倫敦已達十年之久。他們住在船塢附近的窮人區，像其他水手一樣，只有當他們陷入打鬥或是赤貧時才會被精英人士關注到。幾年前，一位中國水手喝醉了酒，然後被妓女搶了他的工錢，為此對簿公堂，另一位叫約翰・安東尼（John Antony）的中國人出面做翻譯。安東尼在十一歲時就離開中國，從十八世紀八〇年代起便不斷乘船出入英國。到這樁訟案時，他已經娶了一位英國女子，開了一家客棧為印度和中國水手提供膳宿。東印度公司為客棧付錢，所以他們肯定知道此人，但沒人會將這些中國水手視為可能的資訊來源。當然，他們大多數都是講廣東方言且目不識丁，但是約翰・安東尼卻有足夠的家貲來穿著時髦的長褲，也識得足夠的漢字來擁有一本皮面的袖珍記事本。如果有人繼續四處找尋，或許能夠找到威廉・麥考（William Macao），這是一位在十八世紀七〇年代作為傭人來到英國的中國人，後來就職於蘇格蘭稅務局（Scottish Board of Excise）。[44]不論如何，即使是一位不識字的中國水手或許也能助學者一臂之力，否則後者只能像面對天書一樣去破譯漢語書籍。

李、柯二人見到馬戛爾尼時同他用拉丁語和義大利語討論珍本典籍，因此被視作精英人士並被接納進他們的社交圈。他們的漢語知識被奉為稀有無價之物，而身處城市另一端的中國水手則被視作無物。探究這一時期英國科學知識興起的歷史學家認為，許多新的觀念是通過紳士之間的信任這一社會關係而獲得接納：誰能相信和誰不能相信取決於階級、地位和私人關係等因素。[45]按照這一方式，作為紳士的李自標的教養和外表，便成了英國人如何對待他以及如何衡量他的語言技能的關鍵。

第六章

遠渡重洋

臨近1792年八月底，出訪中國的使團成員在樸茨茅斯集合，從那裡登船前往中國。旅途的確如簡・斯當東擔憂的一樣危險。旅途中的危險會讓李自標以及尚為年幼的小斯當東同使團的成員之間在經歷並戰勝這些危險時形成友誼，這也是馬戛爾尼所期望的。這也會讓他們感受到英國海軍的威力及政治影響力之盛，而隨後當他們到達東南亞時，則感受到中國移民遍布之廣。

樸茨茅斯是英國重要的海軍中心之一，駐防森嚴，船塢裡還在建造大型艦船，以備眾人所預料的與法國人的戰爭。使團的艦艇包括擁有六十四架機槍的戰艦獅子號（HMS *Lion*）和一艘龐大的東印度公司商船印度斯坦號（*Hindostan*），停靠的地方都離岸邊很遠，因為這種規模的船隻很難駛進港灣。當老斯當東帶著隨行眾人去參觀時，李自標和柯宗孝也一同前往，並見到了已經住在印度斯坦號上的嚴寬仁和王英。登船意味著要通過繩索做成的梯子攀爬晃動的船舷，梯子隨著波濤而晃動：小斯當東力有不逮，只能坐在椅子中被拉上去。他們隨後登上獅子號，人使和他希望能伴隨左右的隨行成員將乘坐此船，其中就包括了李、柯二人。馬戛爾尼將住在船長的房間，而船長伊拉斯謨斯・高爾（Ernest Gower）和老斯當東則住在旁邊較小的房間，使團裡的其他男士則要擠在下層的艙位。給小斯當東準備的是用帆布從一個較大的船艙中分隔出來的小間。[1]獅子號代表了當時軍事技術所達到的高度：這是一座浮動的炮台，能夠操作自如，全世界航行，並將其他船隻或是岸上的堡壘轟成碎片。數排巨炮占據了上層甲板的大部分空間，乃至凸入船艙之中。帆布隔成的小間被設計成能夠快速收回，以備要清理船隻準備戰鬥。逛過市鎮並參觀艦船之後，李自標肯定不會忽視英國海軍實力所具備的規模之大。

回到樸茨茅斯，馬戛爾尼的隨從成員開始相互認識。組成使團的紳士們，據說是憑藉他們的技藝和能力遴選出來的，尤其是科學方面。實際上，大多數都與馬戛爾尼有親近的個人關係：他有三個祕書，但是實際幹活的是他謹小慎微的私人祕書艾奇遜・馬克思韋（Acheson Maxwell）。另外兩個祕書愛德華・溫德（Edward Winder）和約翰・克魯（John Crewe），以及護衛隊長喬治・本森（George Benson）則是他表親的兒子。[2]獅子號船長高爾曾指揮一艘護送糧食運輸船隊的艦船到馬德拉斯，而馬戛爾尼當時正在此地。他曾經完成兩次穿越太平洋的探險旅途，但是不太妙的是其中一趟他的船艦在南美洲的最南端遇難，六個人划船到三百一十五英里外的福克蘭群島尋求援助，這才得救。[3]老斯當東作為使團的祕書，不僅能夠帶上十一歲的小斯當東，還能帶上他的老師伊登勒以及作為使團總管的約翰・巴羅。當巴羅得知這一消息時，他正在給小斯當東上課，忍不住用拉丁語脫口而出，「沒多少人能有幸前往北京。」[4]湯瑪斯・西基（Thomas Hickey）名義上是使團裡的畫家，但是在中國卻什麼也沒畫，只是近期給馬戛爾尼和小斯當東作了肖像畫（圖4.2）。[5] 同行的還有兩名醫生，但顯然是老斯當東的朋友。有一位科學家叫登維德（James Dinwiddie），此人並不是私人關係，而是被雇來展示科技類的禮物，他想被視為一位數學家，但是馬戛爾尼堅持稱他為機械師。[6]

只有幾位紳士不是由馬戛爾尼挑選的，他們是東印度公司派來的。印度斯坦號船長馬庚多斯（William Mackintosh）獨立、富裕，且經驗極其豐富。這次旅程是他第十次前往中國，他也為獲得這一職位付了不少錢，希望在出使過程中做點自己的生意來把這筆錢賺回來。他的船上載有美洲太平洋海岸的皮草，想在北京售出。但如同許多開往中國的英國貨船，與將要運回的茶葉相比，印度斯坦號此時只運載了很少的貨物，所以有大量的空間可以存放要給乾隆皇帝的絕佳禮品，也能住下使團低級成員以及嚴寬仁和王英。東印度公司的董事會主席百靈也派上了他十六歲的兒子亨利來監控整個進程。[7]

在樸茨茅斯會合後，使團的成員開始等待風向轉變。[8] 像獅子號和印度斯坦號這樣裝著橫帆的大型帆船在海上是相對安全的，也能運載大量的貨物，但是它們很難操控，逆風時幾乎難以航行。這意味著他們必須跟著地球自轉造成的洋流和盛行風航行。高爾計畫向南航行，隨後跟著西向的風穿過大西洋到達巴西，然後是沿著南美洲海岸向下的洋流把他帶到環繞大西洋的強勁洋流，這會將他再帶向東面進入印度洋。從那裡他會順著北向的信風到達荷屬東印度群島（現在的印尼），之後跟著一年一度的季風向北抵達中國。整個航行需耗時一年之久。

一旦印度斯坦號啟航，所有人都要住進很小的隔間裡。船上共有二百五十名水手和五十八名使團成員，其中包括士兵、傭人

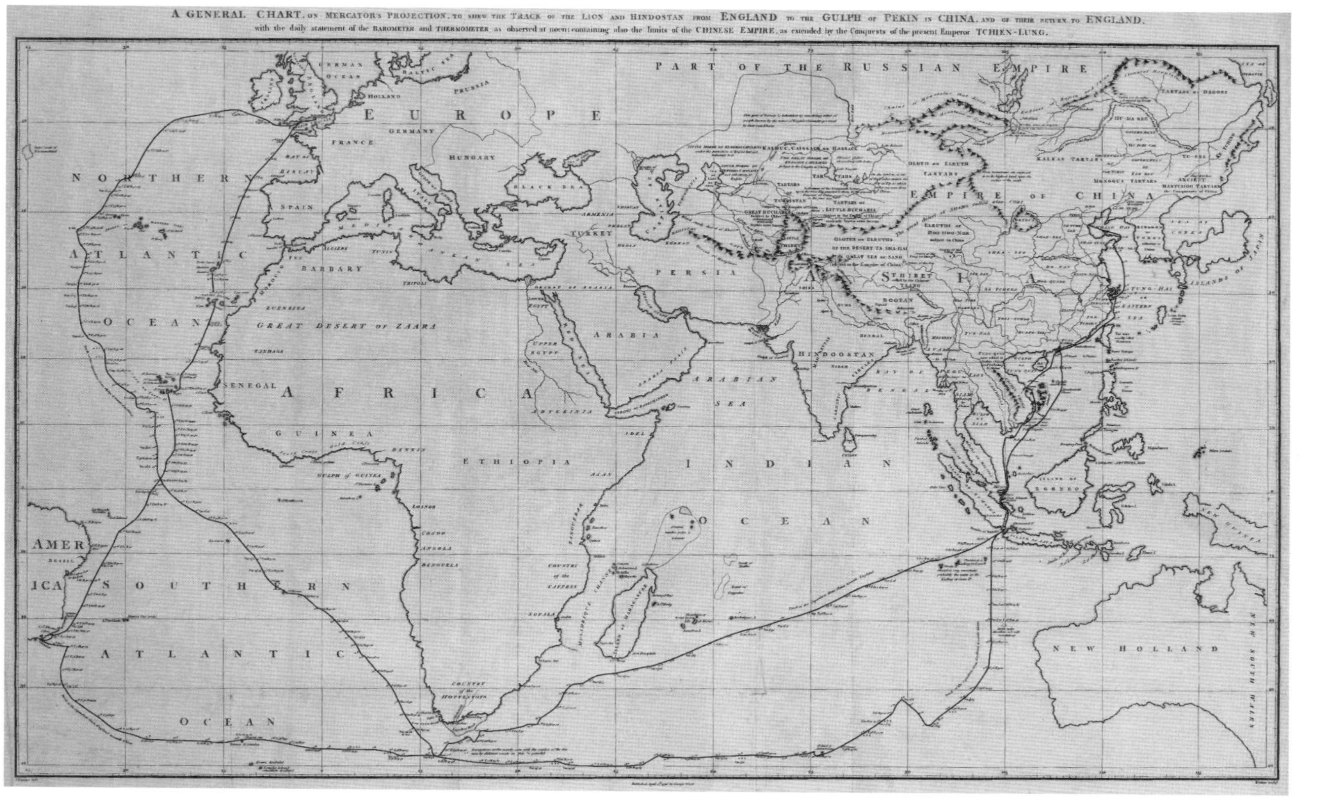

圖6.1　約翰・巴羅所製《每日午間運用氣壓計和溫度計的紀錄展示獅子號和印度斯坦號從英格蘭到中國北京海灣以及返回英格蘭的路線之麥卡托投影法全圖；亦包含當今乾隆皇帝之征服所擴張的中華帝國疆界》

和樂師。李自標和柯宗孝被算作使團的十位紳士，同海軍軍官一樣同屬船上的社會精英。馬戛爾尼稱呼他們神父（*padre*），這是專指天主教神父的敬稱，而使團的初級畫師額勒桑德（William Alexander）則稱呼李自標為先生（*dominus*），這是一種通常用以稱呼老師的叫法。作為這一群體的成員，他們能夠同馬戛爾尼和高爾船長一起進餐，而當他們登上甲板時，他們也會被允許進入後甲板上專為船長和他的高級屬員預留的一側。[9]他們在倫敦停留時學了幾句英語，也能同馬戛爾尼和西基講義大利語，但是他們通常講拉丁語。其他的紳士應當都在學校裡學過拉丁語，關於旅程的各種記敘表明許多日常談話都因為李、柯二人在場而使用拉丁語。伊登勒是一位自然而然的夥伴，年輕而嚴肅，他們在倫敦時便知道他通曉拉丁語。他對使團的記載中經常提到李自標講的事情，這表明他們已成為朋友。[10]

不同於李自標，小斯當東沒有太多交朋友的機會。船上有許多他這個年齡的男孩，但他父親的教育方式仍然要求他無時無刻不在監督之下。他還有些膽怯：獅子號上的海軍學校學生都是海軍低級軍官，其中一些是他的同齡人，當他看到他們爬上索具時，他所講的第一句話（用拉丁語）便是「他們母親看到了該怎麼辦！」[11]老斯當東曾安排他下到船艙內部飲茶，在這裡海軍見習軍官睡在發臭的錨索上方的吊床裡，這樣的事情也僅此一回。[12]此後的旅程中，他偶爾被派去同見習軍官一起學習，他們要上如何操控船隻和導航的課程。他喜歡數學課，後來他的日記開始看上去像見習軍官們要記的船隻航行紀錄，但是他像他們那樣攀爬索具的嘗試卻以失敗告終：「我想要爬上桅索，卻發現這差事又難又髒。」[13]不管怎樣，他很少有時間，在大部分旅途中，他被要求嚴格遵守以漢語課程為主的時間表：早餐後他要跟

圖6.2　額勒桑德所繪《戰艦獅子號》。額勒桑德在商船印度斯坦號上繪畫，該船航速較低，通常位於獅子號身後。除了給這艘戰船帶來速度和敏捷的巨幅風帆，他還畫出了馬戛爾尼作為大使所使用的裝飾華美的船尾艙室以及為六十四尊巨炮所設的兩排炮門。

柯宗孝學兩個小時的漢語，略作休息後跟伊登勒上一節希臘語課。之後，他勉強有時間去更換參加正餐的好衣服。餐後再上一小時的漢語，而「剩下的時間則歸我自己所有」。[14]時不時地也有成年人加入漢語課，但是最用功的成年人則在印度斯坦號上，他們要求嚴寬仁和王英給他們上課，所以小斯當東是自己隨著柯宗孝學習。[15]

離開樸茨茅斯大約兩星期後，使團抵達位於非洲海岸邊的葡萄牙殖民地馬德拉（Madeira），船隻停泊下來，裝載穿越大西洋所需的酒水和其他補給。在這裡以及之後他們登陸的地方，馬戛爾尼作為英使上岸時要鳴炮致禮，總督會舉辦持續數日的正式接待。[16]鳴炮時使用的是真正的彈藥，使整隻船為之晃動，聲音之響，馬戛爾尼有時都難以忍受。凡是英國戰艦駛入港口以及馬戛爾尼登岸時，便有這般強大武器的令人心悸的展示，這是慣例。李、柯二人作為馬戛爾尼的隨從成員，同斯當東父子待在同一處房舍，也會參加正式的接待活動。老斯當東喜歡四處探險，會帶上小斯當東一起。這一次，他跟隨約翰·巴羅外出登山。下雨之後，儘管約翰·巴羅在探究隕石的過程中頗為自在，小斯當東卻覺得這一天「漫長且無趣」。[17]

當他們朝著巴西穿越大西洋時，有大把的時間可以相互交談。在一片空闊海域航行的數日裡，馬戛爾尼放鬆下來：在夜間，他喜歡站在船尾的欄杆處，看著後甲板上人們上上下下，在月光下聚成幾群一起聊天。他也同李、柯二人侃侃而談，李自標抽著煙，柯宗孝嗑著西瓜子。[18]

在馬德拉時，馬戛爾尼為他自己和隨員買了酒，而數日後高爾船長則在特內里費島（Tenerife）為船員運上了便宜一些的酒。船上裝備的水味道很快就變壞了，因此要喝掉大量的酒。一段時間後，馬戛爾尼做了一份清單，清點了自己手頭上還有多少波特酒、里斯本紅葡萄酒、馬德拉酒、波爾多紅葡萄酒、半甜白葡萄酒、馬姆齊甜葡萄酒、特內里費酒、亞拉克燒酒、杜松子酒、甜酒、波特啤酒、愛爾啤酒、蘋果酒、梨酒，其中還包含了一千八百瓶紅葡萄酒。在船上這樣一個全是男性的逼仄空間裡，一起飲酒消弭了很多摩擦，也增進了彼此間的夥伴關係。[19]

另外一邊，小斯當東享受了當船艦第一次穿越赤道時的娛樂活動。對於英國海員而言，這意味著他們進入浩瀚的南部大洋，一個危險且陌生的世界。一位水手扮作海神，渾身滴著水，手握三叉戟，旁邊有人打扮成他的妻子，爬上船頭，要求獲知是什麼船隻正在入侵他的領地。馬戛爾尼的隨員中之前沒有穿越過赤道的人被允許繳納一筆罰款，而沒交錢的人則被抓住、剃掉鬍鬚並浸入水裡。當天結束時有一頓大餐，就著風笛的音樂痛飲一番。這些儀式、充滿蠻力的浸水、聚餐和飲酒都是另外一項能夠將船上的人員聯結起來的活動。[20]

十二月，使團在離開英國三個月後抵達里約熱內盧。在這裡他們發現葡萄牙人有些焦慮，對使團也明顯不甚友好。葡萄牙是英國的盟國，使團在馬德拉時也受到了歡迎，但是英國擴張對華貿易卻也會威脅到葡萄牙占據的澳門。老斯當東帶著兒子去看了一個蝴蝶的收藏、一座瀑布和麵粉磨坊，玉米、鳳梨、咖啡、柳丁、可可、蔗糖和棉花的種植園，以及一個將昆蟲處理成染料的胭紅花園。馬戛爾尼曾笑話老斯當東熱衷於這些東西，但這次小斯當東卻和父親同一喜好：他看到蝴蝶和瀑布時非常開心。[21]同時，中國神父們則舒舒服服地住在富裕的本篤會修道院裡，俯瞰整個港口，因為其間的僧侶對使團也非常感興趣，邀請他們過去同住。[22]

高爾船長在里約的時間則花在為航越南方大洋的危險做準備：裝上了足夠兩個月的淡水，屠宰牲畜，調整風帆，替換掉一些船桅，並通過在旁邊安裝厚板的方式來加固其他的桅杆。[23]正如他所預料的，船隻幾乎一離港就遇到了惡劣天氣，在一月分，他們被狂風襲擾達三週之久。此時，他們已經深入南大西洋，沿著繞南極洲的洋流航行，進入一個以波濤洶湧而聞名的海域。當船隻被狂風和大浪撞擊時，船板嘎吱作響，聲音之大讓小斯當東覺得整艘船會裂開。其他時候，他覺得船會傾覆：「船比任何時候都晃得厲害，似乎要翻船，海面像山峰一樣高。」[24]眾人時常都是渾身濕漉。船艙裡也都是從艙口流下的水，又從船板的縫隙中滲走。一個大浪直接打過了整艘船。有數日，小斯當東在用餐時，雙腿盤著桌腿以防止自己摔倒。後來就沒有定時的餐飲了，只能有啥吃啥。[25]高爾船長的航行紀錄，通常只記錄了「颶風」，在風暴最盛的時候則轉為了詳細描述，此時寫到，「海面浪高，不同尋常，船體傾斜嚴重，三點鐘風向突轉為西北，風力甚大，收捲主帆，調轉船向東北以保持船隻駛向大海。」[26]此刻如果有波浪從一側衝擊船體則有可能將船擊沉，但是在這種條件下攀爬索具去捲起船帆是極端危險的。三天後，當天氣最終平靜下來時，他讓所有的見習海軍學生上下索具，加強練習。到此時，船體每小時滲進八英寸高的水，因為平常使用的水泵在風暴中損壞了。他們也無法繼續追蹤記錄他們所處的位置。[27]

數日間，他們都希望看到阿姆斯特丹（Amsterdam）島，這是位於南印度洋中央、非洲最南端和澳大利亞最西端中間點的一個小點（圖6.1約翰·巴羅的地圖中被標注為新荷蘭〔New Holland〕）。一個大清早，當值的年輕海軍上尉約翰·翁曼尼（John Ommanney）大聲喊道自己看到了陸地，老斯當東激動得直接穿著睡衣便走出了自己的艙室：蒼白、消瘦，睡帽的紅色長絲帶飄在風中，碩大的睡袍拖在身後。翁曼尼拿起擴音的喇叭，用平時向船員發布命令的聲音大聲喊叫，詢問著「他究竟為何物，又從哪裡而來，是受祝福的精靈，還是受詛咒的小鬼，帶來的是天堂的氣息還是地獄的狂風。」[28]老斯當東花了片刻聽出了其中的笑話，隨後便笑了起來。馬戛爾尼和其他人一樣都出來看發生了什麼事，也不禁莞爾。爆笑聲感覺像是對於他們最近剛剛經歷過的危險的回應，但是這種玩笑也體現了船上眾人之間日漸增長的友情。吵鬧又古怪的翁曼尼將成為小斯當東一生的朋友。[29]

很快他們就進入了颳過印度洋的東北向信風。從那裡開始，他們的航行變得超常地快速，一度在二十四小時內完成兩百三十英里的航程。因此，在離開里約熱內盧兩個月後，他們抵達了位於爪哇和蘇門答臘之間的海峽，即現今的印尼。他們開始看到飛鳥，隨後看到很多小島中的頭一批。之後便有很多船隻圍繞，獨木舟裡的馬來人拿雞肉、水果和海龜做買賣。[30]

他們到達了巴達維亞（現在印尼的雅加達），這是來自歐洲、北美洲和中國的貿易交匯點。港口裡有比里約更多的貨運：統治著城市和其餘大部分爪哇島的荷屬東印度公司的大型貨船；同印度開展貿易的英國船隻；大型中國舢舨；將近期的大革命精神牢記在心的船員要求同長官一起進餐的法國船隻；以及往來於其間的馬來人的獨木舟和帆船。在城市之中，街道上人流熙熙攘攘，並沒有將自己孤立出來的荷蘭人，但是有服飾各異的亞美尼亞人、波斯人、阿拉伯人、來自印度北部的商人、中國人、爪哇人和馬來人。[31]同樣也有奴隸：這裡也是東南亞販賣人口的中心，老斯當東想要一名幫助照料兒子的傭人，便出去買來一名奴隸，這是一個又高又瘦、皮膚黝黑的年輕人，並管他叫本傑明（Benjamin）。[32]

巴達維亞也是一座華人很多的城市。他們看到了富裕的華人身著絲綢長袍，留著幾乎長及腳踝的辮子，而更多的貧窮華人則穿著鬆垮的褲子和短衫。小斯當東看了一些中國店鋪的招牌，從中能識得一些他跟柯宗孝學習的漢字。馬庚多斯船長從澳門接上了五名中國領航員，他們能講些英語。荷蘭人鼓勵中國商人來到此地交易中國貨物，免於清朝的限制和稅收，但是自此中國商人也開始主導東南亞內部大部分的貿易，同時也替荷蘭人收稅並建

圖6.3　額勒桑德為老斯當東在巴達維亞買來的傭人「本傑明」所繪的肖像。同使團的其他多位成員一樣，額勒桑德為奴隸貿易所震驚，頗具同情的肖像也反映了這一點。

立礦山和種植園。華商並不會同荷蘭人社交，但是有些富商在經營生意時需要廣泛理解荷蘭人以及他們如何行事。[33]後來，馬戛爾尼擔心從荷蘭人那裡接手的是中國人而非英國人，在他看來，荷蘭人一直在衰落，因為離開了中國人，生意便無以為繼，並斷言「中國人會成為此地的主人」。[34]

如同別處一般，荷蘭人為英國大使及其隨員舉行了正式的歡迎儀式，但是荷屬東印度公司是英國人的主要競爭對手，而英國同中國的新貿易安排也構成了重要威脅，所以此次的排場比之前都大得多。儀式一開始時是荷蘭堡壘大門外的禮炮、閱兵和茶點。所有人都穿著歐式的正式服飾，氣溫卻讓人窒息。馬戛爾尼的隨從人員被帶到一位荷蘭商人的家中略作休息。這裡，荷蘭人脫掉了他們的天鵝絨外套和沉重的假髮，然後坐下來享用晚宴，菜餚有煮魚和烤魚、咖哩雞和雞肉飯、火雞和閹雞、煮牛膝、烤牛膝、燜牛膝、湯、布丁、乳蛋糕以及各式糕餅，全都一齊上桌。一組馬來樂師在外邊演奏。之後又上了中式的麵點、水果和蜜餞。[35]

之後在總督的鄉間別墅舉行了舞會。當英國人到來時，入口的一側演著華人的戲曲，另一側是荷蘭的雜耍。彩繪的中式燈籠用花環相連，裝飾了後邊的花園。小斯當東注意到了花園中的池塘和溝渠映射了燈籠發出的光。他還欣賞了壯觀的中國煙花，最後如同滿天的星辰和太陽傾瀉而下，依次爆裂。後來在舞會上，英國人見到了荷蘭人在當地的妻女，身著馬來服飾，渾身裹滿珠寶，黑髮向後梳起並飾以珠寶別針。午夜時又開始了一頓餐，官方的祝酒詞一個接一個，而有些紳士「受到酒氣的影響不少」，小斯當東如此寫道，後來他才回到他們落腳的住處，又是「非常疲憊」。[36]

儘管有宴會，但是氣候並不友好，馬戛爾尼感到不適。他趕緊帶著使團回到船上，在那裡他們至少還能享受一下海上的微風。[37]起初，這讓隨行的中國人鬆了一口氣：嚴寬仁在給那不勒斯寫的信中（不忘損一下老斯當東）提到，「這樣的旅途對於那些有閒情逸致的有錢人來說是享受，可對我們這些身無分文又思念故土的人來說真的是乏味。」[38]在他們等風的同時，船上擁擠的生活條件意味著在巴達維亞染上的痢疾及其他感染迅速傳播開來。老斯當東也因發燒而病倒。有些已經患上壞血病的人，突然遭遇病情猛烈發作，隨後身亡。曾照顧瀕死天主教徒的嚴寬仁，記下了有六名海員死在獅子號離開爪哇之前。馬戛爾尼開始在他的筆記本中記錄死亡或逃逸者的名單，但是字體越來越小，直到沒有地方下筆便停下了。季風比平時來得晚，船隻在印尼群島中緩慢北上。此時死掉的人數超過了在先前所有的風暴中死去的人數。[39]

嚴寬仁也非常擔心，因為李自標也生病了，後背和前胸都有腫脹，伴有高燒。醫生讓他寬心，因為這是壞血病導致的腫起，李自標性命無虞。他們知道壞血病可以通過新鮮食物治癒，但嚴寬仁仍忍不住擔心，因為李自標腫得厲害，疼痛異常。他祈禱上帝將李自標治癒，讓他繼續參與出使，「由於他至關重要，為我們所有人所珍視。」[40]在一起吃飯飲酒讓船上的紳士們之間產生了情誼，但也總會有差異：在海軍軍官和使團成員、富裕的年輕人和老斯當東的科學家友人之間，以及在英國人和這四名中國人之間，而將這四人緊密聯繫起來的，除了共同的國籍，還有他們共同的教育、對傳播天主教的希望和他們對彼此的關心。

第七章
其他可能的譯員

當使團沿著越南的海岸繼續北上到達中國海岸時，他們便開始需要漢語翻譯，但是直到他們開始登陸開啟他們旅程的最後階段時，馬戛爾尼才決定起用李自標作為自己的唯一譯員。這一刻之前，幾乎所有口頭和書面翻譯的工作都由其他人完成，但是這些人要麼不願承擔前往京師的風險，要麼其自身利益可能會影響到談判。在漫長的旅途中，馬戛爾尼逐漸加深了對李自標的了解，認為自己能夠信任他。所以最終選用李自標並不是因為缺少其他可能的譯員，而是對他而言，找到自己能信任的人的重要性超過了特定的語言能力。

第一位翻譯是嚴寬仁，不同於李自標，他在前往那不勒斯之前就在中國接受了系統教育，同時也在語言方面頗有天賦。他成長於中國海岸城市漳州的一個富商家庭，而此地有悠久的與洋人打交道以及移民的歷史。嚴家有人很早就皈依基督教，來自於這樣的家庭已經擴展了遍布四海的聯繫：他是家裡赴那不勒斯學習的第二代人，有一個親戚在泰國做神父，另外一個也考慮過在印

圖7.1　額勒桑德為嚴寬仁所作肖像，他標注為「嚴先生——一位來自那不勒斯傳信部的中國傳教士，作為翻譯參加了使團。」

度的一所學院學習成為天主教神父。[1]

幾乎可以確定是嚴寬仁提供了馬戛爾尼所持國書的第一個中文譯本，現存於英國檔案館。國書裡面都是官樣文章，通常由大使在初次覲見君主時呈遞：英國國王恭維了皇帝，介紹了大使及其副手的全部職銜和榮譽，請求准許大使進駐宮廷。翻譯的品質尚可，涵蓋了所有要點。但最讓人矚目的是原本在英文中僅是常規的基督教內容被大為強調：在提到造物主上帝時，其稱呼高出其他文字，與皇帝的稱謂平齊，而上帝也成了此次出使的終極肇因。文本的主體部分省略頗多，全信結束於英國國王寫於聖詹姆斯宮，但英王的名字並未被拔高，而聖詹姆斯恰好是李自標的保護聖徒。[2]

李自標生病時，嚴寬仁也擔任了使團的翻譯，因為沒有人認為脾氣暴躁的柯宗孝適合這項任務。當船艦抵達越南的南端時，派出一隊人登島，試圖購買新鮮食物。人們走出來，來到海灘上，嘗試了各種漢語方言卻都無果，但當嚴寬仁掏出本子寫下漢字時，因為越南語也使用漢字，一位島民接過他的鉛筆並寫下回覆。後來，來了一位能講漢語的婦女，嚴寬仁講了英國人所要之物。看上去進展順利，但當他們第二天返回時，發現整個村莊的人都跑了，留下一封信解釋此地的民眾實屬貧困，無法提供這些東西。嚴寬仁將信翻譯成拉丁文，請求英國人放過村民，也的確奏效。這不太可能是村民所寫內容的精確翻譯；更像是他在那不勒斯所學的修辭學習作，意在說服英國人平靜地離開。他獲得了成功，船隻繼續前行。[3]

在越南發生的事件也揭示了充當翻譯所面對的風險。獅子號於一週後到達峴港時，許多人都生病了，以至於剩下的船員幾乎難以行船。不過，越南人看到的卻是四艘全副武裝的艦船闖進了一場正在進行的內戰中。控制峴港的一派擁有清朝的支持，乾隆皇帝派了他的侄子、最喜愛的將軍福康安率領軍隊前來援助。歐洲戰船乍一看像是來自於他們的對手，受法國傳教士支持，因此他們集結了部隊。[4]英國人派了一小隊人馬上岸，嚴寬仁居中翻譯。嚴寬仁用書面形式緩慢交流，減輕了他們的擔心，安排病人上岸以便船隻清潔消毒，也讓英國人能夠買到肉類、水果和蔬菜。諸事皆順，第二天英國人被邀請赴宴，盡是美味佳餚，「他們大快朵頤。」[5]然而獅子號的巨炮仍然縈繞在每個人的心頭：越南人集結隊伍並獻上了更大的禮物，包括一百噸米。馬戛爾尼回贈以武器和布匹。當一位英國海軍軍官外出探索河流時，他和兵士被當成間諜捉了起來，經歷了一場令人心驚膽戰的模擬行刑。又是嚴寬仁不懼凶險，登岸談判放人。[6]

有了新鮮的食物，李自標也從壞血病中康復過來，但是卻面臨著一項艱難的決定。是他答應了擔任使團的翻譯，而非嚴寬仁。所有人都很清楚，1759年洪任輝因為提交訴狀請求延展對英貿易而被囚禁，協助他的中國人劉亞匾被公開處決。官方規定僅可由受雇於商行且在官府註冊的華人擔任英人翻譯，因為這些人的行為能被追究責任。對於無視這些風險的譯員，通過誅殺劉亞匾以儆效尤，而此事殷鑒不遠，難以忘卻。[7]

所以馬戛爾尼要求李自標繼續留在使團，「並非擔任譯員，而是作為友人，因為茲事體大，他亦無法覓得十足可信之人。」[8]一如老斯當東在羅馬時，他甚至承諾他會做教宗的使者，嘗試為天主教在華傳教向皇帝說情。他也撫慰李自標，讓他無需多慮，因為只要求他作為祕密顧問，專聽他人所言之事。[9]在給好友喬瓦尼·波吉亞的信中，李自標解釋了馬戛爾尼心情之殷切。然而他人所不知的是，李自標答應馬戛爾尼的要求實則是做了個人的犧牲：在歐洲這麼多年後，李自標打算去澳門見如今駐紮在海南島的兄長李自昌。當涼州駐軍被派往四川的金川山中平亂時，他逐漸成長為一名傑出的下級軍官。李自昌被提拔，先後派駐到新疆和廣東。1788年，他被調往臺灣平定叛亂，在那裡他多次率隊冒險突襲，深入密林峻嶺。福康安在被轉派越南之前負責率領此次遠征，在戰報中曾提及李自標，戰爭結束時李自標因英勇而獲嘉獎，並得到押解匪首進京的殊榮。最近的四年裡，他作為清朝水師的將領駐紮在海南。[10]

在中國的道德體系中，賢良的官員以國事為重而放棄探家的故事比比皆是，而李自標一直是模範學生。既然決定無法拒絕馬戛爾尼，他便穿上帶有佩劍和帽章的英式制服，並以「李」的英譯「梅」為姓（清朝檔案中為「婁門」）。[11] 嚴寬仁為之嘆服：他安撫那不勒斯書院的上級們，李自標「並不擔心自身危險，因為他為人機巧，隨時能化身他人，如伶人一般。」[12] 當他們到澳門時，李自標留在獅子號上，而老斯當東則悄然同柯宗孝、嚴寬仁和王英一同上岸。他計畫同在澳門的東印度公司的人和歐洲傳教士會面，想通過他們找到一名接替柯宗孝的譯員。

在澳門有為數眾多的講葡萄牙語的華人，能夠幫助使團進行翻譯。大約四十年前，掌管此地的一位中國官員曾記載華人如何接納洋人服飾，改信洋人宗教並同洋人婚配。其結果便是都習得了葡語，需要時都能口譯或筆譯。[13] 實際上城中的葡方機構擁有官方的通譯處，員工五人，負責翻譯同清朝官員的往來文書。[14] 馬戛爾尼帶來的隨行畫師湯瑪斯・西基亦能講葡語，他心裡顯然知道此事，但是他和老斯當東同樣擔心從澳門請來的翻譯很有可能會反對使團獲取獨立的英方基地的目標。

老斯當東在澳門的首次會面見的是亨利・布朗（Henry Browne）和其他兩位資深商人，這些人向他講了他們如何通過資深華商潘有度和蔡世文向上轉交百靈的信，信中宣告了英國來使。信是寫給兩廣總督福康安的，但是信件抵達時他已經被派去西藏征討廓爾喀人，所以交到了廣東巡撫郭世勳手裡。百靈的信件用英文寫就，伴有拉丁文翻譯，但是兩個版本都使用了複雜、正式的文體，內容晦澀，小心翼翼地避開了使團試圖常駐宮廷或是獲取新港口供英人貿易的目標。郭世勳將拉丁文版本發至澳門翻譯處，但他還想核對英文版本的內容。因此，不顧英人的錯愕，他將他們同潘、蔡二人一同打發至旁邊的房間親自將信件譯成漢文。[15]

其結果既過於簡化又有失準確：喬治三世號稱是大不列顛、法蘭西和愛爾蘭國王的誇誇其談變成了一長串轉寫的音節，商人有主導地位，而使團的主要目的看上去是來給皇帝祝壽。[16]即便英國人講不了漢語，但潘、蔡二人長期浸淫對外貿易，卻懂得英語，儘管他們並沒有讀信。行中的慣例是由一方闡釋某一文件，由另一方寫下對應翻譯。[17]問題在於英國商人此時要解釋諸如「在倫敦和北京的宮廷之間增進聯繫、交往和良好的通訊」和「增加和延展他們各自臣民之間的貿易往來」這些模糊的用語究竟所指何意，而對象恰好會因為使團所尋求的改變而損失慘重。[18]他們無意講得明白，其結果便是產生混亂，於是他們將這歸咎於華商難以理解英語。[19]

澳門翻譯處發來的譯文則更簡短而正式。它傳遞了信件的主要意思，但聚焦於君主之間的外交而略掉了商人。整體而言，澳門的譯員十分精準，所以其中省略的內容肯定是有意為之的結果，大體上與葡萄牙人對英人使華的擔憂有關。[20]原信和翻譯都被發至京師，宮廷那裡的歐洲傳教士（同樣為葡萄牙人）又一次翻譯了拉丁文版本。這次譯文更為簡短，主要聚焦兩個關鍵點：使團的意圖在給皇帝祝壽，以及英人有意直接駛向天津的事實。[21]所有三個版本的譯文都高度概括，並且使用了針對中國皇帝的慣常頌詞，但是其局限之處的主要成因與其說是語言上的困難，不如說是譯者有意選擇要呈現的要點。

布朗聲稱這些事情促使他開始安排一些漢語課程，儘管更有可能是他知道馬戛爾尼一直因東印度公司的雇員不學漢語而對他們大加指摘。他們找到的教席是已登記在冊的華人通事，專為英國商人處理文書。在澳門上幾節課肯定不能讓英國商人勝任翻譯一事，但布朗卻能夠告訴馬戛爾尼有位教席之子是可用之人，他因為要去京師甚至可能見到皇帝而激動不已。這位被英國人稱為安東尼奧（Antonio）的年輕人，曾住在華人眾多的馬尼拉，他既能講西班牙語也能講官員講的官話。在老斯當東到達之時，安東尼奧已經坐上布朗派出的船去尋找使團，在那裡他被作為賓客相待，十分體面地同船長共餐。[22]

在澳門時，老斯當東也前去見了基安巴提斯塔・馬爾克尼（Giambattista Marchini），此人負責教宗駐華傳教團的財務。馬爾克尼聽說李自標要留在英人處擔任翻譯，十分驚愕：他確信李自標會被人發現是華人神父，這不僅給他本人還會給整個天主教在華傳教帶來嚴重後果。然而，老斯當東手持羅馬要人的信函，李自標的同學也堅稱命令他下船是既無用且費力之舉，因為無人能改變他的主意。當老斯當東詢問是否有別的翻譯時，馬爾克尼建議他去找法國傳教團的庶務克洛德・勒頓達爾（Claude Letondal）。勒頓達爾說他的傭人錫拉巴（Lorenzo da Silva），能講漢語、拉丁語、葡萄牙語和法語。[23]錫拉巴的姓氏、職業和語言技能顯示他可能是來自澳門的混血兒，起初是要受訓成為神父。這也顯示他可能不只是一位私家傭人，但是英國人一直被告知他是傭人，也便一直以此相待。

老斯當東離開不久，馬爾克尼很快就同李自標的哥哥李自昌取得聯繫，這也是他所知道中國殘存的為數不多的天主教官員之一。李自昌肯定意識到了他弟弟所要面對的危險，因此決定立刻親自趕往京城。他需要從官長處獲得批准，但他上一年剛獲擢升，接到傳喚他到京的指示，所以他可能是為了等他弟弟的到來而有意推遲，此時便有了合理的藉口。來自京城的柯宗孝能夠在他的庇護下一路向北，這也很可能是他們為李自標所計畫的。[24]

與此同時，使團沿著海岸向北航行，而安東尼奧、錫拉巴和李自標都在不同的時候被派上岸做翻譯。現在同行的有五艘船，三艘是一開始從樸茨茅斯駛出的，一艘是馬戛爾尼在巴達維亞購買的雙桅橫帆船，一艘是布朗派出尋覓他們的船。他們一開始要駛向舟山群島，該處位於重要的貿易城市寧波的外圍。在當地官員的大力支持下，英國人當初在舟山開展貿易，但是大約三十年前，乾隆皇帝覺得將貿易限制於廣州一地更加符合國家利益。[25]正是因為要求在此地重開貿易，1759年洪任輝被囚禁，劉亞匾被處決。

東印度公司的帆船最先抵達這裡，定海鎮總兵馬瑀登上船並盤問了安東尼奧。安東尼奧講了他來自菲律賓，並解釋此船是派來尋找使團的。馬瑀仔細記下了船上的槍炮類型，並告訴安東尼奧英國人不得繼續北上。數日後，風向轉變，他們卻依舊揚帆北上。當他們繼而進入港口並要求領航員時，安東尼奧並不好受：同他打交道的官員威脅要將他拿下並加以懲處。[26]

大抵一週後，馬瑀再度出馬迎接第二艘船，該船已駛入舟山港並鳴炮致意。這一次由李自標做翻譯，還有一位他們在澳門接上的領航員。李自標有點戰慄，因為當船為避開礁石而轉向時，他差一點就被主帆的帆杠擊倒在地。所有人都笑話他，因為他在驚恐之中大聲喊道，「聖母瑪利亞！這真是個奇跡！奇跡！」而另外一位差點被撞到的水手則是對帆杠破口大罵。[27]馬瑀送來水果並盤問了李自標，後者自稱梅先生（Don Plum）並解釋說這

圖7.2　額勒桑德所作「舟山海軍上將」馬瑀在印度斯坦號做筆記。

艘船的確屬於英國使團。[28]

他們一起上岸，馬瑀又提供了另外一位翻譯：郭極觀，其父曾同英國人做生意，仍然「保留了一點英語能力」。[29]郭極觀頗得老斯當東的歡心：他仍能夠記得英國商人的名字，將貿易的終結歸咎於廣州的影響，也急切盼望英國人能返回本地。然而，馬瑀始終關心使團的兵器。他的上級浙江巡撫長麟向上傳遞了他的報告，其中記錄一艘船上有四十二門大炮，而另一艘船上有三十二門鐵炮、三十二門銅炮和超過六百把火槍和六百柄劍。郭極觀勸他們不要再鳴禮炮，向老斯當東指出英人開火時槍口並未衝著天空，這樣十分危險，之前數次有人因此喪命，也給貿易帶來了巨大的損害。[30]

第二天有一場同縣令的正式會面。英國人在中國人對面落坐，也被奉茶。縣令講了一通長篇大論，「用各種語調講了一大通話，還用上了手勢。」[31]無疑這些的本意都是幫助洋人理解，但冗長的講話在現實中給譯員增加了不少難度，因為他要聽完講話，盡可能地多記一些，然後再用另外一門語言講出來。老斯當東接收到了其中的要點，即縣令能在本省的海岸提供領航員，但僅限於此。當老斯當東威脅說要去寧波找更高的官員時，縣令指了指自己的官帽，通過手勢表明那樣的話，自己的官位難保。他們最終達成妥協：命令兩位曾去過天津的本地商人陪使團北上。英人離開後，長麟將不幸的郭極觀軟禁起來，以免他繼續同英人接觸，並報告了乾隆，乾隆下令將郭極觀帶到京城加以盤問。[32]

英國人繼續沿著山東省航行，短暫地在廟島下錨，蓬萊縣令登船並同馬戛爾尼會談。此次是由錫拉巴擔任翻譯。馬戛爾尼發現縣令「知禮、聰敏且好問」，而縣令自己則報告翻譯的言詞妥當，令人滿意。[33]很明顯錫拉巴是一位流暢且高效的翻譯。

幾天後，使團派錫拉巴和伊登勒去鎮守天津門戶的大沽口，參與商討使團如何進京的重要會議，伊登勒精通拉丁文，這讓他能提供有力的協助。年長的直隸總督梁肯堂親自參加了會談，帶了很多隨從，介紹了其中三人是由皇帝派來迎接來使的。錫拉巴和伊登勒注意到一件奇怪的事情，頭上頂戴顯示了職位最低的人反而看上去是會談的主角。此人是滿人徵瑞，剛剛接管了油水極為豐厚的天津鹽務。由於貪汙的指控而被接連貶黜，徵瑞的品秩因此較低：單在之前的兩年間，他向皇帝上交罰金近三萬六千兩。眾人對他的敬意顯得頗不情願，這也預示了塑造整個使團接待過程的宮廷政治。梁肯堂講話，向錫拉巴詢問了五艘船上七百人的補給、運送使團賀禮的最佳途徑以及有多少人要隨同大使一起進京。他也問了使團中是否有人帶來貨物要在京城售賣，並向英人保證皇帝對此並無異議。[34]

另外兩位受命監督使團行程的官員第二天乘船造訪獅子號。梁肯堂選了兩位屬下：一名兵士和一名稅官。王文雄是一位職業武官。他身形魁梧壯實，來自中國西南山區。同李自昌一樣，他也是作為普通士兵投身行伍，最早在金川平亂時獲得提拔。他在近身肉搏中留下的傷疤帶給英國人深刻印象。後來，他升任通州的統領，此地是到達京師的重要據點。另外一位官員是山西的喬人傑，通過科舉走上仕途，但也頗為活躍，年輕時還熱衷武術。

喬人傑時任天津道員，對財政頗有興趣，同時家資頗豐：他最近向皇帝繳納罰金一萬兩，由於在安徽對商人徵稅時犯下錯誤，雖不及徵瑞的數目，但也是一大筆錢。如額勒桑德為兩人所作的畫像顯示，喬人傑性格嚴肅，清楚自己作為官員要行為得體，而王文雄則坦率、熱情，後來在帶兵打仗時屢獲功勞並享譽全國（圖7.3和7.4）。[35]

因為港灣水位過淺，獅子號停留在岸邊大約十五英里處。王文雄和喬人傑到達時，他們需要在巨大的船體一側被拉上去，旁邊便是一排排的炮口，但他們表現得非常友善和出奇地不拘禮節。英國人為此感到欣喜，因為他們本來以為清朝的高級官員是嚴肅、正經的學究，也認為他們會對使團滿懷疑心。王、喬二人解釋說原本徵瑞也應同往，但不敢如此深入大海。他們也不敢，但由於自己是漢人而非滿人，所以不得不來！老斯當東很快就得

圖7.3 王文雄。額勒桑德所作肖像顯示此人孔武有力，目光直視畫外的觀眾。

出結論，中國官員就像法國大革命之前的那些有身分的人，「舉止溫文爾雅，令人愉悅，瞬間就和人熟絡起來，隨時都能對談如流，而且還有一種頗為自得的感覺和身居上國的虛榮，而這些都是無法掩飾的。」[36]

當時，因為錫拉巴尚未返回，李自標充當翻譯，老斯當東後來回憶道，「以翻譯為媒介的交流往往有一種生硬的感覺，而此

圖7.4　額勒桑德為喬人傑所畫素描，身著官服，手握煙槍。

時卻蕩然無存，因為雙方性情頗佳，而且都感受到了想要弄清楚對方意思的急切願望。他們講話之中絕無互相猜忌的陌生人交往時所持有的戒備。有時在一些採用的表述還沒有給出解釋之前，當時的情形本身就暗示了想要講的話，詞不達意之時也往往輔以手勢。」[37] 很快就不只有一處的交談，老斯當東考慮試一下自己的兒子，他們發現他能夠聽、說無礙。結果令老斯當東欣喜，儘管小斯當東的能力依然有限：幾週後，徵瑞報告說馬戛爾尼說他們僅有兩位譯員，即李自標和小斯當東，後者「年甫十二歲，口音不熟。」[38]約翰・巴羅自己也用功學習漢語，但是他因年齡較大而不太成功：在整個出使過程中，他的努力卻主要成了逗樂王文雄和喬人傑的表演。[39]

這次愉快的會面給了馬戛爾尼信心，以至於他決定要打發掉安東尼奧和錫拉巴二人，僅帶李自標一人作為翻譯進京。在幕後，馬戛爾尼同馬庚多斯船長起了爭執，這讓他加重了對於在貿易中有切身利益之人的疑慮。馬庚多斯知道使團通常會被允許免稅交易，除了皮草以外，他和他的船員還帶了手錶、科學儀器，甚至還有輛馬車。當馬戛爾尼獲知此事時，他十分驚恐：他是大使，而非商賈。儘管梁肯堂明確判定使團會做貿易，馬戛爾尼卻發布聲明，禁止在談判結束之前開展任何貿易。馬庚多斯因此暴跳如雷。馬戛爾尼花了七百七十三英鎊的巨資從他那裡買了他帶來出售的大透鏡，試圖平息他的怒火。激烈的爭吵持續數日，馬戛爾尼在他的日記手稿中以細小、難以辨認的字跡記錄下來，但是在最終出版的版本中小心刪除了。[40]

當老斯當東第一次列出要進京的人員名單時，錫拉巴作為譯員被列在傭人中間，而李自標則與馬克思韋和溫德同列，標為「Andrew Plumb 三等祕書」。[41]但馬戛爾尼現在懷疑錫拉巴在替葡萄牙人刺探消息，決定將他派到高爾船長處做獅子號上的翻譯。[42]安東尼奧已不再是問題，因為自從請求領航員時發生的事件之後，他已變得風聲鶴唳，並不想繼續跟隨。[43]因此，最終隨使團進京的只剩李自標一人。

第八章

作為譯員和中介的李自標

後來李自標講述了他接手「言詞的翻譯」的感受，此時他身穿英式制服，戴著假髮，同伊登勒一起從夏天的日頭底下進入海神廟的陰涼裡，梁肯堂在這裡等候，準備接待英國人。

> 此時別無他選，我只得現身，小心面對諸位大人，頗有從隱祕的藏身處竄出之感。起初，我很幸運，因為直隸總督大人親赴岸邊迎接我們，在我開口講話時不知何故起身站立，或是誤以為我乃使團首領之一。其餘三位高官中有兩位在餘下時間中全程陪同我們，也都視我為職銜位列大使之後第三的人士。大使本人理解了所發生的事情後，似乎也無需更大的尊榮，因為一切皆如其所願，而眾人也視其為執牛耳者。[1]

在這些言詞中有些許興奮，在對其中風險的感知中凸顯出來。他在首句中所使用的拉丁詞彙指的是某種動物在被捕獵的過程中從巢穴中被趕出來，並將自己置於危險當中。這些危險源於各邊，不僅來自於中國官員，也來自於馬戛爾尼。但與此同時，李自標的話語中也展現了對自己行動能力的自信，以及忽然而來的對譯員所具有的權力和地位的認知。這種混合的感覺令人暈眩。

對於這場初次會面，他和伊登勒顯然已經商量好如何進行。他們一開始便請求官員們「準確回答我們的問題，不要打斷我們或是多人同時講話導致言詞不清」，因為上次由伊登勒和錫拉巴一起應付的會談中，這些官員便是如此。[2]中方答應後，便由伊登勒講拉丁語，而李自標再將他的話譯為漢語。然而，從伊登勒向馬戛爾尼的報告中可以看出，很明顯兩人實際上是互相配合。他們商定其中的關鍵點便是要避免過多搬動使團的珍貴禮物，因為這些珍品在搬動過程中極易損壞。所以當他們被告知能夠出海的船隻因體積之大而無法在河道中溯流而上時，伊登勒和李自標「於是（仿效他們）轉移了我們的問題，迴避了他們的答覆並暗示了我們所能想到的諸多相反的原因。」[3]會談超過了三個小時，一直持續到深夜。給他們奉上的有茶水、西瓜，還有降溫的扇子，但是李自標一定已經精疲力竭，因為他要向兩邊翻譯，同時還要搞清楚到底是怎麼回事。他頗為偶然地獲悉一項關鍵資訊，一位官員告訴他無需慌忙，因為皇帝的壽辰還在兩個月後。

乾隆皇帝也收到了關於這場會面的報告，一如自使團沿海岸北上後的幾乎每一場事件。為了躲避夏末的酷熱，他此刻正在長城以外的山中。儘管其統治已久，四海昇平，他仍然為許多事情而勞心：莊稼收成、朝廷裡的黨爭和貪腐、西藏轉世活佛的任命、同廓爾喀人的戰爭，以及此次英人來華。他更為年輕時曾為了觀看落日或是賞月而出巡，回看描繪當時場景的詩畫令他心情舒緩：

寫意曾非著意修，霞標山水兩標遊。
曰詩曰畫胥偶爾，一紀光陰各卷留。
爾來心緒鮮寧閒，展卷聊因遣悶間。
一望洗車一為慮，兩難進退愧青山。[4]

乾隆賦詩無數，為的是讓他的大臣們看到，這些人替他彙編（可能有時也會替他代筆），而這首詩中展現的是一位心憂國事的明君形象。詩文的注釋說邇來秋暑甚盛，夜間亦覺蒸鬱，因思得陣雨以滌煩襟，又以「英吉利國貢使將到，指示一切事宜，是以頗鮮閒適耳。」[5]

梁肯堂和徵瑞都向皇帝祕密奏報，事先並未統一過口徑。他們不僅性格迥異，而且分屬朝廷中不同的主要派系。梁肯堂與乾隆同屬一代人，是屈指可數的通過科舉考試而躋身皇帝核心圈的漢人之一。他對會面的記述比較切實，內容非常接近伊登勒告訴馬戛爾尼的情況。[6]

徵瑞是滿人，一生都在管理皇帝私人財政的內務府任職，據說曾重金賄賂大學士和珅而謀得鹽政的官職。他的報告中全是恭維皇帝的話，相較於梁肯堂顯得不太具體也不太誠實。他將同錫拉巴和李自標的兩次會談混作一次，並且暗示是同馬戛爾尼本人會談。（喬人傑和王文雄在登上獅子號時，曾告訴英國人，徵瑞本應和他們一同前往。）他用短短幾句話就概括了關於使團應乘坐怎樣的船沿河而上所進行的細緻討論，轉而聚焦於錫拉巴的某句話中提到的英國人在船上患病以及急需新鮮食物，並將此解釋為他們已幾近斷糧。他向皇帝保證，他已送去大批食物，妥善解決了這個要緊之事。[7]

任用徵瑞和喬人傑這兩位收稅的行家去接待使團，暗示著從一開始使團就同對英貿易的稅收關聯起來，而執掌政府財政的和珅也牽涉其中。因為內務府要接收所有給皇帝的貢品，所以慣例是由其成員護送外國使團入朝，但是內務府同樣掌管許多商業稅收，其中就包括在對英貿易中徵收的大量稅款。茶葉貿易是清廷歲入的重要來源，並不亞於對英國人的意義，但是此事卻罕為人知，因為大部分收入直接進了內務府，而內務府的職官主要由皇帝親近的滿人充任，事務也較為隱祕。包括關稅在內的日常稅收由戶部掌控，而其來自貿易的稅收在整個十八世紀都無甚增長。戶部的帳目多多少少是公開的：喬人傑甚至向馬戛爾尼提供了一份上一年度的概要。然而在這些常規的關稅之外，還有一些稱為「盈餘」的額外稅收，此外還有商人們的「報效」和徵瑞和喬人傑這一類罪臣自願繳納的「議罪銀」，以上種種都進了內務府。這些商業收入中的很大部分來自同英人的貿易，之前曾快速增長。因為內務府的帳目是英人無法獲知的，實際上一般的漢人官員也不知曉，馬戛爾尼曾被告知這部分金額都是日常稅收之外的灰色收入，而他要向皇帝申訴並杜絕此種情形。同時，和珅卻在積極增加從對英貿易中獲取的盈餘比例。[8]

徵瑞那般說明了同伊登勒和李自標的會談，其直接結果就是喬人傑和王文雄帶著大量的新鮮食物到了獅子號。有了這些供應，馬戛爾尼立即邀請他們一同進餐，此時他們「儘管起初在看到我們的刀叉時面露難色，但很快便克服了困難，使用刀叉來享用他們帶來的好東西時也是相當地靈活自如。」[9]馬戛爾尼的藏酒仍有不少，他們便坐下來喝了個酩酊大醉，遍嘗了杜松子酒、蘭姆酒、亞拉克燒酒、甜酒以及覆盆子和櫻桃白蘭地。喝完之後，喬人傑和王文雄「像英國人」一樣握手道別。[10]

在離開英國一年後，馬戛爾尼和隨員最終於1793年八月六日踏上中國的土地。接待他們的是梁肯堂，兩邊免不了都要恭維一番：梁肯堂表達了乾隆皇帝對於他們到來的欣喜，而替馬戛爾尼講話的李自標強調了他們所經過的距離，並表達了對於中方熱情款待的感激之情。馬戛爾尼做更多的是觀察而非傾聽，令他印象深刻的是梁肯堂毫不矯飾的風格以及他對待下屬和傭人時的善意和禮貌，這反映出中國生活中的一面明顯不同於當時英國更為嚴格的階級劃分。[11]

不過，即使當時的中國沒有英國對社會階級的區分，他們卻有著強烈的以文化劃分等級的意識。中國在典籍中是文明的中心，而皇帝是萬物的主宰。當皇帝接見境外各國的來使並收下他們用以表示順服的貢品時，這種文化等級便顯現出來。多年以來，學者關於這種「朝貢體制」在清朝時實際如何運作有大量的討論。然而，比較令中國人滿意的範本是朝鮮定期派遣的貢使，他們共用同樣的典籍，而且向遠方的文明中心表示臣服長期以來都是朝鮮政治的一部分。[12]

對於朝貢體制的各種期望在如何接待英國使團中起了重要作用；《大清會典》記載了在京城接待貢使的各種儀式，其中就賦予了譯員頗為突出的角色。在沿海河而上的旅途中，使團成員被安排到不同的船中，馬戛爾尼、老斯當東和李自標每人都有專門的船隻，而其餘的紳士則被安排成三、四人一組。[13]

李自標能獨乘一船，是因為在朝貢體制中譯員被看作官員。清朝沿襲了明朝的一系列中央政府機構，這些機構的目的是為外交場合提供能夠筆譯和口譯的官員。乾隆對這些機構進行了一次大規模的重組，減去了一些職位，因為有些語言在中央政府中有別的部門處理，有些是邊疆地區更擅長的。他將剩餘人員合併至單一的四夷館（Interpreters and Translators Institute），聚焦阿拉伯語、藏語、泰語和緬甸語，重心放在他安排的校勘外文詞彙表的專案，儘管理論上他們仍然承擔著為使團提供翻譯的任務。現實中，翻譯工作由派遣使團的外邦負責。來自朝鮮和琉球群島（今沖繩）的使團都有自己的翻譯人員，他們被視為這些藩國的官員。他們同來自東南亞的譯員一樣，可能都是居住在各國的華人，但這被忽視掉了。理論上，移居海外是一種罪行，但是在明朝，偶爾有譯員能夠獲准留在中國。[14] 因此朝貢體系的儀制賦予了譯員一種突出的地位，卻忽略了他們模棱兩可的身分。

這一體系同樣傾向於在雙方討論中規避類似稅務這樣的現實談判內容，轉而將心思花在禮制和皇帝的威儀上。設計這樣的體系或許是滿足這樣的目的，但是在這一次，雙方都在外交儀禮方面表現了相當的靈活性。英國人帶來的禮物被標上「貢」字，這一術語專用於獻給皇帝的禮物，通常翻譯為「貢品」，也被寫到了運送使團沿河而上前往京師的船隻桅杆頂部的小旗上。李自標告訴馬戛爾尼旗標的意思，但是馬戛爾尼決定先不做回應，除非迫不得已。乾隆很清楚馬戛爾尼應該被稱作貢使，但是當這一詞語並未被使用時，他覺得可能是譯員的問題，也便沒有繼續深究。[15]

更大的難題則是期望英國使節能夠在皇帝面前雙膝觸地，反覆將他的腦袋砸向地面。這是中國人所熟知的叩頭禮，馬戛爾尼通常將其講作是一種伏地。清朝的《大清會典》中關於在京師如何接待進貢使團的指示包括使節及隨員需反覆叩首。[16] 馬戛爾尼在離開英國之前曾告訴亨利．鄧達斯，他對於「屈膝、伏地及其他無聊的東方禮儀」持靈活的態度。[17] 在另一方面，這對於英國公眾而言則是一個重要問題：在馬戛爾尼離開英國之前，詹姆斯．吉爾雷（James Gillray）曾創作了一幅尖刻的漫畫，畫中馬戛爾尼單膝跪地，正向仰臥著的權臣獻上些小玩意兒，而在他身後，使團成員都跪倒在地，頭挨著地面而屁股翹在空中。所以當徵瑞前來探討禮儀時，馬戛爾尼迴避了這一問題。他所面對的問題是他的任何舉動在他回到英國時會被怎麼看：在他的記事本中，他刻意地寫到，「被派去出使波斯的雅典人提馬哥拉斯（Timagoras）按照波斯人的方式敬拜了波斯國王，為此他在回國後被判處死刑。」[18]

進貢使團的禮節並不是唯一讓清朝官員感興趣的問題。令馬戛爾尼吃驚的是，王文雄和喬人傑開始向他詢問英國征服印度的問題，以及最近清軍因為廓爾喀人入侵西藏而出兵是否會招致英國的干預。馬戛爾尼對此的記載令學者們頗為困惑，因為此時的中文文獻中顯示他們對印度知之甚少，由此推測清朝官員肯定也不會對大英帝國在印度的擴張有何了解。福康安曾就廓爾喀人之事致信加爾各答的英國總督，但是藏語中指示英國人的詞語和廣州所使用的詞語並不相同，直到使團離開時也並無人將兩者聯繫起來，之後便無人提及了。[19]

那關於英人在印的這一問又從何而來呢？或許福康安已猜到這一點，但沒有報告皇上，在幕後支使兩人發問。[20] 王、喬二人的資訊來源更有可能是李自標。王、喬二人負責使團的日常對接事宜，而李自標是唯一能講漢語的人，所以他們肯定相互交談，而馬戛爾尼的日記裡也提示了他們之間的關係並不止於此。例如，馬戛爾尼已獲知王、喬二人討厭甚至憎惡徵瑞。他在日記中寫到，「相較於漢族臣民，皇帝更為偏袒韃靼人，他二人也絲毫不掩飾對此的感知」，並認為徵瑞為人荒唐、陰沉。[21] 考慮到徵瑞此時承受的壓力——不斷受到皇帝駁斥和貶黜，而和珅對他一直是獅子大張口，在一定程度上他沉浸於自己的問題也便不足為奇了。有關徵瑞不敢下海一事，也並非僅是一個隨便的笑話，這說明王、喬二人同李自標的談話內容已經超出眼下對於英國使團的實際安排。李自標已經和英國人待了一年半的時間，對政治感興趣；他同馬戛爾尼和老斯當東有大量的談話，也曾在艾德蒙·柏克聲討東印度公司腐敗問題最激烈的時候與他見面，之後又同英國人環球航行，不免會時常談到地圖和圖表。他肯定不會對英國在印攻城掠地之事一無所知，也清楚英國人擔心使團會因為清廷知悉這些事情而面臨不利局面。王文雄可能是剛好知道清軍近期在尼泊爾的勝利而提及此事。我們並不知道過去的人說過但沒有記下來的內容，但是有某些可能：福康安心生懷疑，李自標本人擔心英國會威脅到中國，抑或是王、喬二人利用他們同李自標的聯繫來打探英國人。

馬戛爾尼等人在通州下船時展示了英式大炮，無疑加劇了清朝在軍事上的焦慮。馬戛爾尼帶來一支武裝衛隊以及一組輕量銅炮，載炮的炮車可靈活操控。此時，他堅持要進行演示，於是便發了幾輪炮火。王文雄裝作若無其事，談到英式武器時也是輕描淡寫，似乎那些東西無甚出奇，但可能是李自標告訴了馬戛爾尼，實際上王文雄頗為羞赧，因為中方並無此般好物。[22]

當日晚些時候，徵瑞與王、喬二人一同前來，再次嘗試說服馬戛爾尼行叩首禮。他們親自演示了動作，這令馬戛爾尼印象頗深，畢竟痛風導致他關節疼痛不已。當他繼續拒絕時，他們轉而向李自標施壓，李自標則小心答覆說他只會按照馬戛爾尼的指示行事。馬戛爾尼本不知道李自標會說什麼，聽到後十分欣喜。[23]然而，對於徵瑞而言，顯然李自標的行為也是可以接受的：他作為翻譯的地位得到確認，在趕赴京城的最後一程中，給他和馬戛爾尼、老斯當東預備的都是轎椅，而其餘的紳士則要擠進不是那

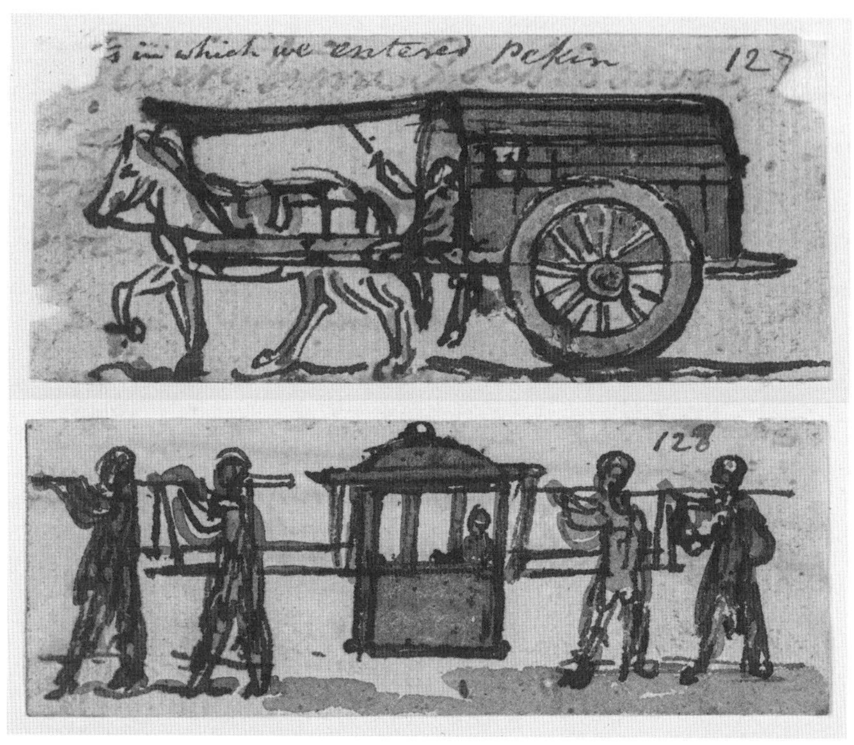

圖8.1 「我們進入北京所乘的交通工具」，額勒桑德繪。一輛木輪馬車和一乘更為舒適的轎子。

麼舒適的馬車中。[24]

隨後，當馬戛爾尼和他的隨從人員最終到達目的地時，眾人又就他們的住所應當設在哪裡進行了一番不小的爭執，最後由李自標出面協商。提供給他們的住處是城北數里的一處花園府邸，靠近展示英國禮物的圓明園。馬戛爾尼仍然盤算著在京城建造一處長期的英人居所，認為此處房子完全不能接受，原因在於它位於城外、過於狹小、破舊不堪，以他的標準來看傢俱也太過簡陋。他的隨員一路乘坐不太舒服的馬車，已經筋疲力盡，卻發現他們只能站在一個走廊裡，無處可去。最終，「他們湊在一起去尋找勛爵大人和梅先生，發現他們正同滿大人們爭執，因為安排的房間不夠寬敞。」[25]

所有人都以為一旦使團到達京城，那裡的歐洲傳教士會接手正式的翻譯工作。乾隆專門任命了葡萄牙人索德超（José Bernardo de Almeida），並為此提拔他。同時，法國耶穌會士格拉蒙特（Jean Baptiste Grammont）也致信馬戛爾尼，尋求擔任翻譯一職，並警告說起用索德超可能不妥。馬戛爾尼則是完全贊同：他相信索德超作為翻譯將會為支持葡萄牙人在澳門的利益而對英人懷有惡意。[26]

其結果便是當著徵瑞的面，馬戛爾尼和一群傳教士有一場不愉快的會面。為了支撐他要求一名法國翻譯的提議，馬戛爾尼命令他的隨員不准講拉丁語，而這是他們唯一能同索德超交流的語言。所以當其中一位傳教士向使團的醫生用簡單的拉丁詞彙提問「先生，能講拉丁語嗎？你肯定會！」時，[27]他們只得裝作聽不懂。這一做法有些貶低人，因為講拉丁語是紳士身分尤為重要的標誌。這事也讓人十分惱火，因為李自標要忙著替馬戛爾尼和老斯當東翻譯，而使團的其他成員都無法跟中國人對談，本就十分想會一會這些懂中國的歐洲專家。馬戛爾尼既然拒絕講拉丁語，整個翻譯工作就必須通過第三種語言才能讓索德超翻譯成漢語給徵瑞聽。同時，李自標在後面小聲用拉丁語講與老斯當東聽，談到了索德超並不十分支持他們在京城尋找房子的要求，以及曾暗示馬戛爾尼如此說是因為他並不想前往山裡覲見皇帝。[28]

討論持續了數日，雙方有些劍拔弩張，而李自標試圖置身事外。他給那不勒斯寫的信中解釋了後面發生的事情：

> 這些官員和大使之間起了明顯的爭執。當談判遭強力打斷時，兩位陪著我們的大官，我們叫作喬大人和王大人，匆忙趕來尋我，神色頗為激動，要求我把大使的意見和理由開誠布公地講出來——而這些也都是我所熟知的——以便能解釋清楚究竟是什麼原因讓他如此激動，這樣也能化解掉現在的爭執。我並沒有這樣做，便託辭說前些日子著實做了不少活，身子有些累了，而這些活並不是我的工作，如果他們能找到翻譯的話我就不當了，之前我之所以有時會充當翻譯，並不是因為這是我的工作，而是不得已而為之。但是他們壓根就不接受我的說辭，一直要求，也終有所獲，我不得不從了他們，並不是他們有理，而是言詞殊為懇切，令我無法拒絕。我便從原處來到了尚書大人跟前，向他解釋了大使的想法以及他如此這般想住在北京城內的原因，並言明只要他的物品能夠妥善安置在雙方議定的任何地方，他便能夠啟程奔赴熱河覲見聖上，而要說海澱的房子有任何不好或是配不上大使的尊貴身分則遠非實情。[29]

這番記述的一個突出特徵便是在李自標的眼中，翻譯的任務是要解釋馬戛爾尼行事背後的所思所想，並通過勸說來達到可以接受的方案。為了這一目標，即使講出的話和馬戛爾尼的真實想法恰好相反，李自標也沒有絲毫猶豫：馬戛爾尼實際上就是嫌棄房子過小，不符合他的大使身分，但是經驗老到的人絕不會直說。李自標的策略也奏效了：工部尚書在城內提供了另外一處宅子，並邀請李自標先行探視。[30]

數日後，和珅來信，指派李自標擔任使團覲見皇帝時的翻譯。王、喬二人告訴他，這樣是為了減少爭論。換言之，他們也認為翻譯的任務除了要對譯以外，還要居間協調。自己給王、喬二人留下的好印象也令李自標頗為受用。他解釋道，「全憑這些官員的話，大學士和珅大人便摒棄他人，讓我在皇帝面前翻譯。」[31]

住處的問題解決後，馬戛爾尼便回到覲見皇帝時的禮儀問題。他向和珅修書一封，提出一種折衷方案：如果有清朝官員能在私下跪拜喬治三世的肖像，他便向乾隆叩頭。這封信的漢譯成了棘手的問題。徵瑞斷然拒絕讓自己的下屬提供協助。李自標也很堅定，講到「自己完全不熟悉宮裡所需的文法；在歐洲寓居多年，多用拉丁語和義大利語寫作，現已無法寫出複雜的漢字。」[32]幸好他們現在住在城中，許多達官貴人造訪了他們的住處，來看看英國人和他們的禮物；要給法國傳教士遞個信已不是什麼難事。其中一位叫羅廣祥（Nicolas Raux）的安排了自己的華人祕書幫助他們，但是前提是不能出現他本人或者祕書的字跡。[33]

最終只好請小斯當東出馬寫出馬戛爾尼的信函。現在他用功學習漢語已經一年有餘，身為兒童能時刻聽周圍人講漢語，他理解漢語的能力必然會突飛猛進。自從使團登岸後，李自標成了唯一的翻譯，而馬戛爾尼的隨員達百人之多，個個都充滿好奇和問題。他們不可避免地會讓小斯當東講上兩句；即使他的漢語仍顯生澀，但是各種鍛鍊的機會讓他的能力有了長進。他父親在京城覓來一個男孩同他講漢語。男孩起初頗為驚恐，但是無奈家境貧寒，老斯當東也捨得出錢，他便住在使團裡，小斯當東得以整日裡講漢語。現在伊登勒將信件譯為拉丁語，李自標再將內容講與羅廣祥的祕書，此人再將內容寫下，之後由小斯當東仔仔細細地謄寫一遍，儘管字跡仍顯稚嫩。小斯當東作為英國副使的兒子，寫些漢字是安全的，如同他後來的生平裡寫漢字經常遇到的情況一般，但是這位祕書深知李自標和他本人所面臨的種種風險，堅持要在離開房間之前看到自己起初寫的版本被銷毀掉。[34]

李自標在給羅馬的信中提到，馬戛爾尼在挑剔房子的時候，行事「如同酣醉於尊容體面」，全然不顧中方已經頗為大方。[35]後來約翰·巴羅寫到，除了關乎自己基督教信仰的事情，李自標「在其他各個方面仍然展現出對故國風俗的偏愛。」[36]乾隆對於馬戛爾尼行為的評價與李自標無異，但是儘管如此，哪怕和珅個人也授權聘用李自標出任譯員，清朝的官員也很難對他產生信任。[37]像李自標這樣來自一個群體卻在另一個群體中生活過的人，很容易理解兩者，而當他被要求居間協調時，他能很好地去除爭論中的激情成分，從而達到調和的作用。這也是十九世紀德國社會學家格奧爾格·齊美爾（Georg Simmel）的洞見，他同樣指出在這些情況下，各方都很難能了解這樣一個人內心裡朝哪一方搖擺，因此雙方經常會對他產生猜疑。[38]當福康安從西藏返回之後，皇帝逐漸明悉使團的真正意圖，李自標所面臨的危險也日甚一日。

第九章

御前講話

馬戛爾尼及其隨員離京北上，穿過長城進入山區，在承德覲見皇帝。這是整個出使的高潮：在這一時刻，英國人不僅能見到皇帝，還能與朝廷重臣打交道，並陳述他們的請求。這也是李自標策劃已久的時刻，一個甘願以身涉險也要為中國基督徒謀福的時刻。對於十二歲的小斯當東而言，這一時刻給他帶來了持續一生的聲名，但也是他此後不願提及的事情。

馬戛爾尼帶去承德的人員都是精挑細選的：他的翻譯、私人祕書、三個表親、老斯當東及小斯當東和他的老師伊登勒、基朗（Hugh Gillan）醫生、東印度公司的船長馬庚多斯，加上樂師、士兵和僕人。他把兩位畫師留在京師（為一處帳篷畫裝飾），這意味著他已經準備在叩頭的問題上妥協，並想要確保他對於他的行動如何被人描繪擁有十足的掌控。[1]一同前去的少數人都是心腹，氣氛頗為放鬆。馬戛爾尼在日記中記了一個小插曲，描述了一天晚上李自標給大家講笑話，說有一位官員找到他並神祕兮兮地問是否能看一眼禮物。顯然是天津邸報曾載，使團帶來了一隻吃煤的雞和一頭同貓一樣大小的大象。馬戛爾尼認為這正同英國報界一般。[2]

李自標同王文雄和喬人傑的關係也更近了一些。使團下榻的住處有一些陶瓷花瓶失竊，王和喬命人打了負責的下級滿人。後來此人堅稱在長城之外，漢人不能打滿人。王文雄氣得跳腳，轉向李自標說，「韃子永遠是韃子。」[3]任何反滿的謾罵都可能導致嚴重的後果，所以這一明顯未加思索的言詞顯示了他們之間的信任，或許也有某種程度上的共謀。李自標後來說，所有的官員都對他頗為友善，「即使他們知道我本是漢人。」[4]這大體上是相當明顯的。但是並不清楚除此之外，他還坦露了什麼：向王文雄暗示自己有一位兄長也在金川打過仗，而且目前也是和他級別相近的將領，或許會有好處。

離京六天之後，使團方才看到一大片宮殿、園林和寺廟沿著山體向北一路排開。這是皇帝夏季消暑之地，興建之初是為了給帝國北部和西部邊境的訪客留下深刻的印象，但是近些年來也用於接見來自東南亞的使節。他們抵達時排成正式的儀仗，鐘鼓齊鳴，巴達維亞的奴隸本傑明纏著頭巾走在最後頭。當英國人安頓下來後，李自標同平常一樣一直和王、喬二人接頭，跑來告訴馬戛爾尼皇帝在花園中看見了儀仗，頗為心歡。[5]

乾隆並不知道英國人仍然拒絕行叩首禮；知道此事的和珅越來越著急。當晚，他便召見馬戛爾尼，親自討論禮儀問題。馬戛爾尼決定派老斯當東代他去見和珅，並攜帶了書面文件：一份喬治三世國書的翻譯件和他本人關於叩頭的折衷方案。會面是一個公開事件：和珅坐在鋪著絲綢的台子上，兩邊有兩位滿人和兩位漢人官員，而其他一眾官員站立在旁。上了熱奶，給老斯當東賜座，但李自標和小斯當東需要站著。

老斯當東呈上了國書的翻譯件，由嚴寬仁所譯，現在由小斯當東又謄寫一遍。之後，李自標解釋了和珅給出的無法接受馬戛爾尼提出的叩頭折衷方案的諸多理由。會談結束時，小斯當東被要求在國書的漢文版本上簽字，以驗證這確實是他的筆跡。[6]英國人對於小斯當東有機會展示技能而感到高興，但是李自標明白這本是他的朋友嚴寬仁所譯的文件，這項看似禮貌的請求實則有其蘊含的威脅。

會見的後果之一便是英國人不願行叩首禮的事情變得廣為人知，而信件則讓朝廷首次得知使團來華的真正目的。乾隆本人並沒有看到馬戛爾尼提交的任何一份文件，大臣稟報了會面的情況，後來也看到了由索德超從拉丁文版本所譯出的國書。索德超的漢文自然不如嚴寬仁，同時正如馬戛爾尼所慮，他不願傳遞英國人的觀點，所以省略了很多內容。然而，他的譯本顯得極為恭順，和珅無疑認為這個版本更適合呈送御覽。英文原文本有些晦澀，使得翻譯者有很多選擇，而在一個重點事項上，嚴寬仁的版本則更為直白：其中清晰地言明英國希望能安排一位官員常駐京城，以便能夠直接面見聖上。（索德超的版本則稱此人駐京是為了管束英人並回答皇帝的問題。）[7]嚴寬仁的翻譯文本現存於英國檔案館，是原件的副本，可能是李自標使用過再送給小斯當東的。如果李自標真的曾關注這一文本，則意味著他在翻譯時雖然恭敬，但是對於使團的最終目標是非常清晰的。

乾隆對於叩頭一事頗為生氣：他立即下令，降低英人在返程中的待遇。然而，他的諭旨以一個問題結尾：「阿桂素有識見，其意以為何也？」[8]阿桂是年長的重臣，屬於朝廷中與和珅作對的一派，所以看上去乾隆此刻開始尋求其他處理路徑的建議。他也給沿海省分的督撫降旨，讓他們小心提防：福康安即將返回，也會覲見皇上商議此事。[9]福康安不僅是乾隆的內侄，也是他最器重的大臣之子和他最喜愛的將軍，但是長期在廣東擔任總督，此時即將從對廓爾喀的遠征中回朝。很明顯，乾隆現在並不僅僅將英國使團看作一個前來賀壽的朝貢使團了。

兩天後，徵瑞來訪。因為同和珅的會面明顯不是那麼輕鬆，李自標正躑躅不安，而徵瑞卻出人意料地答應在叩頭一事上妥協。這種妥協的性質自然不是雙方想要公諸於眾的，但是依照馬戛爾尼所記，其中包括了對方接受他僅單膝下跪。這是正常的歐式禮儀，所以對馬戛爾尼而言，唯一問題就是剩下的那個膝蓋是否觸地，而這能夠隱藏在他打算穿的長袍之下。李自標在給羅馬的傳信部的信中寫到，允許馬戛爾尼行歐洲覲見君王之禮，實為殊榮。然而，在寫給那不勒斯書院的最為私人的信件中，他也說過最終雙方都各退一步。[10]

此事了結後，他們同和珅舉行了一次殊為不同的會面。現在馬戛爾尼發現討論的並不是儀禮問題，而是英國同印度和俄國的關係。會談在內廷私下舉行，陪同和珅的是福康安之弟福長安。和珅和福康安之間關係緊張，但是三人的官途都是以御前侍衛起步，目前都屬於皇帝軍機處的滿人圈子。在老斯當東看來，和珅的問題頗為敏銳和犀利。馬戛爾尼只得解釋說英國人的目標是「為了人類的普遍福祉而拓展貿易」，儘管印度的蒙兀兒帝國已經崩潰，但是英國人並沒有移除各地附庸的王公。[11]

俄國成了一個新的議題，暗示有人從國書中關注到馬戛爾尼的生平，其間提到他曾擔任大使謁見葉卡捷琳娜大帝。清朝同俄國有長期的外交關係，形成的原因在於兩國向西伯利亞擴張，從而需要議定邊界。現在和珅問起英俄兩國相隔多遠，徵瑞跟著又問了一個英俄關係的問題，馬戛爾尼則回覆說英國曾阻止俄國蠶食鄂圖曼帝國。當馬戛爾尼起身離開時，和珅握起他的手，說希望能相識更深。[12]

此後，乾隆宣布英國使節對先前的行為感到後悔並對軍機大臣表示恭敬，結果是使團在返回京城後能夠各處遊覽。[13]他同時下令給使團成員額外的賞賜：李自標作為譯官獲得閃緞一匹、莊緞一匹、倭緞一匹、藍緞一匹、綾一匹、瓷碗兩件、瓷盤兩件、十錦扇十柄、普洱茶兩團、六安茶兩瓶、茶膏一匣、哈密瓜乾一匣、大荷包一對、小荷包兩個。李自標被派去幫助組裝望遠鏡，這是英國人帶來的禮物。鑒於李自標對於望遠鏡一無所知，而皇帝有他自己的能工巧匠，看起來可能有別的原因要同翻譯談話。[14]

對於禮儀做出讓步是可能的，因為不同於在京師接見朝貢使團時的嚴格禮儀，在承德的精緻皇家園林中為皇帝舉行的壽辰慶典則相對有彈性。此外，承德的重心在於大草原的文化，而非嚴格的漢族禮儀。碗盛的熱牛奶、皇帝即將接見馬戛爾尼的幄帳、摔跤表演和藏傳佛教寺廟都屬其中。然而，在皇帝面前下跪的動作仍然是重要的：皇帝的壽辰儀式是對他個人統治的慶典，而馬戛爾尼不願叩頭一事已變得滿朝皆知。[15]

馬戛爾尼覲見的儀式將是一場非常公開的表演。在天亮之前很早就開始了，馬戛爾尼和一眾紳士被帶到一片蒙古式園林的區域，位於朝廷大員們在天濛濛亮時就聚集的大殿之後，他們各自占著一個位置，逐漸繞著御幄形成一個大圓圈。馬戛爾尼和他的紳士們被領進去，而他們的僕人和衛兵則留在遮蔽的圍牆之外，他們去了事先為他們準備的一個小蒙古包。當他們在那裡等候時，不斷有人來訪：年長的梁肯堂、皇帝的兩個兒子和一位從俄國來的能講阿拉伯語的蒙古人。未來的嘉慶皇帝很可能是造訪的

圖9.1　名為《萬樹園賜宴圖》的畫乃是在乾隆的親自指示下由耶穌會士所作，畫面展示的是1753年皇帝前來設宴款待西部蒙古部落首領的時刻。皇帝位於畫面前方，坐在十六人所抬的肩輿上。百官和他們後面的蒙古使者都下跪迎接。

親王之一，幾乎可以肯定的是他在給他父親賀壽的朝臣之中。[16]

旭日東昇之時，皇帝乘坐金色的轎輿到來。以他的視角而言，這是整個儀式達到高潮的時刻，所有在場的人員都身著正式的朝服，在他駕臨之時無不恭順臣服。[17]在他到來的時候，英國人被領出帳篷，站成一排，對面是一眾王公大臣。在他準備給東印度公司和喬治三世傳閱的最終版本的日記中，馬戛爾尼寫到，「駕至吾前，吾等曲一膝以為禮，華官則行其本國禮節。」[18]小斯當東則在日記中寫到，「當他經過之時，我們單膝跪地，垂下頭至地面。」後來他又劃掉了最後三個字。[19]後來出版的老斯當東對出使的記載則完全略過了這一時刻。

皇帝進入巨大的御幄之後，便請馬戛爾尼進去，陪同的是斯當東父子和李自標。[20]在這裡，令李自標驚訝的是，允許他們登上御座所在的高台，乾隆身邊是他的大臣，包括近期返回的福康安。也正是在這裡，離開了眾人的視線，馬戛爾尼單膝跪地，將盛放喬治三世信件的金匣高舉過頭。乾隆表達了他的良好祝願，並賞賜馬戛爾尼和老斯當東每人一把玉如意。小斯當東則被賞了一個刺繡荷包，為此他拼力用漢語致謝。李自標也從皇帝那裡獲賞了一個荷包，能有此殊榮，他深為感動。在隨後舉行的宴飲中，四人坐於御幄之內的坐墊上，除了當乾隆向他們致辭或賜酒時，皆肅穆不語。幄外有摔跤、翻筋斗、走繩和戲劇等表演。[21]

馬戛爾尼和他的隨員們一回到住處，所有人都想知道發生了什麼。馬戛爾尼卻不為所動，老斯當東只講了皇帝對他兒子感興趣，但是小斯當東肯定不太好受。他父親對於講真話的重要性一直非常嚴格：他威脅要將自己的手放到火裡的那次，正是小斯當東撒謊時。他後面幾天的日記中有許多劃掉的地方，顯示了老斯當東以此來教導兒子如何描述發生的事情。在劃掉了英國人叩頭

「至地面」後，他還劃掉「最終皇帝從御座中起身乘肩輿離去」等字句，並加上一句描述他向皇帝講漢語的話，這是他父親對事件記載的中心點。[22]兩天後，他寫到「我們曲一膝」，之後插入「並俯身至地面」及「我們同其他大臣們重複這項儀式九遍，只不過他們……」因為有多次的插入和劃去文字，後面的五個單詞實在無法認清。[23]在這之後他採用的寫法是，「我們照慣常行禮。」[24]在他此後的人生裡，他從來不能自在地討論當天的事情。

要把握怎麼說，對於這些成人而言也不是輕鬆的事。馬庚多斯船長堅稱如果實有必要，馬戛爾尼會同意叩頭。[25]馬戛爾尼的表兄愛德華·溫德在他的私人筆記裡寫到，「我們使用該國通常的形式致以敬意——跪下並叩頭至地面九次。」[26]他將這些筆記同一封1797年的友人來信保存在一起，就在這一年老斯當東出版了他的記載。從信中可以看出，馬戛爾尼告訴溫德「心思只可自知」，而這名友人則寬慰溫德，說知道他為人真誠，但是勸說他要聽從馬戛爾尼，因為他對世界更有了解，而且也「因為你對他負有義務」。[27]不管這封信的動機為何，很明顯馬戛爾尼在要求溫德忍受一些他明知是謊言的事情，並且利用溫德對他的依賴來確保此事。

對於中國人而言，有大約三千大臣看到了皇帝駕臨，所以更容易解釋這一折衷。宮廷詩人管世銘，作為阿桂的門徒，的確成功地將這場關於磕頭的爭議及其結果變成了對皇帝的巧妙恭維。其詩云，

獻琛海外有逷邦，生梗朝儀野鹿腔。
一到殿廷齊膝地，天威能使萬心降。[28]
（癸丑仲夏扈蹕避暑山莊恭紀）

他又加一注：「西洋英吉利國貢使不習跪拜，強之，止屈一膝，及至引對，不覺雙跽俯伏。」[29]

乾隆看上去很滿意，但是他也決定以不同的方式管理使團。當晚，他作了一首詩，開頭寫到，「博都雅〔譯注：葡萄牙〕昔修職貢，英吉利今效藎誠」，但有一條不快的批注插在虛飾的詞藻間，很可能是皇帝御筆，對比了「張大其詞」和「測量天文地圖形象之器」，而所有人都知道這是宮廷裡的歐洲傳教士所承擔的任務之一。[30]他還吩咐，對使團的管理從和珅與通常負責管理朝貢使團的內務府那裡轉給他的新任軍機大臣松筠，此人剛剛成功完成了同俄國人的貿易談判而回朝。

第二天早上，很早喚起英國人，並帶他們到園子裡。皇帝和一眾大臣到來時，有人引導馬戛爾尼上前同皇帝講話。乾隆宣布他要去廟裡，但是英國人並不信奉此神，因此他安排大臣們帶他們遊園。給馬戛爾尼、李自標和斯當東父子都備有馬匹，陪他們遊玩的是當朝最有權勢的幾人——和珅、福康安、福康安之弟和皇帝的新晉邊境事務專家松筠。[31]

和珅興致全無，福康安也不和善。馬戛爾尼走近御前，福康安扯了一下他的袖子，後來又用手輕扣馬戛爾尼的帽子。馬戛爾尼摘掉了帽子，似乎福康安的本意更像是暗示他要下跪。福康安後來轉向李自標，而李自標則跪下翻譯，所以即使馬戛爾尼沒有下跪，開口說話的人是跪著的。馬戛爾尼請求准許馬庚多斯返回船上時，福康安拒絕了。馬戛爾尼試圖通過稱頌他遠征臺灣來加以奉承。實際講話的李自標可能對這些事情有些許關心，因為他的兄長曾在這些戰事中立功。然而，這同樣沒有奏效。[32]福康安抱有敵意的原因尚未可知：或許是西藏同印度的邊境征戰，使得他對英國人的了解超過了他上奏皇帝的範圍，也有可能是因為他腹痛難忍，他從遠方返回時正值酷暑，一路上暴雨如注，便罹患此疾。[33]

松筠對待馬戛爾尼時顯得更加靈活，其背景也迥異於福康安這樣的滿族權貴。他在京城長大，家裡卻講蒙語，孩童時就開始為蒙、滿、漢互譯人員的專門考試做準備。這些語言對於清廷至關重要，其治下的帝國遠超過漢人腹地，許多地區都是用滿語施政。這些考試注重實踐（選定的要譯成蒙語的文本是乾隆御作，而非儒家經典），意在選出能夠實際講這些語言的生員。在十六歲時，松筠通過了考試，並在納延泰的府上繼續學業，此人在軍機處任蒙語專家多年。松筠從那裡獲任理藩院，之後又成為軍機章京，對於這兩個職務，他的語言能力都很有價值。後來又升任戶部銀庫員外郎，這一職務原本只任用滿人，作為第一位擔任此職的蒙古人，他開始受到關注。[34]

松筠的蒙古人身分是很明顯的，他從未為參加漢人考試而學習，但是成年之後他因真誠踐行儒家道德和佛家信仰而聞名。他十五歲時喪父，便由一位極為嚴苛的叔父教養。此人曾被描述為惡於猛虎，奪了松筠的家產，大聲斥責他，即使松筠已經是一位高級官員，在家中還是將他像僕人一樣驅使。這些都廣為人知，而松筠也因為對此毫無怨言而出名：據說有一次叔父命他自己將鍋從地上拾起，松筠便笑著照做了。他是儒家孝行的典範，但沒有人認為這是易事或者其叔父的行為是有理的。所以當松筠被派到蒙古任職時，和珅提出替他留下一部分薪俸，而不是全部交給他的叔父。這會給他留下一筆錢由自己支配，但代價卻是讓大家庭受損，也會讓他欠和珅一個人情。松筠拒絕了，堅持將全部薪俸交給叔父。所以他同和珅並不親近，但另一方面，他也不屬於同和珅對立的一派，這一派主要由科舉出身的漢人組成。年輕能幹且身居朝中兩大派系之間，他對於年邁的皇帝而言十分有用。[35]

在過去的六年間，松筠一直在北蒙古，在那裡成功議定今天所稱的《恰克圖市約》，於1792年重開有利可圖的中俄互市，此前因為邊境盜匪和其他爭端而被關停達七年之久。貿易給俄國人提供了大量的稅收，而清朝免除了北方的蒙古族的貿易稅收，這是籠絡俄國邊境部落人心的重要手段。[36]松筠返回京師後，乾隆給了他一系列不同尋常的升遷：擢升其為御前侍衛、軍機大臣、內務府大臣。[37]

恰克圖的談判要求松筠在一定程度上熟悉歐洲外交實踐。乾隆一度聽聞清朝境內曾有一名喇嘛攜帶一封俄國信件，邀請二十年前從俄國的伏爾加地區遷居清朝境內的土爾扈特部返回俄國，彼處有軍隊正在組建。松筠對此抱有懷疑，但也不得不暫停談判，直到聖彼得堡的俄羅斯元老院正式致信京師的理藩院，確認這是一封偽造的信。（馬戛爾尼知曉此事，因為英國駐聖彼得堡的大使對俄國在西伯利亞的企圖有所懷疑，設法取得了俄國元老院的覆函。）當雙方最終達成協議時，俄方設宴，松筠為此進入俄境，而此前清朝官員都避免這樣做。到了那邊後，他欣然發現，儘管天氣極度嚴寒，俄國人都脫下帽子向他致意，當他落坐開始宴飲時，他背後便是葉卡捷琳娜大帝的畫像。[38]

松筠向馬戛爾尼談及恰克圖，「顯得非常能幹，問了許多關於俄國財富和國力的恰當問題。」[39]兩人都在探求對方所知多少。一年前，俄國人派遣一名情報人員將英國的出使計畫告知了清廷在蒙古的都統，並提及英國對印度的征服。[40]松筠此時人在邊境，但是按照我們將在廣州看到的情形，即使是政府密件也經常流傳頗廣，所以松筠很可能知曉此事。

他們參觀了藏有皇帝功業圖的宮殿，也觀賞了皇帝收藏的歐洲天文儀器和音樂裝置。他們還下了馬，乘船到了一處湖心島上的宮殿。等到他們最終回到住處，已經是下午三點了，馬戛爾尼已經精疲力竭。李自標已經為雙方連續翻譯了十二個小時，但是他卻很興奮：他「對於談判的整體方面」給出了「如此樂觀的敘述，以至於提升了所有參與其中之人的希望。」[41]

數日間，又有幾次短暫的覲見，也又在園中遊玩了多次。英國人參加了萬壽慶典，其間有盛大的戲劇演出，曲目都是合乎人們遠渡重洋前來為皇帝賀壽的主題：最後以巨鯨噴水收場。小斯當東尤其喜歡雜技表演，特別是一人平躺，用腳頂著一口大缸轉動，一名男童從中爬進爬出。乾隆講了一番話，並交給馬戛爾尼一個贈給英國國王的寶物匣子。[42]到了下午，松筠便帶著馬戛爾尼騎馬上山，去參觀那些壯觀的喇嘛寺廟，李自標、斯當東父子和伊登勒隨行。對於天主教徒李自標而言，這些寺廟則是個考驗，他直接拒絕翻譯任何關於神祇的問題。他詢問了一處寺廟的金頂，顯得更為自在些，松筠向他確認上面覆蓋的都是真的金箔。[43]

乾隆並沒有給馬戛爾尼機會向他稟告此次出使的真實目的。不論是在中國還是英國，君主和貴族都不屑於討論通商事務。然而，對於中國和英國而言，廣州貿易帶來的巨大利潤都有財政和軍事方面的意義，因此這意味著皇帝並非完全不知道這些問題。恢宏的宮殿和金頂的寺廟都是由皇家內務府出資興建的。馬戛爾尼確實知悉一場討論如何回覆使團的會議，與會者有福康安和一位前任粵海關監督。[44]

只有同松筠一起，馬戛爾尼才能談論這些議題。當馬戛爾尼請求安排一地讓英國人長年停留並儲存貨物時，他對自己的真實意圖有些閃爍其詞，而伊登勒的拉丁譯文則非常清楚地表明這是要求清廷「在舟山附近海域指定一個不大的地方給英國商人使用，例如一座臨近的小島。」[45]在此項以及一名常駐大使的要求之外，馬戛爾尼決定在這一階段還有其他四項要力求准許的要求：在舟山或天津自由貿易、在京師設立貨棧、減免英國商人從澳門向廣州轉運貨物的稅額和書面的關稅額例。[46]

馬戛爾尼十分謹慎，並未以書面形式提交他的目標，而是當他回到京師並得知使團需要啟程離開後，他才這樣做。[47]所以英方的這六項請求實則由李自標口頭傳達，於是他冒著巨大的風險增加了第七項：「基督教法對中華國家全然無害，亦無任何悖逆，因為敬神的人向善，也更易控制。因此我懇請當今聖上准許遍布於貴國四境之內的基督教眾安然度日，虔心行教，免受不公之迫害。」[48]我們能知道他這樣做，不僅因為他在給羅馬的信中如是說，而且也因為這項請求在皇帝的正式回覆中被拒絕。[49]當李自標同意擔任使團的翻譯時，雙方便有共識，即馬戛爾尼也會像出任教宗特使一樣行事。雖不清楚這到底指哪些事情，但是不管李自標作為漢人的身分意識以及他同英國人的友情有多強烈，他的最高忠誠肯定歸屬於他生長的涼州天主教社區。不太清楚的是李自標確切是以何種方式加上這項請求。在翻譯馬戛爾尼同松筠商談內容的過程中，他可以這樣做，因為幾乎可以肯定的是他並不會逐句翻譯，而是先接收馬戛爾尼的講話再向松筠闡釋。儘管這是讓人極度頭疼的做法，但卻足以讓一位聰明的譯員在雙方都不知曉遭受欺騙的情況下增加一項請求並應付對此的回覆。

也有可能是李自標在後來加上這一點，他替馬戛爾尼翻譯了一封便函，再加入內容後呈送和珅。和珅已准允李自標在承德擔任翻譯，此外也有更多可能給予關照的跡象。馬戛爾尼曾想請求

圖9.2 額勒桑德重現的覲見乾隆的場景，小斯當東位於正中。馬戛爾尼戴著羽毛帽子，老斯當東則身著牛津式帽子及長袍。李自標的弱小身形位於小斯當東的後邊，同樣身著使團制服，這也是他僅存的一副畫像。

讓馬庚多斯船長獲准返回船上。這一請求是向和珅提出的，李自標找來了人幫他翻譯出文字，仍然由小斯當東幫助謄錄。之後是李自標主動提出去送信。英國人按例不能四處遊蕩，但是他成功獲准外出並找到了和珅的住處，將信交給了一位文書。馬戛爾尼認為此舉勇氣可嘉，體現了對英人的忠心，便十分高興。另一方面，李自標提到和珅對他一直不錯，當他「看到我有些傷感時，便通過他的祕書告訴我要心存善念，還讓我到他的府上收禮，我也照做了。」[50]

馬戛爾尼提出要求後，乾隆決定全部予以拒絕。起草了一份正式的書面回覆，然後打發了他們。[51]回到京師後，馬戛爾尼和老斯當東向額勒桑德描述了覲見的場景，以便他能畫下來。他的第一份素描顯示馬戛爾尼在御前單膝跪地，也畫上了幾位原本被留在帳外的英國人。這當然是不準確的，於是小斯當東被要求跪下來展示他的姿勢。在最終的版本中，只有馬戛爾尼、老斯當東、李自標和小斯當東在場。在出版的老斯當東的記述中，馬戛爾尼則退居背景之中，反而是小斯當東於圖畫正中單膝跪地，當他向皇帝講出漢語時，眾人皆驚嘆不已。

第十章

成為隱身的翻譯

李自標在宮中的經歷讓他更為了解為英人擔任翻譯所帶來的風險：如他日後所言，這種事情是「就連愚蠢透頂的人理解了其中的凶險也都會避退三舍。」[1]當使團離開宮廷並開始南下的旅程時，這些風險依然不減。李自標在請求中加入包容天主教徒的舉動幾乎要被發現時，這一刻令人心驚肉跳，但此後李自標開始退隱，越來越多地以馬戛爾尼的聲音講話，而不是去解釋馬戛爾尼的所求所請，他將這一轉變理解為要成為言詞的翻譯者，而非事務的闡釋者。以這種方式退後一步，使得他略微不可見，但並不一定少了影響力：他在翻譯中所做出的選擇依然影響了各項談判。而他的擔憂使他更有動力去通過翻譯來取得正向的結果。

當他從承德返回京師時，他聽說兄長已經到了。李自昌很快就訪問了使團，這應當並不費力，因為他可以身著官服並混跡於其他軍官之中，這些人前來尋覓英國人此行帶來的鋒利的伯明罕鋼製刀刃。即便如此，他的到場也是危險的：隨他到來的一行人中有柯宗孝，李自昌還帶了一封東印度公司商人寫給馬戛爾尼的信件，這兩樁事都足以導致他被捕。[2]兄弟兩人的會面是私下的：英國人並沒有記錄，清朝資料也絲毫未提英國人的譯者原本可能是漢人。即便如此，如果沒有王、喬二人的默許，很難想像這樣的私下會面能夠發生，李自昌也不太可能沒有清楚意識到自己弟弟所冒的風險。馬爾克尼在澳門曾聽到福康安對李自標說，「你是我們的人。你會為此遭殃。你全家都仰我鼻息，他們會因你遭殃。」[3]李自昌在福康安手下屢獲升遷，所以這樣的威脅並非空穴來風。如果在出使的初期階段，李自標願意在談判中維護大清，是出於中國人的身分意識；在見過兄長後，他肯定無時無刻不清楚這項任務的凶險：福康安這樣的敵人絕不可等閒視之。

此外，很快就清楚，關於禮儀的妥協在長城之外尚屬可行，在京師對於任何一方都不再能被接受。當乾隆前往圓明園觀賞陳列的英國禮物，英國人並沒有參加。[4]宣召馬戛爾尼進宮，接收乾隆給喬治三世的正式回信，他因等了三個小時而抱怨。皇帝的回信被黃布包裹並置於御座之上，無疑馬戛爾尼會迫於壓力向它行禮。[5]形勢惡化時，李自標夾在兩方之間。他埋怨馬戛爾尼，「行事愈發無禮，以至於近乎諸大人為之切齒」，並感到自己能活下來簡直就是個奇跡：「斯誠困難之際，我亦擔心高懸在我頭上的凶險，因為唯我一人要同所有人講話並處理所有事務，甚至要對諸部大人有所忤逆，但是承蒙聖恩庇護，我方能安然度過這次出使中的各式各樣的劫難。」[6]

英國人的最後一場會面見的是和珅與福康安，他們拿到了第二封信件，裡面答覆了馬戛爾尼的各項具體請求，此後使團便啟程返回廣州。信件回覆的七項請求是由李自標在承德會談中提出的，而非近期馬戛爾尼以書面形式提交的六項請求，但由於覆函是寫給英王並封著口的，英國人起初並不知道裡面的內容。[7]乾隆派遣松筠陪他們南下，路上要以大清的武力懾服英人，並勸說他們接受回信中的內容。

乾隆還下令讓沿途各地的軍營列陣歡迎，起初數日，松筠便命排成長隊的士兵奮力操練。小斯當東記下了向他們致敬的槍炮、火箭和鞭炮，哪怕是夜間也要鳴放。[8]而存世的關於使團的少數漢語詩文之一則記載貢使「俾覩軍容盛，防閑重若山」。[9]皇帝還下令海岸防禦應當高度戒備，強調斷不可給予英國人輕啟戰端的藉口的重要性，這是以密令形式下發。[10]整個南下的旅程，英國人持續看到的是清軍規模聲勢浩大的展示。

很快松筠便把馬戛爾尼叫到他的船上，進行一場正式的會談，其間他大聲宣讀了皇帝任命他陪同使團的信件。他要定期向皇帝奏報，給乾隆的奏摺中提到了李自標而非馬戛爾尼，因為他料想皇帝會記得李自標：他講到他命梅氏將皇帝的諭旨翻譯給「使節」。[11]他們也安排英國人同停泊在舟山的獅子號軍艦會合。據松筠所述，「該正副使俯伏口稱我等仰蒙大皇帝格外恩施，屢邀賞賜。」[12]不管是這套漢語裡的客套官話還是虛情假意的致謝，看上去都不太可能出自馬戛爾尼之口，他此時情緒不佳，所以似乎更有可能這也是李自標的話。之後松筠也到了馬戛爾尼的船上，隨員中包含了起草乾隆給英人覆函的書記官。這次他們先討論了俄國情形，之後是歐洲和中國關於大使的不同慣例。不久，松筠就離開了，李自標無疑會感到輕鬆些，因為能夠坐下了，而松筠在場時，除了馬戛爾尼以外不允許任何人坐下。王文雄和喬人傑則留下來，整晚暢談。[13]

在緩慢南下杭州的一個月中，每隔幾天便有一次這樣漫長的會談，且涉及了廣泛的話題。馬戛爾尼對松筠漸漸產生信任，認為他「表現得如此真誠、坦率和親善，如果我受他矇騙，那他必定擁有全世界最為精湛的騙術。」[14]這樣的真誠是松筠從事外交事務的突出能力之一，他的聰明之處在於讓馬戛爾尼認為他知道的比實際上更多：松筠知道葉卡捷琳娜大帝不光彩的篡位之舉，令馬戛爾尼感到吃驚，但是後來松筠卻說是馬戛爾尼自己告訴他的。[15]馬庚多斯船長仍然在試著促成印度斯坦號作為貢船可在交易時免於納稅。正如馬戛爾尼所擔心的，當他提及此事時，這弱化了他先前對兩國關係的強調（乾隆在「貪冒性成」旁朱批一句「小丑可笑」），並讓此次出使顯得無甚威脅。[16]

最終看來松筠感到足夠自信，便向馬戛爾尼提供了一份對於他的請求的回覆，這是在京城的法國傳教士所作的拉丁譯文。馬戛爾尼大吃一驚，因為他發現雖然他最終只提出了六項書面請求，皇帝卻駁回了七項，而最後一項是關於對天主教徒的寬容。對於這之後的會談，馬戛爾尼的版本是他堅稱從未提出此項請求，而英國人認為所有的宗教都同樣令天主欣悅。[17]

然而，根據松筠的版本，英國人並沒有當場否認這項請求，而是第二天回來時才澄清，「勅書內指駁行教一條，我等尚不甚明白。從前我等所請係為西洋人在中國居住的求大皇帝恩待，仍准他們行教，並不敢說要嘆咭唎國的人在京行教。」[18]看上去，李自標首先給自己一些時間來思考，之後才以一種安全的方式重述了這項請求（歐洲人已經獲准奉行自己的宗教）。松筠在回答時頗費了些口舌：中國自古以來聖帝哲王垂教創法，華夷之辨甚嚴，大皇帝平治天下，秉道愛民，百姓遵守典則，不敢妄為。他隨後安撫了英國人，或者說是頗為緊張的翻譯：「今爾等辨得甚是，如今說明，亦不必心裡害怕。」[19]

然而，馬戛爾尼堅持要向和珅呈送一份書面澄清，這份便函列出了他自己的普救派的宗教信仰，並且要求對這一翻譯失誤進

圖10.1 使團渡過黃河，額勒桑德繪。注意列隊行進的清朝士兵。

行調查。[20]對於李自標而言，這一刻無疑充滿風險，他肯定不想展開調查，這樣的調查應該會聚焦於身在京城的歐洲傳教士。據他後來講述，所幸「松大人秉性溫和寬容，所以他並未指控翻譯信件的歐洲人有背叛之舉，而是以缺乏對外文的理解而予以寬宥，同時又補充道這位譯官肯定是出錯了，但也講了大使應當聆聽皇帝親口所說之詞。」[21]這種對於口頭語言的強調，表示松筠明白現場翻譯的分量，而且在同一封信中，李自標將松筠本人描述為向使團「翻譯皇帝的言語和意願的人」。[22]

在此之後，李自標便從中方關於使團的記載中消失了。在接受了自己替天主教徒伸張的努力失敗後，他看上去開始將自己隱去，其方式便是——如他自己曾言——成為言詞的譯者。松筠開始記錄由「使團」所作的演說。[23]兩週之後，他第一次用到馬戛爾尼的名字，儘管後面的客套話聽起來更像是李自標所說的。[24]這一隱身縮減了李自標所面對的風險，但是並不意味著他不再影響談判的結果，這在他們下一階段旅程中所進行的關於貿易的商談中是顯而易見的。

松筠已得出結論，英國人短期內不會構成軍事威脅，所以當他們抵達杭州時，他便將陪使團南下的任務交給長麟，此時乾隆已安排他接替福康安任兩廣總督。長麟在南方沿海為官多年，經驗老到，素有幹練、清廉的官聲。他與清朝皇室同屬一支，頗好奢華，在京城有一處大宅院，但是卻選擇通過科舉入仕，與和珅素有仇怨。關於他的最有名的故事是，他在福建任職時，曾微服入市集，終日在一家麵館用餐，為的是打聽百姓所說的事情。多年以後，他向一位不信此事的朋友解釋，的確有這番事，但是目的並不在於聽這些閒言碎語，而是讓消息傳出去以震懾眾人。對乾隆而言，這是解決對英貿易的管理及稅收問題的合適人選。他也非常善於與人相處：對他的漢人同僚而言，與他交談，常常能使人忘記疲憊。[25]馬戛爾尼也非常享受與之交談，認為他「教養絕佳，舉止無一處不顯誠懇，有紳士風範。」[26]

長麟負責陪同時，仍舊有冗長的會議，但是氣氛已經變得沒有那麼正式，話題也從外交方面轉到對英貿易的細節上來。王文雄曾是他的下屬，他知其勇猛，也堅持當他在場時給王文雄和喬人傑看座。這意味著老斯當東也能坐下，而李自標也明顯更加放鬆。有一次，長麟八點鐘到來，一直聊到夜半，喬人傑在旁記錄。當長麟拿出他的煙槍時，馬戛爾尼拿出一個磷火瓶，為他點上煙。這類火瓶在英國是十足常見的家用物件，但是對長麟來說卻是初見。馬戛爾尼將這個小瓶子贈與他，而會談則很愉快地轉到了科學以及英國的發明上。[27]

此時的巴羅一直堅持嘗試講漢語，王文雄開始同他有了私交，正如先前同李自標一般。王文雄甚至試著講了些英語，當他經過巴羅的船時總是喊道“Pallo, how do?”（巴羅，如何？）。[28]英國人在經過城鎮時本不應四處遊蕩，但是在杭州時，巴羅要去檢視他們將要搭乘的駁船，所以他能夠看到城內的情況，而王文雄也帶他去杭州著名的景點西湖遊玩。後來王文雄還邀請巴羅參加他船上的宴會，在場的還有長麟和朱珪，後者曾是未來的嘉慶皇帝的老師，近來被任用為廣東巡撫，一同參加的還有他的妻子和另外兩位衣著華麗的女子。李自標陪伴巴羅至此，但並未留下：對於一名天主教神父而言，在中國參加有婦人在場的宴飲殊為不妥。巴羅實際上並不能與人交流，但是婦人們給他端來茶和點心，當他開口講漢語時也不禁莞爾，還給他唱了小曲。[29]他因此得出結論，至少就「值得尊重的社會階級」和「上層等級」來說，「在更為深入的了解後，我們發現自己在離開英國時對於中國國民性格所做出的估測實在有失公允。」[30]

培養出了這種非正式的氛圍，長麟也開始考慮英方關於變更貿易安排的主張。他先是讓馬戛爾尼提供一份他想要提及的要點清單，但是根據李自標的說法，長麟和馬戛爾尼都對如何開展貿易一竅不通，所以他們便相互同意將談判推遲到抵達廣州之後。[31]同時，長麟也解釋了他要做出改變會面臨的困難，以及可能遭致的來自和珅和福康安的反對。指摘前任貪贓枉法可能要面對的風險，對於馬戛爾尼來說是講得通的，因為他在印度也有類似的經歷。他知道長麟試圖左右他，但是也得出如下結論，「若是對我們在印度的陸軍力量和遍布各地的海軍實力略有了解，便可感知英國國力之盛，實在無需他國管理，哪怕是這般倨傲的天朝。」[32]

長麟暗示未來可能做的讓步，建議馬戛爾尼向皇帝提議派遣另一個使團，以作為英國有意修睦的佐證。根據李自標所言，長麟已經知道近期英國不太可能會派出新使團，因為英法兩國已經開戰。這一消息剛傳來，獅子號軍艦就攻擊了一艘在澳門避險的法國船隻。不同於長麟，馬戛爾尼並不知曉這一消息，但是他相當謹慎，只答應說將來某一時間可能會有一個新的使團，但必須從中要有所斬獲。這令長麟大悅，並說要奏報皇上，還讓馬戛爾尼隨他的信件一起上表稱頌。乾隆恩允此事，但是也強調鑒於路途遙遠艱險，暫無必要把日子確定下來。[33]

針對此事，我們既有乾隆答覆的中文文本，又有一份由李自標手錄的題為「轉譯總督大人長麟口述的皇帝答覆之文字」的拉丁文版本。[34]馬戛爾尼確認了這是從宣讀的聖旨翻譯過來的。[35]將其與原本的中文進行對照，從中可以看出李自標是如何努力替使團爭取一個積極的結果，即使當他僅是嚴格地擔任一名文字的譯者。

拉丁譯文逐句對應中文原文，但是其中也有變動。有些可能是長麟大聲誦讀的結果。例如，「督撫」這一簡稱，意指「總督和巡撫」，在拉丁譯文中是兩個官職（總督和巡撫）全稱的中文發音。對於英國人而言，這樣並不比原文更易於理解，所以似乎是長麟在念聖旨的時候向譯者加以闡釋一些正式語言。其他的變動則讓回信更能為英人所接受，或許是長麟講話時所做，也可能是李自標翻譯時所為，例如當乾隆指示長麟「護送」英國人，並警告未來的使團不可「強求」進京，拉丁譯文便有所省略。[36]

也有一些變動只可能來自於李自標的翻譯選詞，所有這些都避免了使用一些會引起麻煩的詞，改用更能為英國人接受的替換說法。因此，「貢」被譯為「禮物」（*munera*）而非「貢品」，「夷」被譯為「外國人」（*externi*）而非「蠻族」，而全篇提及馬戛爾尼時皆稱大使（*legatus*）。更有意思的是，被反覆提及的英國人「悅服恭順」被翻譯成兩個不同的短語，兩者都去除了臣服的意思。其中一個將英國人描述為「滿意與平和」（*animo content et pacifico*），而另一個則說皇帝已知曉英國國王「偉大的善意」（*magnam benevolentiam*）。這只是提到英國國王的*benevolentia*的其中一處。這個拉丁詞語意思為「善意」，與之同源的英文單詞則有「慈悲」之意，暗示英國人有某種程度的屈尊俯就，恰好與中國皇帝的屈尊俯就形成平衡。整體而言，譯文相較於原文更加有文化相對主義的意識，數處提到中國習俗（*mos et consuetudo Sinica*、*Sinicis moribus*），而原文則僅僅稱之為習俗與體制。[37]

這些變動是所有翻譯必須做出的那種選擇的例證，而這些都不是重大的選擇，但湊在一起時就給文本賦予了一種特定的氛圍。拉丁文本摒棄了中文直來直去的語氣，而是採取了一種英方與中方之間的平衡：中國人遵從他們的習俗，而英國國王素懷善意，中國皇帝亦如此。馬戛爾尼對此信予以總結，「人們告訴我，該信措詞友好。若國王再遣使者，將會被熱情接待。若如此，使者應前往廣州。」[38]馬戛爾尼意識到這暗示著對於英國人直接駕船北上之舉的「婉拒」，但這較乾隆提到的「強求」語氣已經輕了不少。[39]

根據馬戛爾尼的說法，此時的小斯當東已經既能講也能寫漢語，「已是頗為熟稔，自此對我們而言很多情形下大有助益。」[40]小斯當東聽李自標講話以及謄錄使團的中文信件時，也在學習做出類似的翻譯選擇。最好的例證就是他代馬戛爾尼寫的一封短箋，信中請求一位高官，可能是長麟，向皇帝轉達他們的謝忱。信件是由他落款，但正確的語法顯示在寫的過程中得到了幫助。小斯當東提到了英國國王的「恭順」，並說到國王以後將會「聽」（此字也含有服從的意思）皇帝的訓導。[41]

當使團抵達廣州後，馬戛爾尼擬了一份清單，列出英方關於貿易的各項訴求，並交給長麟，隨後長麟安排了一場辯論，讓馬戛爾尼在場，其間長麟持支持變革的立場，而粵海關監督蘇楞額則大力反對。最終長麟拒絕了英方要求固定稅額的請求，理由是此事已由皇帝決定，但是他也十分清楚官員從中漁利，便使用英國人提供的詳細資訊來檢查稅務紀錄並革除貪腐。他設法准許了英國人的數項請求：他宣布向廣州和澳門之間的船隻徵收的一些雜費為非法，對無辜之人不應為他沒有犯下的罪行擔責這樣並無問題的主張表示贊同，答應在公文中注明英國人實不同於美國人，並發布告示命令眾人不得欺詐外國人或向他們勒索錢財。對於請求允許英國商人離開他們的商業場所來從事運動的這一項，長麟在回應時也頗為靈活，允許他們造訪中國商人所擁有的花園，而這些安排一直持續到十九世紀三〇年代。這項許可實則是一個社會階級問題：任何一方都不希望讓英國水手到處閒逛。[42]

馬戛爾尼還提出允許英國人學習漢語的請求，這項請求恰好也能夠凸顯小斯當東的成就，令其父非常高興。作為儒家學者，長麟說他對於禁止學習漢語一事非常震驚。他調查後發現，不出所料，實際上並沒有禁令；問題僅僅在於聘用官府控制的體系之外的教師。他因此裁決英國人能夠學習漢語，但是只能師從官方通事或是其他現有雇員。[43]

在離開的前一天，馬戛爾尼簽署了一份正式的報告，頗合乾隆所願，結尾處的基調很積極：「確實有望讓每一處冤屈都得到長久且完全的解決，只要我們同總督建立起日常的來往，並且克服同他用漢語自由交流的困難。」[44]王文雄和喬人傑前往獅子號上用餐，大概痛飲一番後，所有人都動了離別之情，淚灑當場。[45]獅子號沿江而下前往澳門，馬戛爾尼思考了英國海軍攻擊廣州的可能性，但這也沒什麼特別，自他們離開英格蘭後經過每一個重要港口，他都會這樣做。[46]李自標寫到，有了長麟的官方告示，馬戛爾尼離開廣州時滿心歡喜。[47]

李自標應該也是滿意的。儘管他未能成功獲取一道聖諭允許基督徒信奉宗教，但是他始終為雙方所接受，而他的身分也一直未被揭穿。他採取擔任隱身的言詞譯者這一策略是成功的，正是他的翻譯把雙方帶到了一起。在離別的時刻，幾乎所有人都對他褒揚有加。

馬戛爾尼和老斯當東都力勸李自標隨他們一起返回英國，並許諾在倫敦為他找一份差事。[48]這反映了他這時已經被使團的核心圈所接納，儘管他的身分依然是問題重重。實驗科學家登維德因被排斥而心生憤懣，稱李自標為「無知狹隘的神父」，抱怨說他「陳述問題時經常歪曲發問者的本意」。[49]但這不是馬戛爾尼的看法；他寫到，李自標「意志堅定、剛強——既不餒於危險，又不惑於欣喜。」[50]巴羅稱讚他的勇氣，小斯當東後來回憶他「擁有令人肅然起敬的才華以及友善的舉止，同時還有審慎的判斷，為人極為正直。」[51]

就中國這一邊，李自標在給羅馬寫信時又回到了他經常使用的對自己的描畫，即從藏身之所被追趕的動物，但有所轉化。在他結束對於宮廷事件的記述時講到，不僅皇帝親手賞了他一件禮品，而且官員都對他相當和善，甚至和珅也是，「我並不想像草中之蛇一樣躲著他們，因為最後證明他們對我十分信任。」[52]當他離開廣東時，他報告說，「許多已成為友人的官員」反覆勸他要答應隨著下一個使團回到中國。[53]長麟甚至說他希望下一個使團由老斯當東率領，並且——用李自標的話——讓現任的「言詞和事務的翻譯」與之同行。[54]

第十一章

使團之後的李自標

抵達澳門之後，李自標就需要面對教團庶務馬爾克尼，自從聽說李自標抵達廣州後，他便一日比一日心焦。[1]如果他們和歐洲上級處不好的話，這很容易成為李自標走下坡路的起點，中國神父經常會遭遇這樣的情形。然而，李自標卻從此走上了一條成功的傳教之路，主要基於他與人修睦的天賦、宗教信仰的深度以及持續遊走於中國和歐洲文化之間的能力。在被派往一個位於華北遙遠的地方後，他不僅繼續給歐洲的朋友寫信，而且這樣的舉動也受到他所服務的中國天主教徒的支持。乾隆朝素稱的國富民安逐漸開始瓦解時，世事維艱，他卻能夠成功地建立起一個天主教團。

然而，就當下而言，救下李自標的卻是馬戛爾尼、老斯當東和他們派遣另一個使團的計畫。英法開戰意味著獅子號軍艦要護送商船船隊回到英國，因為上面裝載著價值五百萬英鎊的貨物，所以英國人在澳門等了數週的時間。李自標同馬戛爾尼私下用餐後，馬戛爾尼便同馬爾克尼有了多次會面。同時，老斯當東給馬爾克尼一大筆無息貸款，並且答應帶上嚴寬仁的一個親戚以及另外一位李自標發現的、希望在那不勒斯書院學習的年輕人回歐洲，費用全由使團承擔。[2]

老斯當東還雇了兩位中國年輕人一同前往英國，以便小斯當東能夠繼續說漢語。其中一位是個叫阿輝的男孩，講得一口好官話，但卻出身貧寒：他需要在英國服務兩年，作為交換，他父母得了一筆三百英鎊的鉅款，他跟著一位中國天主教徒到了澳門。老斯當東曾在京城雇了一個膽怯的男童，同小斯當東說話，阿輝有可能就是這個男孩，但他也有可能是廣州人，因為父母來自於北方，所以能講官話，又或是曾給官員做過傭人。另外一位年輕人叫吳亞成，講粵語，來自澳門邊上的一個縣，那裡的人們長期有著對歐貿易的聯繫。他讀過書，年紀二十出頭，大抵是想尋找一個機會培養自己的英語技能，以便未來能夠從事貿易這一行當。[3]馬戛爾尼和老斯當東需要這四位中國人，正如他們想要保持同李自標的良好關係，如果他們啟動下一次使華，這些人的語言技能和人際關係都是他們所需要的。

同時，馬爾克尼已經變得十分信任李自標，以至於開始請他幫自己謄錄祕密信件。他也向羅馬寫信，稱自己想要改變先前對李自標的看法。他現在理解李自標前往京師僅僅是出於宗教動機，儘管他最終沒能獲得他一直孜孜以求的對宗教包容的恩准。而且英國人也對他大加讚譽，不僅因為與中國官員交流時所發揮的作用，也因為他的行為堪為模範，發人向上。[4]然而，馬爾克尼並不情願讓李自標前往海南，其兄李自昌駐紮在那裡。從島上來的兩個基督徒解釋說，島上的天主教眾已經有三十多年沒有見過派來的神父，並要求馬爾克尼派個人過去。李自標也積極要求獲准前往，但是馬爾克尼指出他並不會講粵語，而且海南一直瘴癘橫行，因此他應該往北方去。[5]

所以趁著接下來的貿易季節，李自標同一些從西北前來的天主教商人一道返回了甘肅。因為擔心被認出來，他並沒有經水路北上，而是取道華西的高地。最終，在1794年夏末的瓢潑大雨和滿地泥濘中，他們從山上下來，抵達陝西省內相對隔絕的漢中盆地，他們要在這裡見李自標的新上級吳若瀚（Giovanni Battista da Mandello）。由於天氣惡劣，吳若瀚並沒有出來迎接他們，而是發來消息，指示李自標不要去甘肅，轉而繼續北上進入山西。[6]所以，李自標穿過黃河以及陡峭的太行山，最終到達潞安（今長治），終其一生，這裡一直是他的基地。他相信順從即美德，後來在給那不勒斯的信中稱自己「心甘情願」來到此地，但是沒能獲准先回家探視，難免會抱憾於心。[7]

他到達之時，潞安的天主教已有一百五十年的歷史，可以追溯到耶穌會士高一志（Alfonso Vagnone），此人在鄰近的絳州建立一個刊印天主教資料的中心。李自標到來之際，大抵有兩千名信徒散布在平原和周圍的山區。他定居的村子叫馬廠，靠近主路，有水源和良田，也有貿易的歷史。他傳教的地方並不限於此地，而是覆蓋了整個山西省的南部。他要花上大部分的時間四處趕路，以便讓他負責的數百個天主教團能夠在一年之中有機會見到神父。此外，只有兩位神父在山西傳教：一位是住在省會太原附近的義大利人路類思（Luigi Landi），另一位是年長的郭儒旺，李自標在孩童時期剛剛到達那不勒斯時便認識他。[8]

李自標一直躲躲藏藏。他改姓梅，也如他幼時認識的傳教士一般，寄居在教區裡富裕教徒的家中，一般會為他空出一個內院或者一間房。這也是待字閨中的女兒們居住的地方，所以這樣的安排要求他必須無時無刻不恪守神父的行為準則：他曾經形容他的一位同事是「基督徒家中的瘟疫」。[9]沒有人抱怨過李自標。

然而，第一年卻充滿艱辛。李自昌突然染病亡故：確如馬爾克尼所擔心，海南的熱帶氣候如此凶險。長麟向京中發送了死訊的簡報，但是李自標得到的消息卻比這更糟糕：他的侄子李炯與廣東的天主教教士起了爭端，決定帶著父親的靈柩回涼州，並且違背了天主教的教規，按照儒家的全套喪禮下葬。此後的歲月裡，廣為人知的是李炯經常講起烏脯而獺祭，吾豈不禽獸若乎？然而，正是在這樣的過程中，他逐漸疏離於家庭，也背棄了他們的天主教信仰。如果讓他選的話，可以肯定的是他的立場會讓他出賣自己的叔叔。正如先前，壓力之下的李自標開始患病，有幾個月的時間無法工作。[10]

直到1797年，李自標才返回山西，試圖獲得吳若瀚的許可後回甘肅探親，但是當他在漢中時，白蓮教叛軍從山區席捲而下。在他寫給那不勒斯的中國學生的信中，用了有濃重《聖經》色彩的語言講述了叛軍所到之處皆遭焚毀，年輕的被擄走，身弱的被戕害，哀鴻遍野，滿目瘡痍。叛亂起源於遭朝廷鎮壓的在俗佛教信眾，他們相信末世即將來臨。如果李自標看到官府告示的抄本，他可能知道王文雄正在與叛軍酣戰，隨著清軍將叛賊趕往山中，也因為作戰勇猛而獲得獎賞。在山區，隨著心懷不滿的貧困無助者的加入，叛軍勢力日漸壯大，而李自標目前遇到的正是這批新的叛軍力量。在歐洲時，李自標曾見過戰鬥過後四處逃竄的士兵，但是這些是職業軍隊互相打仗；戰場之外，平民的生活照舊。但是他在陝西所經歷的情況卻大為不同：這是一場赤貧者的起義，所帶來的暴力混亂無序、令人生怖。李自標放棄了返鄉的計畫，逃回了北邊的山西。[11]

清廷也震驚於其中的暴亂程度，如何因應這場亂局成為當時最大的政治問題。1799年乾隆駕崩，他的兒子嘉慶已經當了四年的見習皇帝，過去在他日益健忘的父親的陰影之下，一直無法施展手腳，如今則在鞏固自己的權力之後開始改弦更張。此時的清軍已經左支右絀，嘉慶逐漸認識到核心的問題並不真是一個需要剷除的宗教派系，而是逼得民眾不得不反的財政空虛和官員盤剝。他也想到征討叛軍所耗費的巨資會被將領們拿來中飽私囊，所以他們根本無意結束戰亂。[12]

嘉慶掌權標誌著在英國使華早期同馬戛爾尼打交道的那些滿族權貴的覆滅。福康安在征討先前的一次叛亂中去世。如今，和珅被嘉慶下令自盡，同他相關的人也因同流合汙而被問責：福長安和徵瑞都被發配去給乾隆修陵。同時，他們在朝中的對手被擢升，這一舉動後來被視為轉向科舉出身的漢人以及重新強調儒家道德觀念的變化。實際上，這些變化既有派系因素也有民族的因素：蒙古族的松筠和滿族的長麟都被從遠方的職位召回。儘管松筠因為在覲見時堅持要求經濟支援而惹怒嘉慶並被短暫地外放新疆，遭叛亂禍害最為嚴重的兩個省分仍然由他負責。[13]

新政策也對李自標在山西的生活產生了巨大的影響。因為嘉慶把腐敗視為導致叛亂的問題，相較於其父，他並不傾向於追究宗教信徒。從當時大多數清朝官員的視角來看，佛教的各路流派和基督教之間鮮有差別，因此新的政策也給天主教徒帶來了某種程度的寬容。1801年，有人強迫馬廠的天主教徒參加當地寺廟的儀式，他們因此而對簿公堂。令所有人吃驚的是，潞安知府判他們獲勝，而其他的案件中也有類似的判決。結果立竿見影：李自標寫道，他教區的教眾也清洗了自身先前那些不可接受的習慣，將自己都獻給善舉，並且在福音的光明中為自己的靈魂尋找庇護。也有人皈依：在山區的屯留縣，一百戶人家「有心向主」，許多人家的家長都已受洗，而且許多人也被激發起來去勸他們的親戚和熟人皈依。[14]第二年，李自標欣然報告，皇帝已不再對基督教抱有敵意，甚至宣布不應有人因為宗教信仰而受到律法的侵擾。[15]

在這樣的背景下，李自標成為一位成功的籌款人。當時，英法在海上開戰，中國內地叛亂頻仍，實在無法獲得來自歐洲的經濟支援。起初，李自標靠早期耶穌會傳教士所購的一處房子的抵押貸款生活。他以為吳若瀚同意這樣做，但是最終還是受到指責，吳若瀚認為他開了一個壞的先例。所以當馬爾克尼第二年提出送錢時，李自標拒絕了。很快，不僅他的生活開支全部由當地的天主教徒資助，他也開始為整個主教區的利益籌集款項。到1803年，他和常駐山西中部的路類思合計共籌集高達三千兩銀子的總額。直到二十世紀，這個驚人的數字一直是來自山西傳教團的最高金額。[16]

馬爾克尼認為這些錢中有的來自於罰款，或被稱為補贖（penance），掏錢的人有的將孩子與非天主教徒聯姻，有的在禮拜日工作，有的給兒子安排了儒家而非基督教的教育，諸如此類。[17]潞安地區的天主教徒中有相當數量的有錢人和讀書人：歷年都有商人、地主和有功名的人加入教會。補贖通常被理解為捐獻，使得這些人能夠將他們的信仰同他們本地的義務相互調和，但這些在當時並不罕見，也無法解釋捐獻的規模。

李自標的計畫看上去是要建立一個捐款人的團體，他和這些人都保持緊密的私人關係。他同這個由十二人組成的團體每月見一次，一起進餐、談教義或是行善舉。這個主意來自那不勒斯，但是同中國人對社會精英的期望不謀而合。其結果便是形成了一個社群，李自標作為神父的模範之舉和他結交朋友的天賦一同作用，帶來了相當可觀的捐款。在李自標去世後，這個群體長期持續，在十九世紀四〇年代還依然存在，此時的成員每年每人捐款一千五百銅錢，因此便有了相當規模的儲蓄。[18]

李自標自己也認為，能夠從這些自身也捉襟見肘的人們那裡收集這麼多的財物，「近乎奇跡」。[19]然而很難不去猜測這些和他一起進餐的人是否知道他在宮廷的經歷。他是否向其中的某些人展示了乾隆給他的荷包？他通過使團給他的朋友喬瓦尼・波吉亞送去一匹紅綢，後來給那不勒斯書院做了節慶的衣物，但他收到的其他禮物去哪了？[20]即使他自己從未提及他曾到過宮中，但是人們或許能夠從每年去廣州的天主教商賈那裡聽到些傳言？

成功籌得款項使李自標的生活有了改變。他和路類思在山西中部有眾多票號的祁縣郊區建立了一個神學院，每年有段時間在此教書。這是一個大宅子，有給學生的房間、一間禮拜堂和一個開闊的花園。其餘的錢則拿去做投資，用以支應老師和二十位學生的生活開支。神學院的生活將李自標帶回了他所熟悉的那不勒斯書院的日常當中，有每日的彌撒、每週的教義探討以及餐後的休憩。然而，這裡的課程要比那不勒斯簡單得多：拉丁語法、《聖經》閱讀、教義問答和神學基礎，然後由一位年長的學生在夜間教授漢語典籍。中斷的情形時有發生：李自標被叫去做臨終禱告時，便讓大一點的學生掌管學校。[21]

可能也正是有了這些錢，李自標才能給歐洲發去這麼多封信件。他定期給羅馬的傳信部、那不勒斯書院的院長和中國學生寫信，也給他的私人朋友寫信：波吉亞、馬戛爾尼和小斯當東。現存的信件可能只反映了被收藏的那些：他給波吉亞的信件中只有在他任那不勒斯書院負責人這一時期的才得以留存，一份簡短的翻譯片段顯示，儘管我們看到的信件是用拉丁語和義大利語寫就的，李自標也曾用漢語寫信。[22]信件穿越整個世界的過程是漫長的：收到回覆需要至少兩年的時間，許多信件被延誤甚至完全遺失。「但是，」正如李自標在數年間未能收到來自歐洲的任何信件時所寫，「不管發生何事，閣下應當確信，儘管我可能沒能寫信，但我自肺腑至指尖，完全恪守所學之道，力求立身正直、行事妥當。」[23]

深入中國的腹地，受戰爭和叛亂隔絕，李自標卻仍然關心著歐洲的朋友們。李自標寫這封信的時候，他剛聽到一個傳言，說是那不勒斯為法國革命軍所陷，此處的中國學生被送到了法國。過了兩年的空檔之後，他最終收到書院的來信，在一封寫於1801年的信中，李自標在起首處講到他們落款於1799年十二月的來信將他從巨大的不安中拯救出來，因為此時他才從中得知書院安然無恙。「我向天主致以無盡的感謝，是他保護我們的大家庭免遭災殃，是他將我和我的家人從時常的不安和憂慮中解救出來。」[24]他還向在那不勒斯的中國學生傳去他們家裡的消息，特別是朱萬和，他的家鄉便是新建的神學院所在的祁縣。[25]

李自標對祈禱的力量深信不疑，這也強化了他們之間的關係。他給書院寫了一封正式的信函，講述他遇到白蓮教叛匪時的恐怖經歷，結尾處寫道，「我的神父院長，我乞求您發發善心，讓我感受您的靈魂，讓我停在您的心裡、您的祈禱之中，因為我的肉體和靈魂都是如此地羸弱。」[26]在他後期的通信中，這樣的請求不斷出現：「我無法在一年之中走完整個教區，」或者不管他最近的問題是什麼，「因為我體質虛弱，德薄能鮮，所以我請求神父您將我保留在您的祈禱之中。」[27]他相信那些身在歐洲的朋友和同事的祈禱也能幫助他，在他給那不勒斯的中國學生的信中，他曾言及自己在面對艱難的談判時最渴求的就是他們為他禱告和祈求。[28]

1801年小斯當東回到廣州，李自標也開始同馬戛爾尼使團的成員們通信。小斯當東似乎給李自標寫了一封信，附上一封來自馬戛爾尼的信件，詢問他在甘肅的家人近況如何。李自標頗為感動，並致書回覆。[29]後來，老斯當東辭世時，李自標向馬戛爾尼致信慰問，開頭寫道，「爵士閣下，念當日與君等為伴，如沐春風，自別後已有八年，閣下待我無比和善且慷慨，世上更無他者令我這般掛念，我心中的感激以及願伴君左右的渴望，乃是至死方休。」[30]

這一時期，針對白蓮教起義的征討一直在繼續。王文雄率軍夜襲叛匪時遭受伏擊，因此成為舉世的英雄。他負傷後繼續戰鬥，直到一臂斷折且從馬上墜地。據說叛軍因為惱怒他過去曾斬殺眾多他們的將領，對他施以持續一整天的殘酷折磨，他的身體被斫為數段。[31]當戰爭最終結束時，國家遭受了重創，皇帝的國庫空虛，上個世紀積累的大量儲蓄化為烏有。

對於李自標而言，1804年戰爭結束意味著他在回到中國十年之後終於有機會返回甘肅探望家人。他的同事路類思和郭儒旺都給吳若瀚寫信支持他返鄉的請求，但是路途依然危險，吳若瀚便決定讓十分勝任的李自標留下，改派了李之前的同學范天成。很快吳若瀚就收到了關於范天成行為不檢的抱怨：在做彌撒時敷衍了事，向人索要財物，外出後與不信教的人相處，雇了一個女傭，觸摸漢人貞女並且偷看她們穿衣和裹腳。（這些都是發誓為耶穌守貞的女子，但是繼續同家人住在一起。）到了這個時候，吳若瀚最終決定派李自標前往甘肅去調查到底發生了什麼事。[32]

李自標驚駭不已：這並不是一次同家人的團聚，而是一場醜聞，需要他周旋於教會遍及全球的官僚體系之中，極有可能讓他捲入中國同事和歐洲同事之間的緊張關係。在范天成之前一次惹禍的時候，吳若瀚就告訴當地的天主教徒，他寧願相信惡魔也不願相信中國人。另外，駐紮在山西的另外一位中國神父郭儒旺，在給李自標寫的好幾封信中都對范天成加以稱讚。李自標寫的信中幾乎從未提到中國人和歐洲人之間的緊張關係，但是他的確有一次在督促那不勒斯的中國學生學習時講到，「我希望你們能理解，我至親的好友，直到現在本地或是說中國的神父還在受歐洲神父們的譏諷，他們說去歐洲時是蠻子，回來時還是蠻子。」[33]這種情況並不容易解決，而且還惡化了。

李自標抵達涼州後，事情就很清楚了，問題的根源在於范天成引誘了幾個年輕的女子，後來試圖用錢了事，這又讓他陷入經濟上的困境。李自標對於應當採取的正確措施並沒有任何疑慮，因為「當罪行被四處傳唱，如同市集上的大戲，再去掩蓋又有何益？」[34]范天成的行為「既非使徒行徑，又與教義不符，亦非教民所能為，且令眾人不齒，實乃靈魂之浪蕩，易招致天譴，更乃罪惡之肇端。」[35]他決定向羅馬遞交一份正式的報告，免去范天成的職司。他詢問了六位女子，並說服她們提供簡要的供述，其中包括了羅馬教會的官員們所需要的詳盡細節：其中兩位女子陳述說，范天成告訴她們，他們之間的行為並無錯誤，因為這些行為創造了愛。[36]李自標記錄下這些，實則是指控范天成散布虛假教義，亦即拒不接受自己所作所為是錯誤的，而這一指控的嚴重程度遠超過任何一項過錯。

之後李自標便著手應付他的同事。他給郭儒旺發去所有材料的完整抄本，而郭在數年前對於范的行徑也有所耳聞卻一言未發。他也給另外一位曾在那不勒斯接受訓練的年長一些的中國神父寫信解釋所發生的事情。此後，他通知了書院，講明這並不會損害他們的聲譽，因為從整個身體的利益出發，就是要截去腐敗的肢體。[37]當年吳若瀚過世，路類思接任主教，對此印象頗深：他向羅馬致信，用口頭的義大利語講到李自標「確實雙手都在麵團中」（意思是他對所有相關的人都有影響力）。[38]之後，在將范天成革職的漫長過程中，他們把他遣回其京城的家中。[39]

路類思當了主教後和李自標一起緊密合作。李自標謹守每年向路類思行告解的規律，而路類思會尋求李自標的建議並讓他負責處理任何有問題的神父。有一次，李自標拒絕讓某一位神父主持彌撒，此人便不辭而別，李自標向路類思寫信講了此事，結尾處高興地說到，「這是整個教區裡讓人感到幸福的最好原因之一。」[40]

1805年，一名教會的送信人被捕，身上搜出一張駐京的一位傳教士發給羅馬的地圖，內容是關於華北不同地方的天主教徒應當受哪個教團或是國家的掌控，這在當時存在著爭論。嘉慶懷疑是外國人在華刺探，隨即便開始鎮壓，李自標的同學柯宗孝的兄弟在京師被捉拿，柯宗孝則逃遁至山西。路類思原來的修道院派來協助他的若亞敬（Gioacchino Salvetti）則在入境時被捕，在廣州身陷囹圄達三年之久。一道鎮壓基督教的聖諭接踵而至，在寫給羅馬的信中，李自標提到所有人在一整年的時間裡都惶惶不安。[41]

在這樣的情境下，皈依的人數不多，許多傳教士會歸罪於清廷或者中國文化，李自標卻不是這樣，他從未對中國和歐洲之間的差異採取一種黯淡的眼光。相反，他在一個更大的圖景裡看待皈依的進程，那便是天主在世間的恩典和神聖行動。在他寫給那不勒斯中國學生的信中，他提到缺乏皈依並非是新的律法所導致的，而是因為「缺乏信仰，而正因為信仰乃天主所賜，是罕見且艱難的。」[42] 在給羅馬的信中，他解釋道，即使有很多基督徒，卻少有人「按照基督徒的準則行事，從而樹立基督信仰的公眾榜樣」，但由於「神聖信仰的增長是一項真實的饋贈，通常不會賜予那些懶惰的人，而是會給那些持信並追尋的人」，他會繼續履行他作為神父的職責，以便替那些「無所事事的傳教士和信仰不深的基督徒」求得天主的寬恕。[43]

正如他為馬戛爾尼做翻譯，李自標在山西當神父時清楚地認為自己是中國人，但他很少提及中國與歐洲的文化對立。他擁有深厚的基督教信仰，且長期浸淫於中國和歐洲的文化當中，這意味著他關於祈禱和皈依的神學——正如同他對馬戛爾尼使團和全球教會官僚體系的參與——都歸屬於一個更加龐大的、囊括了整個世界的神聖事業。

第三部分

小斯當東與廣州貿易

第十二章

小斯當東成為翻譯

回到英國後，馬戛爾尼因為沒能達到談判的目標而廣受批評，但是老斯當東卻對於未來再次派出使團保持樂觀。所以他繼續讓小斯當東學習漢語，不僅在家中要講，而且要花費許多小時的時間記憶漢字、學習閱讀。當他後來返回中國時，他的漢語水準證明足以勝任基礎層次的口譯以及筆譯。然而，只有到了廣州之後，他才從資深的中國商人及其下屬那裡了解了翻譯事務所具有的社會和政治方面的複雜性。在他們的指引下，他發展出了一種翻譯風格，其首要目標在於在兩種文化之間調和並達成協議。

在倫敦，老斯當東安排當時流行的肖像畫家約翰·霍普納（John Hoppner）給妻子作了一幅畫，畫面表現的場景是小斯當東回到母親身邊，他們出訪時，她回到了索爾茲伯里同娘家人一起居住。小斯當東現在十四歲，比坐著的母親略高。當他穿過房間抓住母親的手時，他們的表情都有些僵硬和緘默，即便是這一時期的典型風格，他也顯得有些不自然。在他身後站著一位華人男童，手握一個盒子，看上去卻頗為放鬆。這可能是講官話的阿輝。畫中盒子上的中文題記則可能出自比他們大上幾歲的吳亞成之手（阿輝不識字，而字跡顯然超出了小斯當東的功力），但他並沒有同斯當東一家長期居住，於1796年便返回中國。相較於中國，在英國，雇主和傭人的社會界限更為森嚴，很難為一位接受過教育的嚴肅的年輕人所接受。簡・斯當東也並不喜歡阿輝的舉止，由於他出自一個貧困的家境，也別無選擇。他是一個活潑的男孩，年齡與小斯當東相仿，當小斯當東的母親遇事怪罪他時，他便依靠小斯當東替他申辯。[1]

老斯當東並沒有出現在畫中，因為返回後不久，他便中風了，導致他半身不遂。即便如此，他繼續指導著兒子在科學和語言方面的教育。[2]除了和阿輝講漢語以外，小斯當東還在記憶詞語，大抵是通過他父親在羅馬獲贈的漢語－拉丁語詞典。他應該也學過漢語啟蒙讀物，因為很多年後他的藏書仍包括《千字文》、《三字經》以及用來教廣東人講宮廷用語的《家庭講話》。[3]

1795年，當他父親策劃再次使華時，小斯當東將一封英國政府的信件譯成漢語。這大體上是他獨自完成的：其中的漢語勉強能講得通，看上去不太可能獲得了吳亞成或者其他中國讀書人的幫助。信中有華北方言的說法，這意味著可能有不識字的阿輝的功勞。小斯當東因此受到稱讚時，他說自己擔心「英語和漢語用語的差異可能導致許多我無法意識到的錯誤。」[4]他的擔憂是正確的：當信件抵達中國時，時任兩廣總督的朱珪向皇帝奏報，信件雖用漢語寫就，但「文理舛錯，難以句讀」，所以他又命一名通事重新翻譯一遍。[5]

次年夏天，十五歲的小斯當東第一次離開父親的監管，結交了他此後一生中最為親近的幾位朋友。他和阿輝被一起送到溫特斯洛村中，同他的表親們待在一起，而老斯當東的舊友彼得・布

圖12.1 小斯當東在出使之後回到母親身邊，約翰・霍普納繪。他身後的中國男孩應該就是阿輝，手中的箱子上寫著這幅畫的中文題名：「冬日畫於索爾茲伯里」。

羅迪已是那裡的教區主事。共有七名兒童，在布羅迪家中接受他施教。這很難算得上假期，因為孩子們每天要學習八個小時，從早上六點半開始。但這對於小斯當東而言並不是問題，他一直陶醉於自由當中：給父母寫的一封歡快的信中，他稱自己非常享受為瑪格麗特的二十歲生日所舉行的家庭舞會。作為年齡最大的孩子，瑪格麗特一直和她的弟弟們一起上課，而現在教小斯當東天文學、植物學和義大利語。他很快和彼得、本傑明成為親密的朋友，這兩人和他年齡相仿，能與他對弈，和他一樣熱衷科學，並且能帶他散步。阿輝則與更年長的男孩們相處得不錯：他為十六歲的威廉做了一個彩繪的中國風箏，並且同湯瑪斯·登曼（Thomas Denman）一起去了一趟索爾茲伯里，這是另外一位來參加夏季學習的表親。[6]

湯瑪斯·登曼接受的是常規教育，而老斯當東並沒有給自己兒子安排這樣的教育。直到最近，登曼都在伊頓公學寄宿，有些比他大的男孩在半夜把他叫醒並要求他做一番演講，遭他拒絕後，用燒得紅熱的撥火棍烙他的腿。這個傷疤和這則故事，與他相伴終身。[7]這可能令人為之驚駭，但也將他聯結於遭遇過類似經歷的精英人士所形成的群體。與表親們共度一個愉快的夏天之後，他和自己的同輩們一同進入劍橋。很快地，小斯當東也到劍橋學習，但是卻從未融入這個世界。他比其他的學生稍小，並沒有住在校內宿舍，而是同父母一起住在鎮上。一家人於一月分來到這裡，所以他錯過了第一學期。到夏天時他在數學上獲得了高分，卻沒有贏得獎勵，因為他的拉丁詩歌寫作表現不佳，他父親對於大學感到十分憤慨，便安排他退學。[8]結果，小斯當東在溫特斯洛的布羅迪家中度過的這個夏天成了他僅有的與同齡人共處的時光，之後他便一頭栽進了廣州東印度公司的世界裡。

老斯當東曾向東印度公司致信替兒子謀職，理由便是他精通漢語。在中國的職位已變得炙手可熱，每隔一兩年才有空缺，因此，此舉也招致董事會主席百靈的激烈駁斥，因為他自己的兒子也需要安插職位。[9]老斯當東的回應方式，是在他於1797年出版的《英使謁見乾隆紀實》（*Authentic Account of an Embassy from the King of Great Britain to the Emperor of China*）一書中將兒子置於與乾隆皇帝會面的中心位置，顯得是小斯當東承擔了大部分翻譯工作。他隨後將此書贈與許多身居高位並能夠左右此任職決定的貴族，並帶著小斯當東四處登門拜訪，借助他們的支持，成功地促使董事們做出聘請此男孩在華擔任職務的決定。[10]

於是，1799年小斯當東乘船回到中國，在廣州的東印度公司商館（貨棧）裡擔任文書的職務。他很清楚父親所施加的壓力，明確知道自己的漢語尚不足以居間翻譯，不安地揣想當他到達時會發生什麼事。他下定決心在路途中只用漢語同阿輝交談，儘管他意識到哪怕「我掌握了他所具有的全部漢語知識，也很難讓我同官員們正確交談或者翻譯。」[11]所以他開始閱讀《三國演義》，練習寫漢字，也開始做翻譯。同船返回廣州的百靈的大兒子亨利·百靈（Henry Baring）給他潑了盆冷水，告訴他掌握漢語可以作為十足的消遣，但是對於公司而言卻全無用處。[12]

他們到達後，小斯當東每日在亨利·百靈的辦公室裡將信函抄寫入記錄冊中，很快亨利的弟弟喬治（George Baring）也加入這一工作。[13]如果他們在此任職的時間足夠長，每個人都有望升任管理商館的委員會主席一職，負責同中國政府許可的行商打交道。在行商之下是其他每日出入商館的中國人：給船隻提供補給和物資的買辦、處理與中國官府對接事務的通事、傭人、廚子、送水人、看門人和許多其他人。沿著水岸設有許多來自歐洲、美國、印度商人的貨棧，他們出口茶葉和瓷器，同時進口北美的毛皮、荷屬東印度的香料、越南和泰國的大米以及印度的檀香木、棉花和（違禁的）鴉片。在貿易季節，有數以千計的英國水手及其長官居住在船上。

當地人講的是粵語，但人們很快就聽說有位英國男孩能講官話，這是官員們所使用的北方方言。小斯當東到達數日後，行商便正式造訪商館。會談使用的是英語，但是行商們講的是我們今日所稱的中國沿海皮欽英語（China Coast Pidgin）。母語人士通常會嘲笑這些溝通語言，因為打破了正式講話的規則，但是小斯當東卻恭敬以對，後來說這些商人講的英語「頗為流利，儘管是一種走樣的行話。」[14]當他站在後排並盡力去理解講話的內容時，他聽到了自己的名字，其中一位行商開始和他講官話。令所有人吃驚的是，小斯當東能夠理解和作答。[15]

說話的人是劉德章，頗有志於進入貿易的行當，他來自安徽桐城，此地因儒家學堂而聞名，因此出了不少官員。他自己能講流利的官話，兒子在京城朝廷裡做了不小的官。要講英語時，他讓他的兄弟擔任翻譯，但他本人並不會講英語，這也阻礙了他拓展與東印度公司的關係。當他同焦慮但逐漸高興起來的小斯當東禮貌地閒聊時，很明顯小斯當東的語言技能可以成為一個讓劉德章能夠同本地講英語的商人競爭並開拓生意的機遇。[16]

數週後發生了一件事情，讓管理英國商館的委員會主席理查·霍爾（Richard Hall）能夠測試一下小斯當東的能力。如果這個男孩成功了，或許他能夠被用來削弱潘有度的權勢，後者作為一位資深行商通常親自翻譯。如果小斯當東失敗了，無疑百靈會很高興。

一艘英國海軍縱帆船上值守的一名水手聽到一艘小船在黑暗中划槳。以為有人試圖盜竊船錨，他便用火槍射擊，重傷了一位中國船夫。這是一個嚴重的事件：外國軍艦從未獲准進入中國沿岸水域，而一名清朝子民似乎因此遇害。小斯當東認為即使中國人要求英國人移交這名水手也並不讓人意外。然而，這是英國商館自1784年以來一直拒絕做的事情，當時有一名水手被處死，而英國人則認為他僅僅是失手殺人。現在，霍爾指示縱帆船上的長官編出一個合理的故事，並確保所有人都堅持這一口徑。之後他找來了這一區域的高級海軍官員狄克斯船長（Captain Dilkes）。與此同時，他向中國人斷然否認自己對此事有任何內部消息或是對海軍官員擁有任何權威。[17]

儘管有通事在場，其職責包括了向英國人解釋用漢語寫成的文書，但是很難放心交由他們為這般重要的談判做翻譯。於是潘有度親自擔任翻譯，往返於英國商館和清朝高官之間，向英國人解釋兩廣總督的立場，試圖說服他們交出水手。潘有度權勢的來源之一便是他在這些場合講英語和居中翻譯的能力，理查・霍爾和劉德章都對此很清楚。其父潘振承來自臨近的沿海省分福建，當地同菲律賓有長期的貿易聯繫，他年輕時便赴馬尼拉工作。在那裡，他學習了西班牙語，足以閱讀、書寫和交談。回到中國後，潘振承舉家遷至廣州並在這裡建立了一個商業帝國，一部分原因在於他很早就決定與新近來到的英國商人共事，也因此學習起英語。他日漸積累的財富被用來給兒子們最好的教育以參加科舉考試。潘有度的兄長考取了最高的進士功名，還參與乾隆皇帝主持的《四庫全書》編修，最近才在這個顯赫的位置上致仕。潘有度自己也接受了良好的古典教育，又借助於其兄的官職，他很容易同身居高位的官員搭上話，不過他從很小的年紀就開始學習英語，因為要培養他接手父親的生意。[18]

潘有度居間翻譯時，始終會基於講話的內容來塑造雙方的印象，提出可能的讓步，並且利用他全部的手段、機智、財富、影響力和語言能力來說服雙方調整他們信件的文本，直到達成可以接受的折衷方案。多年之後，東印度公司一位董事無所事事的兒子益花臣（John Elphinstone）在概括評論他時，說他是「一位非常精明能幹的人」，更樂於同他一起宴飲而不是同他做生意。[19]

然而，這一次兩廣總督吉慶（係陪同馬戛爾尼使團的長麟的表親）同意派遣他的一位幕僚同狄克斯會面時，霍爾宣布小斯當東要擔任翻譯。翻譯完全不同於禮貌的會話，而小斯當東要第一次當著全體行商和英國商館高級成員的面擔任翻譯。如果失敗了，他將會變得灰頭土臉，而他對此也有所預期。然而，當這一天到來時，他卻以一種十分出乎意料的方式得救：「由於這位大人行事頗為樂於助人，願意理解別人並讓自己為人所理解，我得以順利完成談話，比預想的要好得多。」[20]隨後是一系列的會面，之後這位姓楚（Chu）的官員肯定了小斯當東的漢語，「說我為期三年後或可臻於大成。」[21]當楚大人宣布行商無需參加某次會面，因為他已經習慣了小斯當東的外國發音，這可謂是最終的褒獎。[22]

同時，雙方達成協議，由狄克斯船長帶著涉事的船員到廣州城內巡撫衙門接受審判，小斯當東則隨行擔任翻譯。狄克斯開始衝著判官吵嚷後，他們被逐出公堂，然而小斯當東因為第一次進入城牆之內而感到興奮，觀摩中國人審案子也讓他頗為入迷。[23]

此後，霍爾檢驗小斯當東能力的方式便是安排他翻譯中文文件，先是漢譯英，當他證明有此能力之後便是英譯漢。在一次會議中，他被要求當場將一份文件譯成英文。這是一份關於失手傷人的法律摘編，由吉慶安排收錄並送與英國人。[24]然而，大部分書面翻譯的情況，都有機會讓各式華人給他提供建議或是對他的譯文提出反對意見並加以更正，這樣的方式也能讓他獲得教益。

他最初被要求翻譯的文件中有一份是吉慶的指示，潘有度已經向英國人解釋其內容。小斯當東完成翻譯時，其中呈現的語言並不同於潘有度的解釋，「對於委員會而言既不順耳也出乎意料。」[25]潘有度駁斥了這份譯文，於是小斯當東被召來說明此種

圖12.2　在作為贈禮的一幅肖像中，潘有度身著官袍，但是在嚴肅的姿態背後也散發著一種魅力和幽默感。這幅肖像的複製品是小斯當東在晚年最為珍視的藏品之一。

情形。在前去的路上，他本以為要承認自己犯了錯誤，但潘有度的反對意見卻不具體。霍爾最終將小斯當東的譯文存入了公司紀錄。然而，在小斯當東寫給父親的信中，他解釋說問題在於「他們對外國人的官方文書通常所採用的正式且倨傲的文體」，而非在於吉慶，「他是一位受到廣泛愛戴和尊敬的人。」[26]吉慶確實名聲在外，但是知道他的英國人不多，他們對於歷任總督的個性一貫知之甚少：很顯然有人向小斯當東解釋了其中的門道。[27]他了解到翻譯並不是將文字組合起來，而是用一種適合原作者的個性和聲望的文體進行寫作。

他學習了採用一種能夠為受眾所接受的形式寫作漢語文書。狄克斯船長已經離開，留下了一份四十頁的抱怨，這是寫給吉慶的，霍爾要求小斯當東將此譯成漢語。相較於在百靈辦公室中謄錄信件，小斯當東尤喜翻譯，宣布將於兩週後完成。潘有度稱如果英國人將內容解釋予他，他便可以通常方式寫就漢語版本。霍爾卻給他致信解釋這需要點時間，因為「斯當東先生對中國語言尚未完全熟悉，完成當前的任務仍然需要時常翻閱書籍。」[28]然而幾天後，小斯當東不得不承認單有書籍是不夠的：他去找了霍爾，稱他仍需諮詢一位聰慧的母語者。霍爾推薦了一位買辦，同小斯當東一起檢查了他寫的漢語，之後才用他最好的漢字筆跡抄錄最終版本。在信件送達後，吉慶誇讚了文本在頁面上布局的方式：小斯當東將提到中國皇帝的漢字提高至頁面上沿，英國國王略低，吉慶本人居於其下但仍然凸出邊緣。[29]

這一案件對於小斯當東而言可謂是巨大的成功，他深信東印度公司現在應該欣賞他的技能。然而，幾乎可以確定是劉德章在幕後操縱。劉德章具有說服楚大人接受小斯當東作為翻譯所需的能力和關係。他安排人收留受傷的船夫並加以照看，使其活過了四十日，而這也是確定槍擊之罪責的期限，並且在此人亡故後代付了喪葬費用以收買其家人。後來小斯當東意識到，當劉德章同他變得友善，潘有度卻對他抱有敵意。[30]

此次成功自有其意義，因為小斯當東在商館中並沒有朋友，覺得此處的生活頗為艱難。他到達時，商館中有十一位英國人，均住在館中並一起用餐。他是其中最小的，也是層級最低的。他震驚於他們的粗獷行徑，頗感自己不受歡迎；他的任職讓他們厭惡，他們也毫不掩飾。他們幾乎都是公司董事之子，其中多人也會承繼貴族頭銜。[31] 由於他們不論能力高下都能收到一部分貿易的佣金作為報酬，所以即使在他們自己家裡，他們也很少是最能幹的人。1801 年到來的益花臣就十分典型：他因為惹了事而被派到此處，整日吹噓自己的懶惰，鄙視貿易，卻忌妒自己在軍隊的兄長。似乎也是在這個時候，他開始染上了煙癮，英國人正在私下運來鴉片這種時髦且昂貴的新式毒品。[32] 其他的年輕人則沉溺於飲酒和賭博，一有時間就進行體育運動。當他們覺得自己的榮譽受辱時，他們便進行決鬥：英國人賭上自己的性命朝彼此開槍射擊，以展現自己的勇氣，對於這番離譜的行徑，潘有度甚至還寫了一首小詩。[33]

只有在自己的房間裡，小斯當東才能擺脫他們。他有三間房，其中一間是給僕人的，但是他喜歡獨處，只要給他送完三餐，他實在想不出要如何安排兩位僕人。他不會自己理髮，但阿輝也不擅長。他本來想讓阿輝做他的主僕，這是貿易中的一個正式職位，卻被告知因為阿輝不認識中國字，所以只能充當私人僕人。而吳亞成從英國返回後已在公司裡得到一份工作，便擔任起了小斯當東的主僕。[34] 小斯當東開始結識一些在商館中工作的其他中國青年，他們許多也都住在館中。經霍爾推薦幫助他整理譯文的那位聰明的買辦可能是李耀，此人愛顯耀、野心勃勃、十分坦率，比小斯當東小幾歲，我們知道兩人初識大抵是這個時間。[35]可能還有一位朋友叫何志，這位聰明、能幹、喜歡逢迎的年輕人來自一個相對富裕的家庭，受雇於一位欠了英國人許多錢的小行商。[36]作為小斯當東的朋友，這些中國年輕人並不同於布羅迪家的本傑明和彼得，但是至少他們並不討厭他在這裡，或是鄙視他對學習漢語的興趣。吳亞成和阿輝了解他的家庭，而且不同於其他英國年輕人，他們全都多少能理解生活於兩種文化之間究竟意味著什麼。

那年夏天，貿易季節結束後，英國人退居澳門，小斯當東便努力學習以提升漢語水準。他仍然需要在晚間與同事一起用餐，但是他可以清晨去騎馬或者在海中游泳，在漫長、炎熱的日間學習。他也安排了課程。在廣州，英國人聘請任何人都需要牌照和保商，語言問題則是通事的責任，他們事務繁忙，自己本身也有大量的機會賺錢。[37]不過在澳門時馬爾克尼樂於提供幫助，小斯當東請了一位天主教教師，他曾謙恭地提到此人可能算不上是漢語方面的學者，但是「完全能夠提供我所需要的所有指導」。[38]他們在法國傳教士的住所見面，每天花兩個小時交談和閱讀漢語。他們最常讀的是《京報》，這是位於京師的朝廷處理的最為重要的報告和通信的定期彙編。通過這種方式，小斯當東持續得知了白蓮教起事、和珅倒台以及嘉慶皇帝新政的消息，同時也一直與李自標通信。此外，他還尋找可能對於東印度公司有特定用處的文本，就此翻譯了一本農業手冊中關於種植棉花的章節以及針對輸入鴉片的禁令。[39]

小斯當東逐漸發展出了一種翻譯風格，致力於消減分歧並讓文本能夠為讀者所接受。回到廣州後，由於要為征討白蓮教叛亂而募資，官員迫於壓力便對潘有度的親戚潘長耀處以巨額罰款，理由是他所擔保的一艘船的英國船員被抓到走私羊毛織布。潘長耀便向一位有英國人支持的美國商人討債，遭到拒絕。在隨後的爭執中，小斯當東為官方報告和商業通信提供翻譯，採用的是當時標準的商業英語。他也在劉德章和其他行商的指導下將給官府的信件翻譯成漢語。英國人認為劉德章是潘長耀罰款的幕後主使，因為他試圖從潘有度手中取得對貿易的控制，所以他們向其施壓，要求他找到一個解決辦法。此事的關鍵，有部分在於要確保在小斯當東的筆下，公司支持潘長耀的信件要以清朝官府能夠接受的方式寫就。[40]於是，小斯當東學著用他學習口譯的方式來完成書面翻譯，目標在於將意思有效傳達，而非尋求逐字逐句地轉換為另外一種語言。

恰在此時傳來老斯當東去世的消息，小斯當東要返回英國一段時間以處理後事。他將阿輝留下（阿輝原本就不願返回英國），同時答應帶兩名那不勒斯書院的學生，以便他能夠在船上繼續鍛鍊語言。[41]寓居廣州的兩年加以大量的刻苦努力，已經極大地提升了他的漢語水準。這些也讓他明白，他喜歡筆譯甚於口譯。他現在知道他父親想像的那個天真的兒童譯員實則是海市蜃樓。在貿易以及在外交中擔任口譯人員，本質上是一種談判的事務，而與人打交道是一件並不符合小斯當東天性的事情。

第十三章

喬治・斯當東爵士，翻譯官與銀行家

二十歲時，小斯當東已經成為喬治・斯當東從男爵。接下來的五年是他作為筆譯者和口譯者的職業生涯的高峰，同樣也是他獲取財富的時期。後世回望這一時期，視之為廣州貿易的黃金時代，位居這一利潤極其豐厚的全球茶葉貿易中心的中國和西方的商人互相造訪對方的府邸，一起宴飲，還在彼此的國家進行投資。小斯當東恰好在核心的位置，而他的翻譯也助長了這一時代的形成。

然而，父親去世之後，小斯當東所需要做的第一件事情卻是去營救他的母親。一直對妻子一家心懷憎恨的老斯當東只給她留下了勉強度日的財產，並且要求家裡的房子必須出售。[1]小斯當東變更了遺囑，接下來的兩年間一直同母親居住在馬里波恩區（Marylebone）。當他重返中國時，他授權她動用自己倫敦的銀行戶頭。[2]他與她的外甥本傑明・布羅迪之間的友情也加深了。本傑明正在接受醫師訓練，所以和小斯當東有許多共同的科學愛好，兩人都不擅長結交朋友。本傑明和兄長彼得一起住在林肯律師學院（Lincoln's Inn），彼得在那裡跟隨老斯當東的一位朋友、著名的天主教律師查理斯·巴特勒（Charles Butler）學習法律。小斯當東進入了這個圈子，因此他對中國法律的興趣很快便同對最新的英國法學理論的興趣結合起來。[3]為了接管父親的財產，他去了戈爾韋。作為一個單身的年輕人和東印度公司的潛在主顧，他所得到的款待是「為數眾多親戚——哪怕在血緣和姻親方面都快搭不上邊——」所舉辦的宴會和豪華的舞會，所有這些都令他十分享受，尤其是跳舞。[4]

1804年，他乘船返回中國，與他同船的有一位東印度公司新任命的醫生亞歷山大·皮爾遜（Alexander Pearson），後者為愛德華·詹納（Edward Jenner）近來發現的天花疫苗所鼓舞，希望能夠將其引進到中國。中國人長期以來的接種方式是將天花結痂研成粉末並吹入幼童的鼻孔，以此誘發一場輕微的感染，進而產生免疫。這種做法風險較大，因為天花仍然是一種危險的疾病。詹納的新免疫方式採用的是從較為安全的牛痘中提取的物質，但能夠提供同樣的免疫。所以皮爾遜和小斯當東一起寫了一個中文小冊子《暎咭唎國新出種痘奇書》。在東印度公司的紀錄裡，此書由皮爾遜撰寫，又由小斯當東在一位中國醫生和一位中國商人鄭崇謙的協助下翻譯出來，但是其內容顯示是眾人合寫。此書開篇講的是詹納發現疫苗的故事及其傳播過程，但是免疫的程序顯然是在熟知傳統中醫接種方法的情況下寫成的，全書結尾處建議接種後宜食米粥。[5]

這本冊子在數年間很快就為其他完全由中國醫師寫就的文本所取代，但是它在引入疫苗免疫方面還是收到了奇效。切開皮膚種入疫苗，對於傳統中醫來說可謂聞所未聞，但是中國鉅賈的介入讓民眾感到心安：闡釋此項新技法的冊子在鄭崇謙的名下付梓，最先接種的幼童中有劉德章的侄子，潘有度聯合他人在商會會館裡出資修建了一個接種的診所。皮爾遜和鄭崇謙一道培訓中國醫師如何使用新技法。其結果是疫苗被吸納進入當地的醫藥文化（接種的切口很快就選擇在穴位處）且在廣東散播開來，幾乎與其在英國傳播的時間保持同步。[6]

同時，在英國和中國的新一輪外交通信中，小斯當東繼續採用一種十分調和的文風來進行翻譯。隨著拿破崙戰爭改變了印度境內的勢力平衡，蒂普蘇丹雖然曾在馬戛爾尼在馬德拉斯的期間成功對抗了英國人，但最終於1799年被擊敗。英國人隨即發現法國人曾經策劃強占果阿，遂決定搶先占領澳門和其他葡萄牙殖民地。1802年，孟加拉總督派遣三艘戰艦和五百士兵前去攻占澳門。葡萄牙人於是向廣州的總督吉慶求助，吉慶便命令潘有度向東印度公司的商人申明，決不允許英國人占領澳門。英國戰艦沿海岸停泊，但是沒有兵士登岸，在這樣的情況下，令人神經緊繃的兩週過後，傳來了英法兩國媾和的消息。英船離去，吉慶決定將此事件按下不報。[7]與此同時，英國同南亞次大陸僅存的一個軍事強權馬拉塔帝國（Maratha Empire）開戰。

澳門遇險的消息最終傳到了嘉慶皇帝的耳朵裡，原因是在澳門的葡萄牙人通過傳教士索德超向朝廷致信，警告英國人不斷占領印度所帶來的威脅。嘉慶此前並未獲知此事，因此頗為光火，但僅僅讓新的總督查明當前的情況。[8]吉慶的慘死仍然縈繞在每個人的心頭。他此前因別的事情遭廣東巡撫彈劾，皇帝下令調查。當吉慶被帶到巡撫衙門，聽他此前的下屬宣讀上諭，遭到訓斥，任由差役們換上囚服，僕人們也被趕走，吉慶遭此番羞辱，一時間怒不可遏，便拔出佩刀想要自盡。當胳膊被扯住後，他又抓起一個鼻煙壺吞了下去，很快氣絕身亡。[9]吉慶向來為官正直，又屬愛新覺羅氏，顯然無法再繼續對他深究下去了。

遠在倫敦的東印度公司監督委員會決定應當由英王致信中國皇帝並贈送禮物，或許能改善兩國關係。小斯當東在1804年返回中國時將此信帶到了廣州。官員要求要有一份漢語譯本。小斯當東並不想承擔此項任務，便告訴他的同事他的漢語無法達到宮廷傳教士的水準。在上級的施壓之下，他交出了一份譯本，他們向倫敦解釋說這份翻譯更忠於「原文的意思而非字面直譯」，新的兩廣總督倭什布看過之後也接受了。[10]

小斯當東翻譯這封信的文字已經散佚，但是從他對倭什布向朝廷的奏報所作的英譯稿中，不難看出他翻譯時的文風和他願意採用的調整方式。倭什布稱葡萄牙人畏懼英國人，因為他們尤為凶悍，且英法戰爭有可能會衝擊貿易帶來的收入。小斯當東將這封有可能是從《京報》中摘錄的信件譯成了英文。在他的譯文裡，倭什布口中的「夷目」多林文（James Drummond）成了「英國國家的首領」，而澳門民眾懼怕英人「恃強」則被轉述為「該國……因為其力量和勢力而著稱於世」。[11]毫不意外，英國人認為這封信「對於英國的特性表現出尊重和恭維」。[12]

此時，資深的英國商人都對小斯當東的語言能力表示滿意。據他們報告，大家都信賴「他對漢字通澈的了解以及完美的翻譯能力，在翻譯為漢語時或許有些許遲緩，因為他們的格式和習慣需要多加注意，但是在翻譯為歐洲語言時總能表現得極為敏捷和準確。」[13]他們頻繁告知倫敦，任命小斯當東做翻譯的好處是，不同於中國商人，他頗為敢言，也不會使用「一味恭順、有失體面的講法」。[14]

然而在實際練習中，教導小斯當東的正是這些商人，而他的寫作也致力於採用能夠為清朝官員所接受的格式。1805年，他曾代表一位英國海軍艦長撰文，此人曾捕獲一船價值不菲的燕窩，卻又在船難中丟失了。在信中，小斯當東讓船長自稱「遠官」，意在使用儒家的術語來引起皇朝對於遠人的懷柔之心。英國船長被寫成說自己不禁戰慄，之所以斗膽接觸總督大人，乃是有極為不義之事發生。一如小斯當東剛到廣州就學會的那樣，在信中給了清朝極大的尊榮，並且稱喬治三世為「我國王」，位置低了一級。[15]

同時，小斯當東也開始賺錢。東印度公司報酬頗豐，但是真正的財富來自於這一職位所提供的機遇。在廣州待上幾年後，這些年輕人往往會被邀請加入某家同印度做貿易的代理商行，但是這在小斯當東身上卻沒有發生，因為他仍遭眾人憎恨。然而，他的倫敦銀行帳戶上過手的金額（圖13.1）卻顯示他同樣也發了一筆大財，這些年裡他有了大的突破：他似乎在1809年首次帶回了大筆資金用於投資。[16]

到此時，我們不得不借助於一些猜測，但是小斯當東賺錢的方式似乎最有可能是利用中國和英國之間的息差，通過金融交易來積累財富，而他主要的保商就是潘有度。潘有度的父親早期在使用英國匯款方面頗有創新精神，而在拿破崙戰爭期間很容易通過金融交易賺錢，因為戰爭導致貨幣和國債的價值反覆大起大落。與此同時，擔任小斯當東的保商使得潘有度能夠避免讓東印度公司或者競爭對手劉德章利用小斯當東作為筆譯和口譯的潛在權勢對自己不利。[17]

小斯當東抵達中國時，亨利・百靈曾建議他將收到的薪水和佣金出借給潘長耀。起初小斯當東還擔心以15%至18%的利息放貸是否合乎道德，但後來也禁不住此等誘惑。他建議父親在倫敦借入低息的錢款並匯給他用於投資。他解釋說這類貸款很安

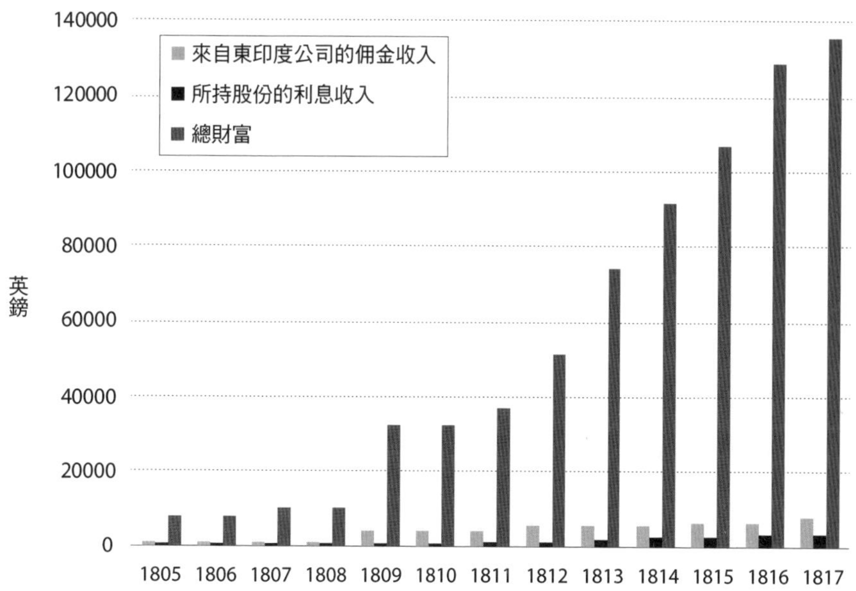

圖13.1 小斯當東在倫敦的銀行帳戶中所記錄的他在英國股票和債券上日益增長的財富，與之對比的是來自於東印度公司的收入和這些投資所帶來的利息。

全，因為如果有借款的行商無法償還，貸款會由清朝官府代償。實際上，行商向外國人借入大筆金額屬於非法，但是這很容易能夠隱藏於從事貿易所需的大筆轉帳之中，而清政府為了保障貿易的安全，決定強制償還欠外國人的債務，這為貸款形成了一種擔保。[18]小斯當東還請求父親寄來兩本商業會計的教科書，藉此學習如何計算匯率、年金、利息等。[19]他也一直鍾愛數學。若在廣州將這些技能用於交易之中，的確會讓他變富，但他需要投資的資金。

很明顯老斯當東認為風險過高，但是他去世之後，作為銀行家之女的簡和小斯當東一起合夥做起了銀行業務。他授權母親管理他在庫茨（Coutts）銀行的帳戶，而她在倫敦買了價值三千英鎊的白銀（聽取了巴羅和作為銀行家的自家兄弟的建議），在為旅途投保之後，將這些白銀送至中國。一位資深英國商人退休後，小斯當東首次來華時所乘船隻的船長喬治・米勒（George Millet）決定通過他來投資。東印度公司的船長職位往往是買來的，他們也會組團聯合投資，所以這是一個重大突破。小斯當東保證為一千兩百英鎊支付10%的利息；而他賺取的任何額外數目都歸他自己。通過此種手法，他開始充當掮客，替那些想從廣州的高利息中獲利的英國投資者尋找借錢的中國商人。再到後來，當他回到倫敦時，他開始買賣英國政府的短期債券，有各種折現率和到期日，每筆交易都要占用他的大筆資本卻只能獲得相對較小的收益。這些年間，廣州的私人貿易中所需的資金開始從國與國之間運送的白銀轉為在紙質信用工具的基礎上運轉。小斯當東在倫敦的活動顯示他在廣州時可能已經以信用做交易。英格蘭銀行的紀錄則稱他為銀行家喬治・湯瑪斯・斯當東爵士。[20]

小斯當東日漸增長的財富使他更為容易融入在廣州的英國人圈子，有一年夏天他甚至參加了同事們的賭局。[21] 儘管他始終沒成為局內人，但他開始結交朋友。除了皮爾森之外還有薩繆爾・鮑爾（Samuel Ball），他是一位年輕、開朗的茶葉檢查員。鮑爾和馬吝（Thomas Manning）一起上學，馬吝滿腦子都是要學習漢語，並且想要作為一名天文學家在中國皇帝御前供職。小斯當東為馬吝覓得一位教師，但是馬吝卻所獲不多，因為他已經三十好幾，此前在法國一直師從一些僅有關於漢語的理論卻無實際知識的學者。朝廷拒絕了他的申請，他從此消失，試圖取道西藏進入內地。[22]

1807年，馬禮遜（Robert Morrison）來到廣州，「居於此地的英國人有著王公般的排場」，而喬治・斯當東爵士正是其中一員。[23]馬禮遜在紐卡斯爾（Newcastle）長大，從小就是童工，受新近的新教傳教運動的激勵而來到中國。他曾在倫敦學習漢語，同屋的有一位廣東人榮三德，此人來英國學習英語，住在克拉彭區（Clapham）的一個寄宿學校裡。榮三德後來回到廣州，在商行裡找到一個職位，因此能做馬禮遜的保商，但是馬禮遜到廣州時身無長物，手裡只有一封寫給小斯當東的引薦信。小斯當東幫他找到一位天主教老師，儘管馬禮遜感覺受教於「一位來自於羅馬教會內部的本地人」頗為怪異。[24]兩位年輕人年紀相仿，有許多共同的興趣，但是小斯當東爵士是一位富有的從男爵，而馬禮遜則始終清楚意識到自己原本的出身是每天要在父親的作坊裡工作十四小時。

這些年間，小斯當東對於外交、貿易和翻譯的興趣交織起來，使他愈發痴迷於中國法律。他早期參與不幸的中國船夫一案激發了這一興趣，而他同彼得・布羅迪的友誼也有助於此。現在又來了一樁要案，而這些興趣使得他在談判中明顯表現得遊刃有餘。嗣後，倫敦的東印度公司董事們最終認可了他掌握的漢語能力的價值，正式任命他為漢語翻譯，也加了一大筆額外的薪水。[25]其結果是他啟動將清朝法典翻譯為英語的浩大工程，至今他仍因此為人所知。

這起新案件的起因在於每年的貿易季節高峰時期，有數以千計的英國船員住在離岸邊不遠的船上。在海上連著過了幾個月後，喧鬧的聚會便在城郊發生，他們剛剛收到工資，手中有了銀兩，便要找尋酒精和女人。一如在其他港口，他們經常被騙或是被搶，很容易就和當地的小販起爭執。1807年，這樣的爭執演變成了一場較大的騷亂，五十到六十名醉酒的水手來自一艘叫海王星號（*Neptune*）的商船，在岸邊同人數更龐大的當地華人鬥毆。英國商人從他們的陽台上望過去，感覺很是好笑。然而，不久有一位華人死去。清朝官府要求英國人交出凶手，並囚禁了一位資深的行商，因為他未能讓英國人就範，之後暫停了所有的貿易。

這是一個棘手的案件，對於所有牽涉其中的人都意味著嚴重的風險。在這樣一場混鬥中確切是誰打出哪一拳，不太可能有人清楚知道。官員並不想向京城報告發生了一場騷亂，所以他們需要將案件作為謀殺案來處理。資深的英國商人和海軍軍官並不想把一名英國人交給中國的法庭審訊。商船已經到了要離開的時間，所以貿易每暫停一天，航行的風險和金錢的損失便增加一份。除此之外，近海還有幾千名英國船員，如果他們當中有人因為一樁並非自己所犯的命案而被移交出去的話，必然會激起眾人的憤怒，所以暴力加劇和出現更大問題的可能性一直是隱憂。[26]

在後續漫長的交涉中，小斯當東一直充當翻譯。兩方都頗為緊張，小斯當東並沒有僅僅做一個天真的言詞翻譯者，而是利用他日漸增長的中國法律知識成為介入這一事件的重要人員。有一次，他正在替清朝官員翻譯，而此人卻威脅他，如果談判失敗，將拿他是問。小斯當東大怒：他將此人的言語翻譯成英語，然後用漢語宣布「將雙方各自的態度向對方予以忠實且明確的翻譯」乃是雙方都想要的，如果他們想要他繼續翻譯，他們最好停止對他個人施加威脅。[27]

經過艱難的交涉，雙方決定對英國船員進行一場共同舉行的審理，這也成為小斯當東一生中最為自豪的成就之一。後來掛在他家裡的一幅描繪此場景的中國油畫體現了他所設想的貿易以及他在其中的角色。[28]英國商人坐在他們中國同行的對面，身分對等，能夠在中國判官面前為那些雖已悔罪但並未下跪的英國船員謀得一個妥善的處理。小斯當東自己則坐在領頭的商人之下，他獨一無二的語言和文化技能使他頗為重要，因此居於前列。事實上，這次聯合審案更多是象徵性的。最終編造出一則故事來結案，稱一位英國船員失手從窗戶上掉落物品，不幸砸中受害者致死。被認為責任最大的人交由英方看管，直至遣回英國。小斯當東認為所有的船員都應該接受懲罰，理由是鬥毆而非謀殺，但最後的結果卻代表了「實質正義」。[29]

是年夏天，小斯當東開始潛心翻譯清朝的法典。他將此事描繪為閒暇時光的「愉快消遣」，但實際上卻是一項嚴肅的事業，尤其是在首部漢英字典問世之前。[30]他所處理的文本是近三千頁長的《大清律例》，不過他從很早的階段就決定略去大部分的「例」。[31]整部法典的構成對應了朝廷各部，所以小斯當東並不僅僅將此書當作一本法律指南，而更多是將它視為對清朝政府運作機制的描述：在書名頁上，他引用了西塞羅：「國家的思想、精神、戰略以及思維方式全都蘊含於法律之中。」[32]

他喜歡獨自一人在他的藏書室裡處理漢語文本，也積攢了數量可觀的漢語參考書：超過四百卷的詞典，以及來自清朝及之前朝代的數百卷法典、法律手冊和案例彙編。[33]然而，他的這一工程絕非獨自所能完成：只有同相關知識豐富的人士長期交流，才有可能理解類似鹽業專營的具體機制或是稅務體系如何處理歲入盈餘的主題。此類交流在他的文本中僅略有提及，例如他關於鹽稅的注釋提到了當下主要的鹽商被認為是廣東省最富有的人。另外一處注腳則引自李自標從山西寄來的一封信，講那裡的食物短缺。[34]小斯當東在前言中表示歉意，稱有時「即使加以十分關注，亦不足以完全將每個詞在單獨考慮時的字面意思與它們合起

圖13.2 英國商館內舉行的對海王星號水手的審訊，1807年。房間中為首坐著的是知府，正在一名通事的翻譯下對一名英國水手進行訊問。英國海軍的高級軍官坐在一側，旁邊是因終日飽食而大腹便便的東印度公司資深商人，小斯當東穿著顯眼的藍色褲子。對面坐著身著官袍的潘有度和其他資深中國商人。

來的意思相調和，亦即譯者有幸諮詢的最為聰慧的母語者所一致表示的意思。」[35]

這並不是一件由助手輔助完成的翻譯工作，而是從一整個社交世界中生發出來的。同其他行商一樣，潘有度會邀請英國商人和有名望的中國士人到他在廣州城外建造的富麗堂皇的宅邸中聚會。其他英國和美國的商人通常僅受邀參加有大量宴飲的招待活動，在那裡他們彼此之間以及同主人講的是英語，但是小斯當東能講漢語，也會參加截然不同的社交場合，有機會見到上層的華人賓客。事實上，就在小斯當東受一位行商之邀參加的首場宴席上，地位頗高的一位官員稱他記得英國使團在京城時自己曾見過小斯當東，並詢問小斯當東是否記得他，而小斯當東當時頗為尷尬，因為自己對此人全無印象。[36]數年之後，為了自己的翻譯，小斯當東問了一些關於清政府的構成和細節的問題，在這些場合中也能夠形成頗為得體的談話。

同樣也有一些不那麼正式的場合。數年後，小斯當東在英國發表了一篇關於中國飲酒遊戲的短文，文中講述一位有經驗的華人如何在遊戲中總是能夠贏過英國人。潘有度有時會加入英國人的晚間賭局，古怪的馬吝在阿美士德（William Pitt Amherst）勛爵到來時在眾人的勸說下才沒有穿中式服裝。臨終時，小斯當東向英國皇家亞洲學會（Royal Asiatic Society）捐贈的不僅有書籍，還有他的中國服飾收藏和一套外國人經常獲取的官袍，不過也有上層人士平時穿著的常服。[37]很難不去想像廣州時期的小斯當東在他商館內的房間裡，同華人同事一起聊天，並品嘗他每年從英國運來的美酒，在炎熱的夏日夜間甚至有可能身著中式服裝。

小斯當東因為他在海王星號案件中的突出貢獻而被獎勵回英國一次。他把新的翻譯職位留給了馬禮遜，並在回國的航行中完成了翻譯大業。他將此書命名為《大清律例；中國刑法典的基本法及補充條例選》（*Ta Tsing Leu Lee; Being the Fundamental Laws, and a Selection from the Supplementary Statutes, of the Penal Code of China*）。這是首部直接從漢語翻譯為英語的書籍，令小斯當東聲名鵲起。主要的雜誌都曾對此書作出評論，它也很快被轉譯為法語和義大利語，直到二十世紀晚期新的譯本出現之前一直為世人所用。[38]

圖13.3 這幅雕版是湯瑪斯·阿勒姆（Thomas Allom）依小斯當東所藏的一系列描繪廣州行商奢華花園的畫作所製。即使在離開中國多年以後，小斯當東依然能夠憑藉畫面前方正在餵鴨子的女眷和在上方遊廊中聊天的男子認出畫中是潘長耀的花園。

小斯當東的譯著對於後世對中國法律的看法產生了巨大的影響，也獲得了廣泛的研究。學者注意到了他自身作為東印度公司駐廣州機構的職員所帶來的複雜性，以及他致力於使文本具有可讀性且使得中國觀念更容易為英國讀者所接受。[39]納妾以及蓄奴等可能招致英國讀者反感的習俗在仔細挑選的措辭中消失，或者轉到注腳中加以解釋。[40]他的翻譯所呈現的是中國人擁有一部法典，這正是當時英國的進步主義法律學者所主張要用以取代英國普通法的東西，由於小斯當東同彼得·布羅迪以及倫敦的法律界人士交好，此類論述對他來說並不陌生。[41]

不過，小斯當東翻譯《大清律例》同樣也表現了他作為翻譯的個人歷史。他不僅通過和他年紀相仿的中國人學習漢語，而且同所有的翻譯一樣，為了用對方的語言發聲，他也被迫要嚴肅對待另一方的視角。他這一角色的核心在於調和與解釋。正如他在該書前言中所述，這些經歷讓他逐漸相信，「中歐人民對於彼此所持有的最廣泛的看法中相當一部分」來自於偏見或者錯誤資訊，雙方都沒有「在道德和身體上遠遠超越對方」。[42]中國人缺乏科學和基督教，但是他們同樣是文明開化的，相較於英國擁有「一些非常明顯和積極的道德和政治優勢」，為此他一開始列舉了中國人對於宗族關係的莊嚴敬畏，最後則是點出避免對外征伐和擁有全面且統一的法律。[43]回到英國後，他開始對自己的祖先產生興趣，到諾丁漢郡去看是否能夠收購一份斯當東家族的祖產。[44]這一時期的許多英國士紳都熱衷於他們的中古家世，但是對於小斯當東而言，對於家世和宗族的重視則是他在中國也看到的備受推崇的價值。

第十四章

英國占領澳門及其後果

1808年，當小斯當東還在英國的時候，英軍曾威脅要奪取澳門，此時嘉慶皇帝也逐漸了解了局勢。嘉慶是中國的決策中心，但是這恰恰意味著他所獲得的知識是有限的，因為他的大臣們都在他周圍上下其手。做出關鍵決策時的論辯採用的仍是中國漫長歷史中所形成的術語，這使得來自英國的威脅顯得不是那麼新鮮。官員在選擇告訴他何種資訊時如履薄冰，哪怕是位極人臣，也有可能因為觸怒皇帝而遭到流放。然而，在英國占領澳門之後，嘉慶儘管所知有限，此時也足夠清楚此間的利害，遂派遣松筠去檢查廣州的防禦，松筠自馬戛爾尼使華後便了解英人，此時也利用同小斯當東的關係來獲取更多資訊。然而，過往數年間的脆弱平衡已然打破。正如益花臣私下告訴其父，「當潘啟官〔潘有度〕打理涉外事務時，我們所秉持的與兩國都有所關聯的消極性格，此時再也行不通了。」[1] 小斯當東和他的中國朋友夾在兩方之間，逐漸開始感受到沉重的壓力。

1808年九月，海軍少將度路利（William Drury）率領三百士兵從馬德拉斯出發，抵達中國海岸並占領了澳門。英國長期以來一直想要在中國海岸尋找一處基地，但是和1802年一樣，此次占領的直接肇因仍是英法之間持續的戰爭。法國人剛剛入侵了葡萄牙，使得葡萄牙用於貿易的亞洲殖民地面臨英國的攻擊，而孟加拉的英國當局再次決定占領果阿和澳門。[2]

英國人以為中國人會接受他們強占澳門，因為這是葡萄牙的領地。然而，這並不是清廷眼中的澳門，這一事件也為兩廣總督吳熊光帶來一場不小的危機。澳門所據之地是一處狹窄且設防的海岬，很難從陸上攻取，吳熊光也知道中國的平底帆船面對火力強勁的英國戰艦時不堪一擊。當度路利派遣三艘船到廣州城外並威脅要炮轟廣州時，局勢變得愈發嚴峻了。

吳熊光知道自己面對英國人時唯一能打的牌就是他能控制對英貿易。他命令資深的英國商人勸說度路利離開。此舉並未奏效，他便停掉了貿易，但向英國人保證只要他們的軍隊離開澳門即可恢復貿易。度路利仍然拒絕撤離，吳熊光禁掉了向英國戰艦的軍需供應，後來停掉了給英國商館的供應。最終，他威脅要將東印度公司已經停靠在廣州附近的商船貨物付諸一炬，而這些貨物價值連城。[3]這無疑會給他的關稅收入帶來滅頂之災，但是英國人也很清楚「船隊很難抵抗這種性質的攻擊」。[4]

嘉慶皇帝痛斥吳熊光並令其將英國人逐出澳門，面對這一並不現實的命令，吳熊光堅持自己的策略。嘉慶皇帝仔細閱讀了吳熊光的奏摺，同時也看了粵海關監督的奏報以及一封來自度路利本人的信件，所以他清楚英國人此舉背後的攻伐與合縱。他還了解到英國人帶來了瘦削、衣衫襤褸且皮膚黝黑的孟加拉士兵，這些人被他們強徵入伍，為此他痛批「詭詐可恨已極」！[5]有件事情吳熊光有所提及卻不敢詳述，那便是清朝的水師根本無法抵擋英國的戰艦。[6]

嘉慶在闡述自己的政策時依循常例，採用了典型的術語：「此語似實，然總與天朝無涉。」[7]然而對他來說，真正的問題是保持帝國的領土完整。東印度公司的一位資深商人解釋說英國人意在保護葡萄牙，吳熊光的繼任者稱自己駁斥了他並告訴他「澳門地方究屬天朝地界」，嘉慶為此批注，「所言甚是」。[8]

兩個月後，吳熊光的政策奏效，但是他也斷送了自己的前途。度路利少將開始撤出部隊的當天，嘉慶失去了耐心，將吳熊光交付刑部議處。在廣州時，吳熊光作為少見的漢人高官之一，據稱曾告訴自己的幕僚他毫無悔恨，因為任何其他政策都會為國家招致禍害。當他回到京師後，負責審訊他的官員奏報稱他只會匍匐於地，以手捶頭，稱自己處置此事極為不力，應當重罰。後來他被遣戍新疆。[9]

倫敦的公司董事對此結果也不甚滿意，益花臣將問題部分歸咎於拙劣的翻譯。因為小斯當東不在，這項任務落到了澳門的通譯處（Macao's Translation Office）負責人劉思永（Rodrigo da Madre de Dios）頭上。他也替英國人做事並收取大筆的報酬，負責傳遞資訊和翻譯中國官府文書。度路利走後，他被中國人抓捕。英國人和葡萄牙人合力將他救出，但前提是他必須離境。[10]

馬禮遜接任翻譯一職，但是他到廣州只有兩年時間，在理解漢語時仍有障礙。他更喜歡讓人將事情寫下來，即便如此他也無法隨讀隨譯。[11]

在對待翻譯的態度方面，馬禮遜與小斯當東頗為不同。小斯當東能講數門歐洲語言，在孩童時曾通過對話來學習拉丁語。他很少將某個漢語詞語視為等同於某個英語單詞，認為即便在歐洲語言之間，精準吻合的同義詞也是罕見的，「兩個國家距彼此越遠，兩國的習俗和品性則應當越加不同，當然在兩國各自的語言中也只有更小比例的詞語是嚴格同義的。」[12]他通常的做法是先掌握整體的意思，然後將其以一種能夠為聽眾所接受的方式傳遞出去。對比之下，馬禮遜則是從語法書裡學習拉丁語，為了翻譯《聖經》而學習漢語。他堅信，對於這一神聖的文本，「釋義是不能接受的。」[13]在接手這一任務的初始階段，他已開始編寫一本漢英詞典，所以他始終是在兩種語言中搜尋同義詞。

1810年又發生了一起英國水手和本地人鬥毆導致一名華人遇害的事件，他在替弗朗西斯．奧斯丁（Francis Austen）船長翻譯時顯得更加嫻熟，即便如此，交涉的結果令所有人感到沮喪。不同於只講官話的小斯當東，馬禮遜還從他的僕人那裡學習廣東話。他在理解官員所講的正式官話時碰到一些困難，並抱怨他們「極度傲慢、蠻橫和喧囂」，有時爭相衝著他叫嚷。[14]對他而言，同證人溝通則更為輕鬆：當地的店主和商販講的是簡單的廣東話，這讓他感覺是一項不小的成就。一些年輕的英國職員開始跟他學習漢語。[15]他們可以想像達到馬禮遜的水準，而小斯當東從小就具備的流利程度則是他們難以企及的。馬禮遜有更多的意願去教授，所以正是他而非小斯當東訓練了下一代的英國譯員和外交人員，也塑造了他們的翻譯實踐。

馬禮遜的語言能力有限，而且決心將每個詞單獨譯出，結果他早期的譯文聽在清朝官員耳裡都顯得十分古怪。這裡有一段他所翻譯的兩廣總督的覆函，恰好是抱怨馬禮遜的漢語行文：「關於所陳之請：行文風格晦澀難懂，其間主體和分段也不完全妥當。秉持同情之心，我認為外國人並不理解中庸之國作文的風格；因此，我並未對於此次請願進行深入調查（而要求）（1）三次伏地，但要就此退還。」（Respecting the address that was presented; the manner of the composition was not perspicacious, the body and cut of it also was not perfectly suitable. I compassionately consider that the foreigners do not understand the middle charming empire's manner of composing; I therefore do not make a deep enquiry into the address (by demanding) (1) three prostrations but return it.）[16] 總督的信裡僅用了尤為簡單的詞彙，但即使如此，馬禮遜找尋同義詞的做法也帶來了問題：「中庸之國」實際上是「中華」的譯文，而這本是稱呼中國的標準術語。此外，馬禮遜還加上了他關於中國的先入之見：「叩」本意為「敲擊」，也引申為「詢問」，他遇到此字時，先是以括號添上了「要求」，隨後在注腳中解釋了對官員伏地行禮。結果是，總督本來僅是說他不打算對馬禮遜糟糕的漢語提出任何抗議，卻被錯誤地表現為認為英國人應該向他叩頭。

小斯當東回到中國後，他翻譯了這樁案件中最後一批文件中的一篇，反差很明顯。馬禮遜在職時，小斯當東的翻譯比往常顯得更加偏向字面直譯：他筆下會出現「彼國國王」而非「喬治三世」。然而，他依舊會使用傳統的英文表達中國官員的意思，所以他們講的話聽起來更加合理。他的譯文結尾處寫到，「與此同時，需為此負責的商人之姓名應照章供述予我方，我方其餘指令亦應得到遵行，不得有些許遲誤。」（In the meantime the name of the responsible merchant must be duly stated to us and the rest of our orders obeyed with the greatest promptitude.）[17]

小斯當東譯文所具有的調和效果只是自身世界的一部分，而這一世界正遭受威脅。他回到廣州，公司董事之子、其他英國年輕人的頭領益花臣已經被擢升為特別委員會（Select Committee）主席，負責公司在廣州的運作，而他的朋友吳亞成則身陷囹圄。

行商鄭崇謙無力償債時，吳亞成的雇主隨之倒下，吳亞成的問題也隨之而來。東印度公司面對的是一個讓人不快的選擇，要麼接受註冊的行商數量減少，影響公司的壟斷優勢，要麼給破產的行商錢款來交稅，使其能繼續做生意。之前，官員多次利用了這一兩難境地，從貿易中榨取更多的稅收。現在英國人決定對此加以抵制，並任用一位能夠受他們控制的人來管理鄭崇謙的生意，以便償還債務。吳亞成接受了這份工作。[18]

清朝官員了解到所發生的事情，他們迅速行動。英軍占領澳門的事件已經清晰地表明，一旦失去對貿易的掌控，其後果將是災難性的，而且在任何時候，都絕不允許將欠外國人的債務與應納的稅款相提並論。調查的焦點落在吳亞成身上，官員通過反覆審訊和用刑來獲取他與英國人交往的細節。他後來被判處在犯罪現場帶枷示眾三個月，大抵上就是在外國商館附近，之後被發配新疆。[19]

小斯當東看到他的朋友在眾人的圍觀中日復一日地作為罪犯被示眾，厚重的木板枷鎖夾在他的脖子四周，而此時消息傳來，新的兩廣總督剛剛獲得任命。此人正是松筠。皇帝召來松筠和長麟處理英國人新生的事端，而兩人此前都曾參與接待馬戛爾尼使團。此時的長麟雙目已盲，要為新的通商條例建言獻策，而松筠則被派到了廣州。松筠以能夠不顧個人安危犯顏直諫而聞名，這次是他被賦予全部行政權力的短期任職之一，這很明顯是嘉慶查清楚實情的方法。嘉慶命令他巡視海防，特別是通往廣州城的河段。他也要去說服廣州的行商捐出一大筆錢來完成水利工事：嘉慶的另外一個問題就是朝廷總是難以籌集足夠的稅收來進行公共建設。[20]

松筠到達廣州不久就收到了一名破產行商的外國債權人所呈

遞的一封請願書。他詢問了是誰完成的漢譯。令在場的所有人都頗為驚愕的是，他當時便講出他記得這位英國人的父親名叫斯當東。此人為何還未前來致意？英國人剛剛來到澳門消暑，小斯當東便收到了一連串言詞興奮的信件，告訴他必須立刻趕回廣州。益花臣準備了一封祝賀松筠上任的正式函件，並答應讓小斯當東以他認為合適的方式行事，但是很明顯他並不清楚小斯當東所謀何事。[21]

小斯當東同松筠的會面開場是雙方關於使團的客套話：松筠問起了馬戛爾尼的情況，他至今猶能記起這個名字，並向小斯當東講了王文雄殉難的情形。小斯當東也提前準備了回覆，並且能夠說出自己父親的書已使松筠的德行和仁慈在英國廣為人知。他還轉呈了益花臣的信件。松筠流覽之後便遞給了坐在旁邊的粵海關監督。[22]隨後小斯當東遞給他另外一張紙，解釋道這是他打算講的一番話，但是他擔心「茲事體大，自己臨場可能難以說得那麼全面和清楚。」[23]

文稿中是小斯當東的字體，措辭則顯得是東印度公司的正式請求，但顯然是小斯當東在華人同事的幫助下寫成的，他們或許是吳亞成的朋友。其間有三項請求。前兩項是完全符合慣例的：首先，他要求將東印度公司的商人作為出身有政府關係的顯赫家族的人士對待，而非民間商人或者高級船員。其次，他請求降低同英國人打交道的中國行商的稅負，因為目前的情況影響了他們的商業信譽。儘管他並未言明，但其中也有小斯當東的個人利益，因為他一直在買入這些行商的債務（他持有的債權最終帶來兩萬英鎊的收入），這無疑也促使了他寫下這封讓松筠過目的請願書。第三項請求則有所不同：他使用了更為強烈的語言請求松筠重新考慮對吳亞成的刑罰。他向松筠保證此種安排的唯一目的

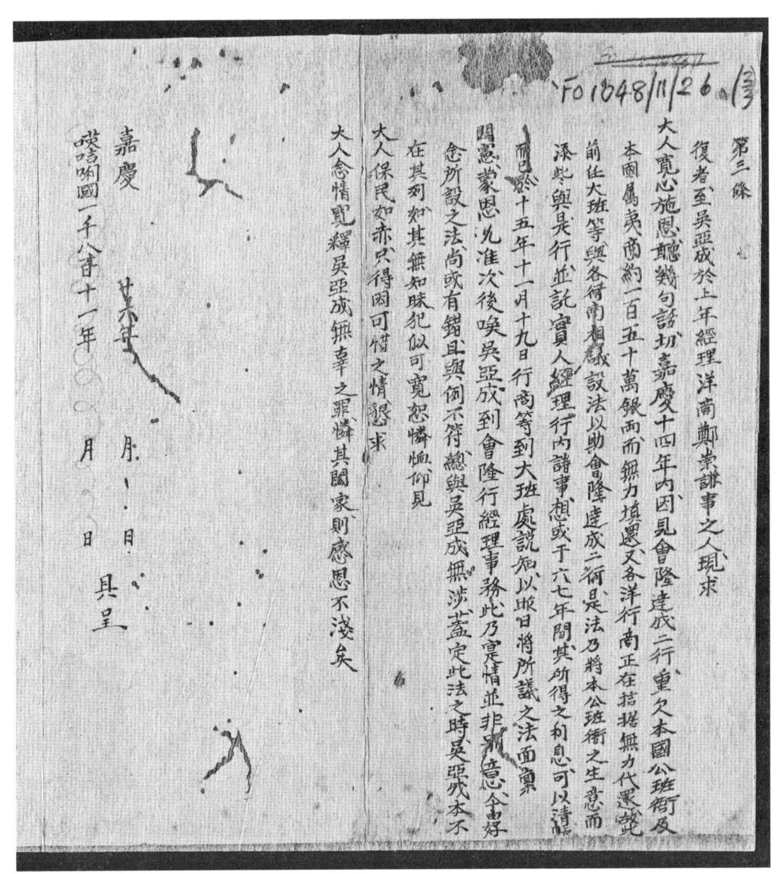

FO1048/11/26 (3/3)

第三條

復者至吳亞成於上年經理洋商鄭崇謙事之人現求

大人寬心施恩聽幾句話切嘉慶十四年內因見會隆達成二行重欠本國公班衙及

本國屬夷商約一百五十萬銀両而無力填還又各洋行商正在拮据無力代還與

前任大班等與各行商相議設法以助會隆達成二行是法乃將本公班衙之生意而

添些與是行並託實人經理行內諸事想或于六七年間其所得之利息可以清賬

而已於十五年十一月十九日行商等到大班處說知以此日將所議之法面稟

関憲蒙恩允准次後喚吳亞成到會隆行經理事務此乃寔情並非别意全由好

念所設之法尚或有錯且與例不符總與吳亞成無涉蓋定此法之時吳亞成本不

在其列如其無知昧犯似可寬恕憐恤仰見

大人保民如赤只得因可惜之情懇求

大人念情寬釋吳亞成無辜之罪憐其闔家則感恩不淺矣

嘉慶　十六年　月　日　具呈

嘆咭唎國一千八百十一年　月　日

圖14.1　小斯當東致松筠便函的末頁。其中展示了小斯當東最好的中文書法。末尾處，他同時使用嘉慶年號和西曆寫下日期。有人拿著鉛筆用中式風格的圓圈劃掉了西曆日期。或許這是松筠對文本形式的更正？

就是清償債務，而吳亞成沒有絲毫犯錯的意圖。在結尾處，他懇求松筠作為愛民如子的官員對吳亞成及其家屬法外施恩。[24]

松筠緩慢地讀完了這三頁紙。然後他又回到前面從頭讀了一遍。過目不忘的能力是一項在清廷政治中獲得高度賞識的技能；

記住一份文件的內容總是比將其保留下來並讓他人看到更為安全。松筠並沒有將這份文件展示給粵海關監督，但把小斯當東叫到身前。他說自己可以答應前兩項請求，但是卻沒辦法重新考慮吳亞成的案子。這一部分必須去除，另外還有一個小點需要更改，他也給斯當東做了標記。隨後他又說道，吳亞成的案件乃是由他的前任裁定並由皇帝批准。此時粵海關監督插話，指出英國人也不會期望推翻他們國王的決定，松筠表示贊同，但也說這是個讓人遺憾的結果。小斯當東受此鼓舞，便開始求情，稱吳亞成先前以為這樣的安排已經獲得官方批准，並詢問松筠是否能獲得某種形式的減刑。松筠謹慎回覆道，這樣的請求將需要由英國公司的頭目提出，並邀請小斯當東過幾日再來用餐。[25]

在宴席上，松筠開始詢問小斯當東為何英國戰艦會來到中國，以及為何它們在1808年出現在澳門，迫使他要努力解釋占領澳門一事。他隨後又讓小斯當東像中國人一樣向他下跪。廣東巡撫、滿族將領、所有的行商、數名通事以及小斯當東的一位初級東印度公司同事全都在場，小斯當東也被嚇了一跳。他聲稱英國習俗禁止下跪，當松筠向他施壓時，他大聲言道即使押上整個貿易，他也不會下跪。面上毫無波瀾的松筠放棄了這一話題，所有人坐下用餐。熱牛奶端了上來，這讓人想起馬戛爾尼使團。宴飲之後，小斯當東試圖呈上他修改過的文件，但松筠並未接收，稱此時只是一個用來社交的場合。但他卻收下了講種痘的小冊子並頗為贊許，而已經破產並下獄的鄭崇謙對此書還有功勞。[26]

此後仍急於取悅松筠的小斯當東向他寫信致歉，解釋說自己沒有下跪只是迫於習俗，絕沒有半點不尊重松筠的意思。松筠對此表示接受，並要求與小斯當東再次見面。小斯當東這次來到時，只有松筠獨自一人。他拉起小斯當東的手，對他說自己並未因此感到絲毫不敬，隨後便提出一連串的建議。當小斯當東提到英國計畫再次使華時，他明確表示：「聖上深知此行路途遙遠，不望爾等再費此周章。此外，氣候也與爾等並不相宜——途中可能會染上疫癘。貴國斷不可再度遣使。我亦不准。」[27]

後來松筠南下澳門拜訪了東印度公司的住處。令所有人吃驚的是，他坐下來同英國人一起飲茶，在小斯當東的翻譯下同每一位英國人交談。松筠關於此事的奏報中絕大部分都是他講的關於鴉片的一番話，這時鴉片逐漸成為朝廷關注的重大問題：

> 爾西洋各國販貨來粵貿易，應照先年，總以有用之物販運，自能獲利，兼可獲福。如鴉片煙一項，究竟何以配造，無人知其詳細。爾等販來粵東，熬以為煙，人吸之精神頓長，無惡不作，甚至吸慣欲戒不能，因而敗家戕生者甚眾。爾試思之，如此害人獲利，必致上干天和，將來傾家敗產，其罪孽較之吸鴉片煙者尤甚。爾等各宜寄信爾國，嚴禁販此毒貨，方可各免災咎，於爾等自家性命皆有裨益。[28]

松筠提到當他講完後，英國人顯得頗為尷尬，也憂心忡忡。往往譯員的情感也會表現為群體的情感。益花臣將他的這番話當作僅是走走過場，並未在意，但是幾個月後，當小斯當東拿到這封信的時候，他在翻譯中略掉了此次茶敘和其中松筠的講話。[29]

小斯當東肯定清楚松筠的道德說教在他的同事那裡根本無法奏效。實際上，事情走向了相反的方向。由於美國限制白銀出口，廣州城裡已經出現了白銀短缺，現在松筠親自督查使得鴉片進口商無法卸下他們要進的貨物。結果是資深英國商人組成的委

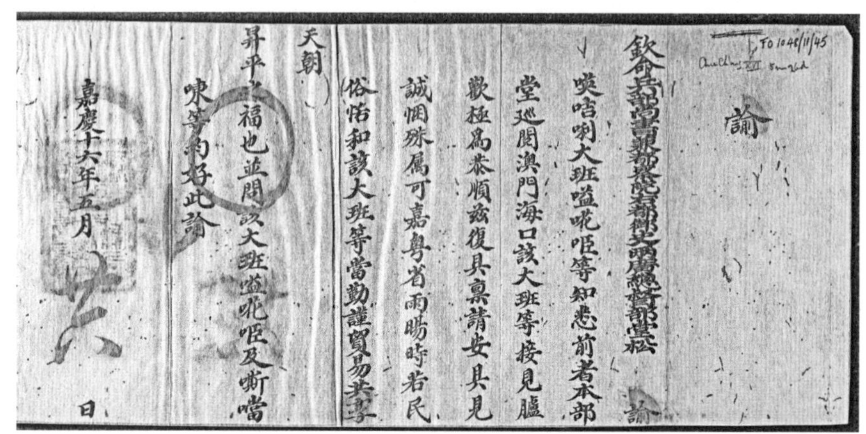

諭

欽命兵部尚書兼都察院右都御史兩廣總督部堂松　諭

暎咭唎大班嗌咾哐等知悉前者本部

堂巡閱澳門海口該大班等接見臚

歡極爲恭順茲復具稟請安具見

誠悃殊屬可嘉粵省雨暘時若民

俗恬和該大班等當勤謹貿易共享

天朝

昇平之福也並問該大班嗌咾哐及嘶噹

嗹等均好此諭

嘉慶十六年五月　六　日

圖 14.2　一封來自松筠的正式信函，末尾處向益花臣和小斯當東問好。松筠用朱筆添上了日期，這表明了他作為總督的身分，同時圈上了「福」字。他未待墨乾便直接折上了信紙，所以紅色墨跡透過了對面的紙張。他典型的張揚風格由此可見一斑。

員會（小斯當東並不在其中）破天荒決定接受鴉片作為信用票據的保證。他們對此問題展開辯論，但仍付諸實施，理由是倫敦現在需要白銀作為戰爭費用，而這一交易也將「整體上幫助建立澳門鴉片貿易的優勢，這一貿易的成功與否已然與公司收入的重要一支休戚相關，我們對此全然不聞不問則實屬不妥。」[30] 這背後的邏輯是東印度公司壟斷了孟加拉的鴉片生產，這一重要的收入來源對於支付戰爭費用和資助對印度的統治已變得不可或缺，所以他們不得不穩定鴉片的價格。不到一個月，英國商館已經從葡萄牙和英國商人手中收到了價值五十萬美元的鴉片。[31]

與此同時，松筠仍然記掛著小斯當東所關心的吳亞成。英國人返回廣州時，他派人傳信說他想要馬上在自己宅中與益花臣和小斯當東見面。益花臣並不喜歡這種方式，便稱病推脫。松筠隨後派了一位官員前來探視病情；該官員要求同益花臣和小斯當東私下講話，並向二人提議將兩位破產行商欠外國人的債務展期為十六年而非十年，以此換取吳亞成和鄭崇謙獲釋。益花臣本人因為鄭崇謙破產而欠下了巨債，當即予以拒絕。[32]小斯當東也眼睜睜地看著自己為吳亞成所付出的努力因為自己的英國同事而付諸東流。

然而，松筠和英國人之間還有尚未了結的事項：根據嘉慶的命令，他要關注廣東的海防，特別是控制著河道入口的炮台。益花臣向他發出參觀英國船隻的邀請時，他欣然接受。沒有人提前預料到此事，但數日後便有了一場成功的參訪。松筠登上了堅韌號（*Perseverance*），附近海域的每艘英船都鳴炮致敬，還有一隊海軍士兵舉槍致敬。堅韌號是一艘裝了四十門炮的東印度商船，火力根本比不上英國戰艦，但是其武裝程度仍遠遠超過任何一艘中國船隻。松筠所做的僅是坐在甲板上同英國人客氣地談話，主要是同小斯當東交談，而他也將此事報告給嘉慶皇帝，作為英國人行為恭順的例證。[33]然而，他也對英國船隻有了直觀的感受。那年冬天他改任他職，截至此時英國人都心情愉悅，而他也有了更加深刻的了解。

不久，小斯當東宣稱自己身體不適，便返回到英國，此舉頗出人意料。英國商人想要離開廣州時經常會拿健康原因作為藉口，但是此前小斯當東一直沒有健康問題的跡象。看起來是他感受到自己在中國的處境愈發難受。在坦布里奇威爾斯（Tunbridge Wells）這個溫泉城市，他收到了松筠寄來的禮物，一同到來的還有一封李自標的信件。[34]

小斯當東已經著手翻譯雍正皇帝的《聖諭》，這是清朝官方對於儒家哲學的精簡提煉，松筠也深刻認可這些觀念。在小斯當東譯出的版本裡，儒家學者的價值體系和英國紳士的價值體系相互融合，以至於很難分辨出究竟是小斯當東將自己的價值觀強加於這本中文典籍之上，抑或是他單純地轉為認同儒家理念。在論述興學堂一節，小斯當東的翻譯可能體現了他本人對自己在中國所承擔角色的看法：「蓋以士為四民之首，人所以待士者重，則士之所以自待者益不可輕。」[35] 他離開中國時，他的翻譯戛然而止於第九條：「務本業以定民志」。[36] 此後他再也沒有拾起這件事。

英軍占領澳門之後，要在中國人和英國人之間周旋的難度陡增，小斯當東的學識以及他的翻譯原本可以幫助英國人理解清朝官員的思考方式，現在卻顯得無用武之地。吳亞成難逃罪愆，而小斯當東嘗試營救他的努力卻又毀於益花臣。小斯當東後來寫道，儘管此時英國商館的社交生活相較於之前已經更易於接受，但他「對於自己在中國職務的厭惡」又回來了，而且「加倍於從前」。[37]

回到倫敦之後，他參與對更新東印度公司特許狀的辯論，其結果是印度向英國商人開放，但是公司在廣州的壟斷權利又延續了二十年。同其他公司雇員一道，他與自由貿易的擁護者針鋒相對，捍衛了公司在廣州的地位，並接受了議會特別委員會的質詢。他向他們解釋了清朝立場背後的邏輯：清朝有一套嚴格控制的體系，高級官員負有範圍廣大的個人責任，而對他們而言這是良治的表現。在他看來，問題的根源並不在於東印度公司在廣州所設機制的失敗，而是來自於英國海軍艦船「持續不斷且日漸增加的挑釁」。[38] 供他安居且潛心翻譯的世界即將宣告終結。

第十五章

一位通事和他的麻煩

1814年夏季，小斯當東回到中國，他從那裡給母親寫的信中說，「我在某種程度上如同身在家中。」[1]不久，與清朝官府的爭執將這種歸屬感摧毀殆盡，起因是他們抓捕了他的另外一位中國朋友通事李耀。想要擔任英國人的中間人所面臨的風險很快變得十足明顯。英國勢力與日俱增，嘉慶皇帝也更加清楚此間的威脅，這便是李耀被捕的背景。滲透到皇帝的資訊不僅來自於他的大臣們，也來自於擁有巨額財富和環球聯繫的中國商人。當小斯當東採取行動保護他的朋友時，他自身也陷入危險當中。

這些問題的根源在於法國大革命後的戰爭以及英國海軍勢力的擴張。英國和前殖民地美利堅合眾國之間的緊張關係導致湯瑪斯・傑弗遜針對英國貿易祭出禁運法案（Embargo Act），之後又導致了英國海軍封鎖美國貿易，隨之爆發了1812年戰爭，英國戰艦因此返回中國南部海岸以封鎖此處的美國貿易。然而，持續之中的戰爭不僅導致中國海岸邊的諸多事件，並促使英國和法國開發出新式武器，而且也占據了他們的全部注意力。在此情境下，對英國人的中間人加以控制的政策在清朝官員看來似乎已經奏效。

中國商人已經將美國人當作打破東印度公司壟斷權力的手段，所以英國海軍的封鎖也波及到他們。當封鎖開始侵害美國商人的利潤時，中國商人便借錢給他們以助其度過難關。當美國人破產並且對貸款違約時，他們也受損頗深。潘長耀和伍秉鑒聘請了美國律師在美國法庭上追討他們的損失，年輕的伍秉鑒此前在一定程度上由於同美國人的密切聯繫而躋身首富之列。潘長耀甚至嘗試向麥迪遜總統申訴。[2] 作為銀行家，小斯當東在這種壓力下表現出色，只不過新任粵海關監督祥紹的到來加劇了形勢，此人在上一個崗位上就未能完成徵稅，現在則不肯從前任手中接管職司，直到所有拖欠的稅款全部繳清。由於商人努力借入銀兩來繳納稅金，廣州城內的利率飆升，部分借款的年利率達到了近40%。[3]

與此同時，捕獲離開廣州的美國商船所帶來的獎勵也讓英國海軍軍官難以抗拒。很快地，一艘英國軍艦罷蘯仁號（HMS *Doris*）就在海岸邊梭巡。它先是攻擊並摧毀了一艘美國船隻，事發地就在離廣州城不遠的河面上，當時還有眾人在岸邊圍觀。數月之後，該艦又扣下了一艘從印度過來並已駛入澳門尋求保護的船隻。此船原本屬於英國，不過已經被美國人奪去，這導致了船上價值不菲的貨物現在歸誰所有成了難解的問題。[4]

此時的兩廣總督是蔣攸銛，為人機敏謹慎，祖上是在滿族入關之前就為清軍作戰的漢人家族之一。他宣稱此類在中國管轄的水域上的行動是完全不能接受的，並暫停貿易直至找到解決方案。他向皇帝奏稱英國對貿易有所依賴，而中國並不需要從英國進口貨物。這聽上去完全是傳統的中式話語，但是蔣攸銛又解釋，英國目前正同美國開戰，這是他從中國商人那裡得到的資訊。同一批中國商人由於美國的禁運法案受害頗深，可能也非常清楚美國人之所以採取這種策略，原因在於英國十分依賴對外貿易。當爭端變得嚴重時，已經是資深英國商人的益花臣在同最終被任命到管理商館的委員會之中的小斯當東商談之後，回覆稱將拒絕允許前來的英國船隻駛入上游並卸下貨物。[5]

蔣攸銛同樣決定要推進李耀的案子，這是一位同英國人交從甚密的通事。李耀和小斯當東在他們兩人都尚未成年之時便相互認識。李耀頗為機敏，其智識完全不亞於小斯當東。兩人都健談，但小斯當東總是缺乏自信，而李耀則野心勃勃並愛好炫耀。他們初識後的數年間，李耀擔任一位東印度公司船長的僕人而出國了。可能正是在這一時期，他學會寫一手好英文。他於1808年回國，此時英國人正占領澳門。當年他的角色尚不清楚，但是精通英語且聰明伶俐的中國僕人在很多方面都能派上用場，而他似乎已經結識海軍少將度路利本人。[6]

回到中國後，李耀娶了一位買辦的女兒，並且開始擔任通事。他還購置了房產並捐了功名。[7]很明顯他賺到了錢。在提供給後來審訊他的官員的供述中，他顯然並沒有講實話，所以並不是完全清楚他所從事的業務，但是似乎東印度公司使用他的方式極可能參照了印度「杜巴紋」的模式。換言之，在他的角色裡，既包含了在必要時進行翻譯並提供政治建議的部分，又有作為財務代表的部分。他稱公司派他在貨源地給茶葉定價，因此支付他報酬。英國人並未獲准進入內地，這使得他們在茶葉品質上只能聽任自己的供應商。相悖於所有的規則，李耀代表英國人前去視察作物並議定價格。他也因此收穫一大筆利潤分成。清朝官員認為李耀還因為充當行商李協發向英國人借錢的中間人而漁利，此人正是因為缺乏信貸而導致生意陷入嚴重財務困難的商人之一。[8] 英國人想要給離任兩廣總督並身居京師的松筠送去禮品以鞏固他們之間的關係，禮品正是李耀負責運送的。他也利用這一機會捐了一個京官職銜。[9]

李耀被捕基本上是莫須有的罪名：知縣奏稱他與洋人有交易，顯得可疑。進京之行招人注目。關於他進京所為何事有各種傳言，但是松筠在處理禮物時的小心謹慎（他將大小事情均上奏皇帝）使得別人很難據此發難。於是知縣便搜查了李宅，對其妻及僕人用刑拷問，並訊問了其他行商和通事。結果並沒有發現官員們所期望的私運鴉片的罪狀。於是，他們不得不依賴劉德章提供的資訊，此人通報說李耀曾在一艘英國船隻上當過僕役。[10] 這意味著他有可能因為一項鮮為人知的罪名被治罪，即身服賤役不得捐職。正如他在獄中寫給小斯當東的信中所言，「這將是我的命門。」[11]

此時英國人已經退居澳門避暑，小斯當東幾乎每日都會收到李耀的信件。兩人都足夠有錢去買通監獄的看守，李協發也牽涉其中，由於他此前也曾做過官，便認識官府上下。後來，李耀開始意識到小斯當東所面臨的風險，他便將信件寫給益花臣，甚至在封面上用英語寫下益花臣的名字，但是由於內容是用漢語寫的，所以實則仍由小斯當東拆閱。[12]

小斯當東想到要去告御狀，但是由誰來寫訴狀呢？他不想執筆，馬禮遜也不想；兩人都想起了洪仁輝的遭遇，五十年前他因為擔任翻譯而下獄，以及現在身處巴西的劉思永。馬禮遜很直白地回覆說，「在此刻，正如在其他案件中，漢語翻譯的職責伴隨著一些人身危險。」[13] 然而，他卻同意請求對李耀法外施恩，並告知清朝官員東印度公司並不打算批准新一季的貿易，直到李耀獲釋。[14]

這只會使得調查的官員變得更加疑心。李耀還被逼問是否當過間諜，李耀供認了向英國人和美國人提供對方船隻的位置，但他堅稱自己從未刺探過清朝的情報。他也因為商人的借款而受到審訊。有一次，他扛不住刑，認為自己要死掉了，便認下了所有施加於他的罪狀。他意識到自己所面臨的指控，與兩年前的吳亞成並無二致。他給益花臣和小斯當東的信件最後寫道：「今晚回到監舍，我不斷思索此事。每日審訊皆不同，我便看清了他們用的正是前年的辦法。我實在不敢牽扯我的朋友。我現在只知道要回報兩位待我的好意。如果明日晨間仍是這般，而我有幸殘存苟活，必定是托了你們的福。」[15]他使用了「朋友」一詞指代友人，該詞相較於英語中相對應的詞彙不僅語意更強，而且也不像在英語中那麼廣為使用。

益花臣現在正愜意地待在澳門消暑，沒有打算回到酷熱的廣州城中。情急之下，小斯當東說服他授權自己與清朝官員談判，隨即北上廣州。但這只解決了一半的問題，他仍然需要談判的立場，讓他能夠據此向清朝官員，並且也向倫敦的東印度公司董事以及在華的英國商人提出談判，同時讓他自己的行動顯得合情合理。在一封寫給母親的信中，他提到了這些立場，即「改善我們的處境」和「維護我們國家的尊嚴」。[16]實際上，這兩者都關乎李耀。他將李耀被捕描畫為清朝一方試圖通過限制英國人雇用華人來加強對於貿易的控制。他指出，英國商館需要為數眾多的華人僕役來充當挑夫、門房和廚子等。對於被派來同他談判的官員而言，這個論調明顯是強詞奪理。他們絲毫不在意英國商館或船隻要雇傭大量的華人勞力來擔任此類的職務。被禁止的是「沙文」，這是英文單詞servant的音譯，在他們眼中，這意指同英國人有親近的個人關係的那類人，如李耀。[17]小斯當東的第二個論點，即關於維護英國榮譽，指的是送給松筠的禮物，其中有一幅時任攝政王的喬治四世的肖像：李耀絕不應該因為護送禮物而獲罪。小斯當東向倫敦的董事們總結了自己的目標：「必須向中國人證明，拋棄為他們服務之人，絕非英國人的性格。」[18]

為了達成這些核心目標，小斯當東又添加了各式各樣的材料，都是當下發生的讓英國人不悅的事情，主要都是關於清朝官員在處理各種涉及英國軍艦罷薘仁號的爭端時如何偏袒美國人。他還對中方的官方文件中使用侮辱性的字眼提出抗議，尤其是在提到英國人時使用「蠻夷」一詞。實際上，這一特定詞彙已經很少被用來專指英國人，而這些稱呼的問題通常來說對於馬禮遜更成問題，因為他相信某些詞語具有影響行為的力量。清朝的談判者解釋說，「蠻」指的是來自南方的部族，而「夷」指的是來自西方的部族。他們可能還指出英國人偶爾也會使用「夷」字來稱呼自己。[19]

聽聞這些之後，蔣攸銛上奏皇帝，稱需要嚴查任何與外國人過從甚密之人。不能允許任何人在給外國人擔任私人僕役之後再擔任貿易中的通事。他提到了吳亞成和李耀二人。嘉慶讀完後，在奏摺上加上「甚是」。[20]

小斯當東如此講義氣，令身陷囹圄的李耀頗為感動，但是李耀卻擔心這樣會讓形勢更不利於自己。很明顯，他習慣於指導小斯當東，並就應當講什麼話寫下長篇建議，為此起草了整篇的說辭，其重點在於貶損英國，並將自己描繪為一個天性純良的通事或是遭遇不公之人。[21]

小斯當東在英國人那裡也遇到了麻煩。新一季貿易已經開始，船隻也陸續抵達，蔣攸銛解除了貿易禁令，留下小斯當東和益花臣對還不能卸貨的船長負責。許多船隻因為長途航行而滲水，而幾乎所有船隻都要面臨罰款——如果它們因為保險沒有涵蓋的原因而不能按時開啟下一段航程的話——船長們親自前來抗議，宣稱自己遭遇了幾十萬英鎊的損失，並威脅要起訴小斯當東和益花臣，讓他們個人承擔賠償。他們提出的反對意見的核心在於小斯當東的主要目標似乎是要營救一個被自己國家的法律所定罪的犯人。[22]

在這般壓力之下，小斯當東也忍不住發火，他起草了一封信函，其中他將清朝稱為一個國家（大清國、中國），並指摘其有失「禮」之舉，直指他視角中的問題的核心：如果英國人是良善之人的話，一位通事拜訪英國人怎麼能夠被指控為「奸民勾串」呢？[23]這讓蔣攸銛大為光火，以至於主審官員威脅要將李耀梟首並在英國商館門前示眾，如果貿易還不能重啟的話。[24]

李耀寬慰了小斯當東，稱自己並不相信他們會依此行事，而且「即使他們將我全家斬首，也不足道哉。」[25]他反而極為擔心小斯當東。如果英國船長抗拒他的命令而行商們拒絕提供幫助，事態又將如何發展？「我反覆思忖，每當想到此處，感覺萬念俱灰。我只能祈求閣下不必為我掛念。當考慮如何開放船艙，並另謀他法來營救我。閣下萬不可再有所耽擱，這將為貴司招致麻煩也將浪費更多錢財。我也擔心閣下為我過度憂慮而染恙，那將讓我倍感絕望。」[26]

在給小斯當東的信中，蔣攸銛親自用朱筆斷句，對小斯當東的訴求表達了不滿，稱李氏之所以受罰，乃是因為他曾身為僕役卻又買了官銜。如若對他的案件再做任何追問，只會證明李耀確有「勾串」，進而加重他的刑罰。[27]粵海關監督祥紹隨即致信行商，指出談判已經持續半月，而直到此時，英國人除了替「奸人李耀」求情以外無甚行動。[28]他還要求對小斯當東同李耀的私人關係進行調查。[29]

小斯當東孤注一擲。他獲得了這一海域的英國海軍高級將領的幫助，命令所有的英國船隻駛離港口，並威脅就此北上去告御狀。這樣一來，所有牽涉其間的清朝官員再無升遷之望。李耀聽聞此消息後興奮不已。儘管被知道這一消息而怒火中燒的官員不斷訊問和拷打，他仍向小斯當東寫信，「貴公司實屬了得！儘管我可能身首異處，我也歡喜！」[30]蔣攸銛的反應是向英國船長散播消息，將整個爭端都歸咎於小斯當東：船上價值成千上萬兩銀子的貨物爛在水中，起因全在於一名中國罪人。相隔萬里之遙，英國國王斷無法知悉抑或批准這一政策。[31]

雙方已經將爭端推到了極致。伍秉鑒被派去勸說小斯當東回來重啟談判。當時主事的官員是廣州知府，但交涉實際上由廣東布政使曾燠主導，此人是詩文名家，也是潘有度一家的友人。在這些對小斯當東有利的氛圍中，雙方都展現了極高的交涉策略，曾燠在幾個小問題上有所讓步，其中多數所涉不過是肯定現行的做法：允許英國人向中國官員用漢語寫信，讓他們聘請雇員（而非「僕役」），諸如此類。[32]這些足以讓小斯當東向東印度公司聲稱他在談判中取得了成功，但是在位於爭端中心的李耀案這一問題上，他未能如願。

事實上，這樣的結果自嘉慶批准捉拿李耀的那一刻起便無法改變，儘管皇帝也理解由於沒有嚴重的罪行，刑罰難免牽強。嘉慶已經開始將基督教同英國海軍的威脅聯繫起來：現在他授意讓李耀去踐踏十字架。如果他拒絕，則可以基督徒的身分遣戍。蔣攸銛照做了，但是如他所料，李耀直接踐踏十字架，毫無難色：顯然他並非基督徒。因此，他以曾身為賤役而輒敢朦捐職銜的罪名被判處發配新疆。[33]

看上去案件已完結，但是隨後在1815年一月，兩道諭旨抵達廣東，而這些處理的不是李耀，而是小斯當東。第一道涉及英國軍艦的活動以及洋人貸款予行商的弊病。嘉慶隨後提到，

> 又有嘆咭唎夷人呵噹嗻前於該國入貢時曾隨入京師，年幼狡黠，回國時將沿途山川形勢俱一一繪成圖冊。到粵後又不回本國，留住澳門已二十年，通曉漢語。定例澳門所住夷人不准進省。呵噹嗻因松筠前曾伴送該國夷使，於松筠任兩廣總督時，遂來省稟見。及蔣攸銛到任後，呵噹嗻亦復來省。經蔣攸銛斥回未見。呵噹嗻在粵既久，嘆咭唎夷人者大率聽其教誘，日久恐致滋生事端。其洋商積欠該夷人貨價過多，受其挾制，亦復不成事體。著蔣攸銛等即將嘆咭唎兵船進口原委詳細具奏，並查明呵噹嗻在粵有無教唆勾通款跡。如查有實據，或遷徙安置。[34]

大部分聖諭都會提及先前的奏摺，但是此處嘉慶並沒有解釋他如何知道小斯當東。不可能是松筠，此時他遠在西域，但不論如何，皇帝的消息來源似乎對松筠並不友善，批評他私會小斯當東。顯然嘉慶能通過其他管道獲取有關英國人活動的消息。

仍然身陷廣州獄中的李耀聽說劉德章曾向省內最高級別的武將送了一筆鉅款，以便讓自己能有機會面聖。結果這並非劉德章發揮影響力的方式。小斯當東和益花臣後來聽說是另外一名御史向皇帝提起這一話題。劉德章的兒子劉承澍原本在京城的戶部任職，但未能制止一場嚴重的舞弊，其間戶部的書吏不僅從國庫中冒領銀兩，還私下讓外人獲得機密的稅務資訊，且兩次都是通過

偽造的文書。劉承澍勉力讓自己逃脫任何嚴厲的懲罰，但也因此丟官並被遣返廣州。現在劉德章正在扶植他接手與東印度公司的貿易往來。後來又來了李仲昭，這是一位出了名的敢言的廣東籍御史，曾成功地彈劾數位富裕的長蘆鹽商侵吞大筆稅款。然而，他被抓到替一位從事對外貿易的廣州商人獲取機密的戶部檔案（同樣使用偽造文書），並因此撤職。李仲昭曾是劉德章外甥（近期也被從戶部解職）在朝中的支持者，後來被劉家聘為家中子弟的塾師，因此有可能他也參與了對小斯當東的指控。不論究竟是何種權謀導致皇帝下了諭旨，在廣州的人都相信是劉德章在同官員聯手，試圖減少同英國人打交道的註冊商人的總數，以便能夠獲取那些倒閉商人的生意，最終形成一家能夠同東印度公司相競爭的壟斷華商。[35]

蔣攸銛的回應頗為謹慎。他派了伍秉鑒去查核小斯當東生平的細節，並提交了一份關於小斯當東實際在華年分的說明。甚至小斯當東在指出自己從未擅長繪畫時的盛怒也在送達皇帝的版本中得以呈現。蔣攸銛的奏摺最後說並未發現有小斯當東惹禍、私下串謀或是舞弊謀利的線索。對此嘉慶回覆，「時加察訪，毋忽。」[36]

與此同時，另外一封密旨也抵達廣州，收件人僅為蔣攸銛和海關監督。這一封也將重點指向務必將英國戰船驅離海岸，並防止向外國人大舉借債或者產生其他私人聯繫。最後，嘉慶還斥責了蔣攸銛，因為他沒能及時報告小斯當東的事。他隨後講到，「哃嚐嗹自幼狡黠，熟知內地情形，如在澳門不甚妥協，斷不可驅令歸國，應摘其過失，酌量遷徙他處，防閑約束。庶為處置得宜也。」[37]這道諭旨也到了小斯當東的手裡。相較於被遣返回英國，在中國境內流放——甚至有可能在新疆——是一個遠為嚴重的威脅。當倫敦的公司董事獲知此事後，他們也注意到清廷的用意在於「將其拘禁並遣送至內地之類」。[38]所有人都向小斯當東保證官員們只不過是虛張聲勢，但是當年秋天，清廷確實處決了在四川省內傳教的法國人徐德新（Gabriel Dufresse）。[39]

小斯當東盡可能地避免提及這些諭旨，但是他既不安又惱火。[40]當這一話題被公司的英國批評者提出來時，他將其駁斥為宮廷內爭：「如果有人能對中國人相互密謀的風氣、高懸於所有政府官員頭頂之上的『刺探』體系、他們之間持續發生的攻訐和變心有些許了解，便不至於想要在這件事情的基礎上建立任何觀點或是論據。」[41]這是一個久經世故的回覆，體現了他對於清廷認知的深度。正是這樣的認知使得他在五年前出版了清朝法典的譯稿，其中他還為中國的政府和法律體系進行辯護。自那時起，他日復一日親歷先是吳亞成以及後來李耀遭受的迫害。到此時，李耀的錢財已所剩無幾。到年底時，他沉淪到了低點，於是用一種尤為絕望的語調寫道，「這些狗官什麼都能講。他們沒一個是人。」[42]當他想到漫長的流放之路以及期間要進入的一百五十個當地官府的囚所，他想過要自盡。[43]小斯當東很難不為所動。

小斯當東最難接受的是李耀和作為英國人的他之間的關係是不道德和不合法的這一觀念。在兩種文化交會之處生活和工作，他希望清朝官員能夠承認他以及一般的英國人是良善之人。但是英國人曾經試圖強占澳門，此時海岸邊還有英國戰船，而李耀最終認為這是導致他遭遇橫禍的根源。[44]小斯當東實際上也貸給行商大筆款項，但此時在聖旨相逼下，他感覺無法收回欠款。[45]此外，不論他個人的觀點如何，作為英國商館的高級商人，他也默許了將大量鴉片走私進中國的行為。小斯當東理解所有這一切，但是這並沒有讓他夾在兩國之間的個人經歷變得輕鬆。他對於清廷的信念已經破碎。他現在認為這一政權「究其所有源流都是腐敗的，毫無原則可言。」[46]

李耀最終於次年夏天開始了自己的流放之旅。他性格堅韌，到啟程的時候他已經又變得十分開朗：東印度公司慷慨解囊，支付了他的旅費，使得他不用披枷帶鎖，旅途中「一如常人」，也不用在途中進入任何監牢。[47]然而，小斯當東此時知道他自己必須離開。他開始向母親提起自己很快將歸家並不再遠行，同時也努力勸阻再次派遣英國使團的計畫，他知道巴羅正在促成此事。[48]由阿美士德勳爵帶領的使團卻已經要啟程前往中國。小斯當東此前的生涯中一直想要促成外交接觸，不過當這一機會最終要來到時，他已經不再期盼了。

第十六章

阿美士德使華

在隨後的使華過程中，過去數年間浮現的問題匯聚到了一起。英國一方，出現了一套負面的對華態度，這是從英國在印度的統治經歷中生發出來。而在中國一方，則又重新強調正統的儒家儀禮。嘉慶也十分清楚他的行動並沒有太多轉圜的空間，因為當下財政吃緊，也正因此他日益決心要控制那些同英國人居間行事的人。居間調停，乃至於擁有任何關於西方的知識，都成為危險的事情，這在此次出使過程中逐漸顯現。馬禮遜一絲不苟的精準翻譯誇大了兩方之間的差異，這也在一定程度上導致了問題的產生。

數年間，巴羅一直在英國推進再次使華的想法，並且期望這一次小斯當東能夠出任大使。隨著與法國的戰爭接近尾聲，巴羅致函任東印度公司監督委員會主席的白金漢郡伯爵，提議通過出使來促進英國出口。[1]時任董事會主席的威廉・埃爾芬斯通（William Elphinstone）支持這一計畫，並增加了要解決上一年問題的目標，即書面確認公司所享有的特權以及在京城設置一位常駐的英國使節。董事們表達出的期望是使團中要有一位出身貴族的儀表堂堂的軍官，另外加上益花臣（董事會主席之子）和小斯當東。他們隨後致信廣州，告知他們這些計畫。[2]

獲授大使一職的蒙特利爾的威廉・皮特・阿美士德勛爵是一位令人愉快但缺乏決斷的人，他的叔父因為征服加拿大而獲得此爵位並由他承襲。然而，白金漢郡伯爵決定將他自己的私生子亨利・埃利斯（Henry Ellis）任命為使團的二號人物。小斯當東可以擔任翻譯。[3]多年以來益花臣一直抱怨自己身體很差也沒賺到錢，卻並未離開過，但是在東印度公司宣布使團消息的信件寄達的數天前，他突然動身返回英國。可能他在私人信件中聽說了這些計畫，也意識到自己可能會面臨的危險，於是便逃掉了。[4]所以只有小斯當東出海與使團會面。這是他一生中都在為之努力的機會，眾人也期望他能夠追隨其父的腳步成為一名外交官。他帶上了粵菜廚師、價值四百六十八美元的上等巴西鼻煙作為禮品、專門在澳門訂製的劍橋學士袍（以便在行禮時遮住膝蓋）以及乾隆皇帝給他的那個小荷包。[5]

使團抵達後，小斯當東發現他並沒有被任命為外交官而僅僅是翻譯，更糟糕的是這種安排的部分依據是他是一名商人而中國朝廷瞧不起商人，這令他怒火中燒。埃利斯後來解釋說，儘管不論在中國還是歐洲，貿易都是一種收入來源，卻「從未被認為是高尚的」。[6]小斯當東堅稱自己並**不是**一名商人，而是「一名公務人員，代表著英國國家，並對於中國境內的所有英國國民和英國貿易擁有至高的管控權，」這是對自己的角色極力誇大的說法。[7]他還指出他帶上了馬禮遜和其他數名廣州商館的英國職員來充任翻譯。阿美士德做了讓步，宣布小斯當東和埃利斯兩人都是他的副使，這也頗符合他的特點。[8]

圖16.1　湯瑪斯・勞倫斯（Thomas Lawrence）所繪的阿美士德勛爵肖像，由東印度公司的廣州商館所訂製，廣州商館也出現在畫面後方。1835年商館關閉，這幅肖像被贈與小斯當東。

埃利斯這一代人的對華態度乃是由他們在英治印度的經歷所塑造。其父之所以能讓他加入訪華使團，理由便是他「熟悉東方的習俗和語言」，這意思是他曾經去過印度，還出使過波斯。[9]對於其他民族的態度能夠塑造權力關係，但正是權力造就了這般態度。李自標抵達那不勒斯時，歐洲正在刮中國風，與此同時，十八世紀有英國人在印度文化圈裡擔任朝臣，甚至與印度的名門望族締結王室婚姻，但是隨著英國勢力的擴張，界線變得難以逾越。馬戛爾尼使華後的二十年間，東印度公司擴張了其在印度的統治範圍，這也轉變了英國人對亞洲的態度。

使團抵達華北海岸，接待他們的官員和接待上一次使團的官員級別相同，但從這一刻起，這些對華態度轉變的意涵便顯現出來。馬戛爾尼曾邀請王文雄和喬人傑赴宴並一起暢飲，後來額勒桑德給他們畫了抱有好感的肖像。埃利斯對兩人的繼任者的反應則是他們的衣著平平無奇，而他們隨從身上有難聞的異味。使團的醫生兼科學家克拉克·阿裨爾（Clarke Abel）覺得這氣味難以忍受，花了好久才勉強走上前去驗視他們的衣物。登岸之後，阿裨爾看到了一些赤身裸體的可憐人向上游拖他們的駁船、貧苦的農民、土坯房和衣不蔽體的情形。當他遇到一群衣著華麗的婦女時，他則關注起她們眼睛和眼瞼的形狀。雖然小斯當東對清廷不滿，但這些評論還是讓他惱火：當他們接近天津時，他指出花園、葡萄藤、高大的柳樹、衣著得體的人群以及排列壯觀的行伍。[10]

當然，中國也發生了變化：嘉慶朝宮廷的風尚是一種受壓制的節儉，十分不同於乾隆時期的錦衣亮彩。[11]然而，不太可能是人們的體味發生了變化或是拉駁船的縴夫穿更少的衣物。發生變化的是英國人對於種族和階級的態度：馬戛爾尼和他的隨從會欣然會見那些他們認識是紳士的人，也極少關注那些貧苦的船工。現在英國人看到了東方的缺衣少食，而他們的科學家則關注種族的特徵。小斯當東最終得出一個令人沮喪的結論，即他們的偏見是如此根深蒂固，以至於親眼所見的事情也很難撼動。[12]

在中國一方，最為明顯的變化是對於叩頭的強調，這也是「所有朝見的首要特色」。[13]就馬戛爾尼叩頭一事稱頌乾隆的詩人將這位英國特使描繪為因為親眼見到皇帝而心生敬畏，不由自主地跪在了地上。這並不是阿美士德受到的要求。官員們反覆告訴他，皇帝貴為天子，其他所有的君主都應向他臣服。事實上，馬戛爾尼使團從來都不必面對為朝貢使團制定的全部規則，因為覲見儀式在承德舉行，而與使團對接的幾乎全是乾隆的內廷成員。乾隆駕崩後，嘉慶逐步掌權，在一定程度上是借助於通過科舉出身的漢人官員來推翻這些人。當阿美士德使團來到時，朝中的儒家文人正處於上升之勢，而儀禮的細節也變得更加重要了。清廷這方對於阿美士德的期待，並不是在面見皇帝時的內心震怖，而是一場正式排練過的儀禮。

這些在使團到達後就開始了，嘉慶讓大臣為英國人舉辦筵宴，讓翻譯向特使解釋他必須叩頭致謝，並回來報告他是否願意執行他自己所稱的「中國」禮儀。[14]馬戛爾尼從未被要求這樣做。近來，一種保守且瀰漫道德意味的儒教形式加緊復興，這是對於1813年的白蓮教起事的反應，這起事變衍生出暗殺皇帝未遂的事件。然而，嘉慶也在使用一套在1805年曾奏效的策略，彼時俄國作為一個勢力強大且虎視眈眈的國家也派出一個使團，但在邊境就被成功勸返了。[15]當蔣攸銛後來奏報稱下跪與英國習俗不符時，嘉慶回覆道，「朕預行計及，是以於該貢使到津後兩次派員前往察看情形，如實不能跪叩，原令不必來京，納其貢獻，賞賚遣回，於詞甚順。」[16]相較於天下一統的主張，嘉慶本人似乎更加關注英國人帶來的威脅。當一位大臣聲稱英國人來朝是因為仰慕華夏的美德和國力時，他將此視為外國人常掛在嘴邊的話；他擔心的是英國人又會提出請求，特別是他們可能像上一次使華時那樣要求准許在其他港口通商。[17]

翻譯仍然是一個重要任務，李自標乃至巴羅曾被人用交情來左右，對比之下，小斯當東卻要面對威脅。當然馬禮遜是正式的翻譯，但是小斯當東知道只要自己開口講了漢語，自己就會成為翻譯。他或許能說馬禮遜是一位更好的漢語學者，在一些方面也的確如此，但馬禮遜是在成年後才開始艱難地學習這門語言，而且大多時候是講廣東話。[18]

清朝官員從一開始就盯住了小斯當東：有人告訴負責接待使團的工部尚書蘇楞額要對小斯當東小心提防。馬戛爾尼使華之時，蘇楞額正在廣州擔任海關監督，蔣攸銛以為他能認出小斯當東。但是他並沒有注意到那位躲在後排的髮際線日漸後移的高鼻子中年男子。最終他只得問起那個隨上一次使團前來、能講漢語、名叫湯瑪斯・斯當東的英國男孩。在翻譯時，馬禮遜有所遲疑，而小斯當東也在等待這一時刻，內心逐漸著急，此時便走上前去。他解釋說自己在繼承爵位時變更了名字，而且自己的漢語講得已經不如從前了，因為過去這段期間他身在英國。小斯當東是深思後才開口的那類人：針對他的詔書有述他在前一次使華後就留在澳門，所以他強調他回到了英國。前來接待使團的廣惠頗為恭敬地說他從松筠那裡聽了不少關於小斯當東的事情。隨後他稱讚了小斯當東擅長作畫。小斯當東回覆稱自己絲毫不通繪畫，而廣惠堅持將此視為單純的謙詞。這番對話既有隱藏的威脅，也有暗含的反駁，由於是用漢語進行的，所以埃利斯完全不知所云：人們告訴他蘇楞額記得見過小時侯的小斯當東。[19]

小斯當東從未講過乾隆皇帝接見馬戛爾尼那天實際所發生的情況，而這與他父親和馬戛爾尼在返回英國後所描繪的情境存在出入，這使得他的處境愈發艱難。在關於叩頭一事的無休止的會談中，阿美士德忍不住指出上一次使團已經確立了先例，蘇楞額回覆稱馬戛爾尼已經下跪磕頭；這是他親眼所見，當今皇上也看到了。他轉而讓小斯當東加以佐證。令阿美士德吃驚的是，小斯當東並未斷然否認。他說自己彼時只是一名年僅十二歲的孩童，不能指望他清楚地記得當時的情形，而阿美士德的資訊完全來自於書面的紀錄。嘉慶讀到這種不越雷池半步的措辭時，更加印證了他對於小斯當東的印象。他在旁邊用朱筆寫道，「支吾可惡！」[20]

最終還是舉辦了筵宴，英國人並沒有叩頭。小斯當東向阿美士德解釋說，儘管馬戛爾尼並未五體投地但確實鞠躬九遍，於是阿美士德同意也如此照做。蘇楞額感覺事情有了進展，於是便允許舉行宴會。阿美士德也因為取得了俄國人未能實現的成就而欣喜，小斯當東則享受了精緻的食物和融洽的氛圍。其餘的英國人則費力地盤膝而坐，試著用筷子進食，而他們大多數並不喜愛中國的飯菜。[21]

然而，小斯當東還沒來得及喘口氣，清朝一方繼續就叩頭一事施壓，亦加劇了針對他的威脅。嘉慶甚至寫了一段話，讓蘇楞額和廣惠講給他。開篇便是，「爾曾於乾隆五十八年隨貢使來。至來天朝一切瞻覲宴賚禮儀，俱經目睹。」[22]結尾頗有威脅意味，「爾在廣東澳門居住有年，熟知中國法度，大皇帝既不納貢，將正使臣等遣回本國，或一時聖怒，將爾拘留治罪，亦未可定。彼時爾豈不後悔。」[23]

當所有這些都未奏效，嘉慶派了他的妻弟和世泰前來，要求確保阿美士德要麼練習叩頭要麼離開。和世泰頗有威儀，曾因1813年在宮內力戰刺客而受矚。他開始了事先準備好的講話，其中提到，「天無二日，土無二王，大皇帝乃天子，故所有的國王須向其叩頭，」此時他直視正在翻譯的馬禮遜，「你應知之。」[24]這番言詞有其古時的來歷，但是從未有人向馬戛爾尼提起。見阿美士德不為所動，和世泰派出喬人傑的繼任者張五緯繼續勸說，但採用了幾乎相反的說法。張五緯將覲見皇帝時磕頭視為一種滿人的禮儀，而對於像他這樣的漢人並無所謂。之所以能有這樣的論點，在於這一時期大部分漢人的學問都偏重古文的訓詁，而非宏大的天人理論，這種理論給人感覺頗為守舊，也日益同滿族王朝關聯起來。張五緯稱他理解英國人反對下跪是因為他們認為叩頭是政治依附的表現，但這是不對的：這只是一種宮廷禮節。[25]

張五緯再次對小斯當東發出威脅，這一次是同馬禮遜和阿美士德談話，並提供了證明自己觀點的文件，包括一封來自廣東的信件，其中稱小斯當東身為商人，因此實非使團的正當人選，而且據說坐擁巨富，還有一個精緻的鳥舍。小斯當東向所有人重申，在廣州的東印度公司職員皆是公務官員，而擁有鳥舍的是講粵語的私商湯瑪斯・比爾（Thomas Beale）。[26]然而，他也開始感到十分害怕。他想起了李自標，以及他在馬戛爾尼使華時受到的威脅，考慮到翻譯「往往是他們攻擊的首要目標」。[27]小斯當東讓馬禮遜擔任翻譯，但他知道這在清朝官員的眼中並沒有什麼區別：他才是那個位居談判過程中心的人。所以他去見了阿美士德，最終說明了自己有可能會被抓捕。[28]

直到這一時間點，小斯當東才最終向阿美士德解釋清楚，馬戛爾尼並非僅是鞠躬九次，他這樣做時是單膝跪地的。阿美士德覺得這樣的行為和叩頭實無二致。此外，鑒於叩頭一事對於馬戛爾尼出使至關重要，在他們出訪之前，英國國內已經有所議論，普遍的看法是要強調現實目的而非拘泥於禮儀形式。白金漢郡伯爵之前告訴阿美士德，如涉及跪地俯首的儀式，他可以自由裁量、便宜行事。埃利斯也支持其父的立場，稱所謂天下一統的主張實屬荒唐，不值一哂。他們決定，如果叩頭能帶來其他利益，他們便照做。[29]

然而，事實證明令人生畏的和世泰雖然贏了辯論，卻是一位糟糕的談判者。阿美士德說他不出當日會送去一份最終的書面決定，英國人繼續辯論，阿美士德和埃利斯支持叩頭，而小斯當東反對。小斯當東更關心整件事的後果，也能強調自己的專家身分，所以阿美士德在當天結束時發出的照會中稱他們無論如何不會叩頭，但是他們願意單膝跪地並低頭致意。不過和世泰已經將他們之前的照會當成了最終的決定，並且已經安排最早的覲見皇帝的時間。[30]

現在，最終的慘劇即將上演。小斯當東以為他的方案獲得採納，十分欣喜，甚至在他們動身前往京城時接手了翻譯的職事。[31]他們連夜趕路，阿美士德、埃利斯和小斯當東以及部分人員後來同使團的其他人員失散。拂曉之前，他們發現自己正沿著一處園囿行進。道路盡頭是小斯當東所稱的「一處非常高大且兼具最佳中式品味的建築」，聚集著一眾官員。[32]他們被帶進一個樓閣內休息。阿美士德剛躺下，嘉慶的朝中大臣就擠過來看他們，隔著開著的窗戶往裡瞅。張五緯也來了，並且告訴他們馬上要去覲見皇帝。就在此刻，阿美士德自己做了一個決定。他或許願意叩頭，但他絕對不會讓自己在一個異國宮廷裡丟人現眼，此時的他精疲力竭，也沒了隨從，身上穿的還是夜間趕路時的便服。他宣稱自己過於疲憊。和世泰再度現身，並試圖將他拉起。阿美士德拒絕起身，在幾近打架並延宕一番後，這些英國人被告知他們可以去松筠的宅邸，他們將住在那裡。和世泰怒不可遏，在送他們上馬車的時候，忍不住抓起一名隨從手中的鞭子，在車子兩邊各抽了一下。[33]

英國人感覺他們被當作供人觀賞的野獸一般對待，而就在這樣屈辱的時刻，小斯當東還依然想要為中國人辯護：他後來說問題在於朝中的這些人都是滿人：「我不認為任何更高階層的人群，或者任何漢人階層，會自我表現出完全無視於禮貌的考慮，甚至缺乏人性中共通的情感。」[34]然而很快就清楚了，使團獲得皇帝接見的希望最終因此斷送。翌日，嘉慶起草了一封致英王的信件，解釋說他的來函並未送達，因為來使託病不來朝見，實屬無禮。他貶黜了蘇楞額和廣惠，接受了部分英國禮物，並給蔣攸銛寫信，警告他要提防小斯當東。[35]

四天後使團便動身返回廣東，像馬戛爾尼使團一樣走陸路，因為阿美士德已經將他們的船隻遣走，這也令清朝官員十分惱火。他們南下的途中有一段時間是由直隸按察使盛泰作陪，令他們吃驚的是，這位壯實的中年男子恰好熱衷於了解與西方相關的知識。他曾廣泛地閱讀了耶穌會士在華的出版物，時常論及俄、法、義諸國。他向小斯當東說，雖然英國在海上占優勢，但是法國的陸軍更為強大，而且在工業製造方面更勝一籌，這讓小斯當東大為光火。他並不善於傾聽，小斯當東甚至無法插上一句話。[36]

盛泰曾將小斯當東拉到一旁，暗地裡向他指出既然他在廣東生活了這麼長時間，他應該理解中國的儀制。他進而提到，在給皇帝上表時，小斯當東應當稱自己為「臣民斯當東」。[37]這令人十分詫異，因為「臣」字雖然確有更廣泛的意義，但在這一時期通常是官員們在面對皇帝時所使用的自稱。正如嘉慶要將小斯當東在中國境內流放的計畫，這種稱謂也暗示了這些同小斯當東打交道的人有時會以為他應當被納入他們自身世界的政治結構之中，而非一位應當被排除在外的洋人。其本意乃是一種威脅，而小斯當東的感受也是如此。

小斯當東並未向其他人多提盛泰此舉，而僅僅是抱怨此人實在讓人無法忍受。很不幸，皇帝當年再次見到盛泰時也大抵有類似感受。盛泰向嘉慶稟報自己曾詢問英國海軍的規模，並討論了他們書信中的措詞。嘉慶將他貶斥為膽大妄為、傲慢無禮的好事之人，淨摻和一些並非自己分內之事，於是把他打發到關外做苦力。接下來的十二年間，他一直在那裡擔任小官，直到道光皇帝重新起用他掌管西藏事務。盛泰是一位蒙古正藍旗旗人，並無任何外語技能，而嘉慶對於大臣們的進諫也相對開放，但是英國人這一話題則超越了能夠安全討論的界線。盛泰對於其他國家知識的熱忱，毀掉了一個原本不可限量的仕途，而他的跌落成了朝中人盡皆知的故事。[38]

阿美士德一行繼續南下。他們經過江西境內的廬山附近時，小斯當東很明顯隨身帶了一本漢語的旅行指南，注意到此地「在中國經典作品中廣為傳頌」。[39]馬禮遜則為十二世紀的哲學家朱熹曾垂釣的溪谷心生感慨。埃利斯雖然認為此地景色不錯，但是「在長江的堤岸上，任何有節之士都難以覓得友人，而和善的女子想要覓得同伴更是難上加難；單純的習俗之外則屬野蠻，而野蠻之外則屬奸詐。」[40]埃利斯的觀點為使團的其他大多數成員所共有，雖然小斯當東仍然繼續為中國辯護：當他們看到土坯房屋時，他承認這比不上「我們英國的村舍」，但至少它們有煙囪和窗戶，強過了愛爾蘭窮人的小屋。[41]

與此同時，嘉慶還傳諭給身在廣東的蔣攸銛，指示如何阻止英國人再次使華和如何處理小斯當東，並問及停止對英貿易是否在財政上可行。他問了蔣攸銛來自於貿易的總稅金中究竟有多大比例是由英國人支付的。蔣攸銛回奏稱每年稅入超過一百二十萬兩白銀，其中英國人付了超過七成。[42]由於數額巨大，嘉慶也只得作罷。

嘉慶現實中能做的幾件事情之一便是控制那些與英國人打交道的人。他還認為阿美士德之所以在叩頭一事上改變主意，小斯當東乃是罪魁禍首，而事實亦是如此。他告訴蔣攸銛要命令小斯當東返回英國。蔣攸銛答應下來，但是他也表示擔心，不知小斯當東一旦回國後會講些或是寫些什麼。他還起草了一封批評小斯當東的信，要在英國船長中散播。嘉慶決定不允：小斯當東在英國可能會說些什麼實則無關緊要，而現在將他的錯訛向外國散播並不會真正體現天朝的偉大。[43]

與此同時，使團搭乘的英國海軍亞嗱士地號（HMS *Alceste*）卻更加彰顯了英國的威脅。當艦長默里・麥斯威爾（Murray Maxwell）未獲准溯流而上前往廣州時，他直接衝撞了守衛河口的炮台。這些炮台近期得到加固，上面有一百一十口大炮，能夠確保河道上的交火。船隻也被排出來阻擋河口，而且來了一名通事告訴麥斯威爾下錨。他的回覆是先通過炮台，再吊死這名通事。當風起來後，他徑直在炮台之間揚帆駛過，雖然遇到些炮火，卻未遭受嚴重的損害。他隨後用一側的船炮還擊，嚇得這名通事在他腳邊跪地求饒，而炮台中有四十七人因此殞命。[44]

使團抵達廣東後，一封嘉慶所寫的意在安撫攝政王的信件也轉交到了英國人手上，有漢、滿、拉丁三種文本。阿美士德讀完拉丁文本後，覺得此信過於柔和，便認為是在京的耶穌會傳教士在翻譯信件時有所軟化。他讓馬禮遜再從漢語版本中翻譯一遍。[45]馬禮遜的全部中國經歷都是在廣州度過，而此地有一套複雜的用以控制英國人的機構建制，所以對他而言，清廷無疑就是對外國人充滿敵意的。所以他的譯文開篇便是「從上天和運轉的自然那裡承接了（對世界的統治）的至高無上的君主向英國的國王發布一條皇帝的指令」（The supreme potentate who has received from Heaven and revolving Nature (the government of the World) issues an Imperial Mandate to the King of England）。[46]他在此處添加了兩條注釋。第一條解釋了「皇帝」，此前一直僅被翻譯為「emperor（皇帝）」，而此時則譯作「supreme potentate（至高無上的君主）」，以便更加貼合這裡的主張。第二條注釋則解釋他為什麼加上「對於世界的統治」等詞，這層意思據他所言乃是「完全體現在漢語之中」，因為皇帝推定他寫給英國國王的是一道「皇帝的命令」（敕諭）。後面文中的「恭順」（字面意思是「恭敬」和「順從」）在二十年前被李自標轉換為英國國王「偉大的善意」，在他這裡則直譯為「恭敬和順從」（respect and obedience）。[47]李自標的翻譯將漢語的文本轉為可以接受的歐洲外交語言，而馬禮遜則尋求每一個漢語詞語的本源意義，也因此強化了各處差異。雖然選詞是精準的，卻完全失去了嘉慶想要安撫攝政王的本意。[48]

雖然嘉慶醞釀的對小斯當東的譴責從未發出，但小斯當東從一開始就知道自己不能繼續居留中國。他啟程返英，由於他並不信任易怒的艦長麥斯威爾，所以他並未搭乘亞嘧士地號：事實顯示他的判斷正確，因為此船在抵達雅加達之前便觸礁沉沒，乘客搭乘無棚的小船在熱帶海域漂流了很久之後才獲救。[49]蔣攸銛未敢向嘉慶上奏亞嘧士地號穿過炮台時的激烈情形，但是他上報使團離境的奏摺在結尾處寫道，

> 夷情叵測，一二年間或竟如嘉慶七年十三年擅將兵船駛入澳門及附近海島，希冀要求，事難逆料，雖該國遠隔重洋，斷不能久停貿易，自絕生路，而邊禁海疆不可不預籌防範，臣等現在查勘海口炮台及各島嶼情形。[50]

對此，嘉慶回覆道，不僅各港口都應嚴密防範，各島嶼也是。[51]

第四部分

疏離

第十七章

李自標四處藏匿的晚年

當阿美士德勛爵率領的使團在中國乘船南下之時，李自標正在翻山越嶺趕往山西西部。雖然李自標面對重重困難時一直很鎮靜，但他此時肯定也會滿腹憂慮。嘉慶在獲得各地基督教活動的奏報之後，向各省巡撫發布了一條嚴厲的命令，要求將拒不棄教的人發配新疆。山西巡撫在督促下屬發掘此類案件時用力之深，以至於偏居東南一隅的李自標也受波及，不得不外出逃命。[1]這兩件事情同時發生可能並非完全巧合：嘉慶開始將基督教視為宗教叛亂的威脅和東南海岸的歐洲人之間的聯繫。

回到1805年，當一名教會的送信人被捕時，嘉慶懷疑西方人在華刺探情報，嘉慶決定親自閱讀一些傳教士出版的書籍。讀完之後，他大為震驚，不僅因為西方人不遵守儒家的準則，更因為他們聲稱「其天主是萬邦之大君」、「耶穌係普天下各人物之大君」。[2]於是，他禁止宮中剩下的傳教士傳播福音、刊印書籍，甚至與內地人民有任何往來。李自標聽聞京城的兩座教堂被拆毀，城中僅餘三名歐洲傳教士。[3]

1811年，一名叫張鐸德的基督徒在返回陝西老家村子時被捕，結果導致嘉慶的擔憂愈發強烈了。張鐸德實際上是一名神父，之前在山西跟著李自標學習。官府並沒有發現這件事，但是他卻做了一份詳盡的供述，仔細講了基督教的活動和觀念。兩年之後，經歷了天理教之變的嘉慶下令徵集改進政府的建議，人們開始仔細查看張鐸德報上來的供述。嘉慶的一位研究宗教教派的頂尖專家指出，基督教有其「教化皇」（教宗）、官職和官階，所有這些都暗示著一個替代的政體，並從這一點開始論證外國人有意激起中國人反對官府，因此必須被控制住。他用來指代外國人的詞不僅有「西洋人」（長期以來用以指京城的傳教士和澳門的葡萄牙人），還有「夷」（這個詞則和英國人緊密相關）。[4]所以當一名廣東生員於1814年在京城被抓並被查出藏有鴉片，嘉慶立即將此事與基督教聯繫起來，並用朱筆在此案件的草詔上另外寫道，基督教有損於固有的綱常，「危害遠甚於白蓮教」。[5]這名生員並沒有被指控為基督徒，但是對於皇帝而言，鴉片和基督教這兩個邪惡事物的淵藪都在廣東一省，而他提過小斯當東的朋友李耀可能是基督徒，也是基於這原因。

1816年春，阿美士德勛爵的使團即將到來時，嘉慶皇帝強烈支持一本反對基督教的冊子，其中不僅將基督教同鴉片聯繫起來，還指出了歐洲人在政治上的潛在威脅。其作者朱世炎是一位有名望的學者官員，開篇借基督徒不採取妥當的葬儀這一常見的說法來抨擊基督教。然而，他也將基督教的問題同歐洲人在華南海岸造成的威脅聯繫起來。按照他的說法，基督教之所以強調天堂，背後的原因是西洋人想要讓新入教的人心甘情願地為他們犧牲，這些都可見於噶爾巴（Gaerba，可能是爪哇）和呂宋（在今菲律賓）的歷史，西方人誘使當地人信奉基督，卻霸占了他們的領土。作為對照，他引用了日本的例子，當日本人意識到傳教士的所作所為時，便拒絕赦免任何不願踐踏十字架的人。這些都不是什麼新的見聞，實際上很多事件都能追溯到十七世紀，可以肯定朱世炎是從明朝典籍中獲得他的材料，但是他將這些事同在廣東的歐洲人聯繫起來，這一舉動的政治意涵則是頗為激進的。[6]

李自標則生活在這樣的智識世界的邊緣。他給羅馬的信中提到，因為1813年的叛亂乃是由一個假宗教的成員所發起，官員們就試圖透過禁止任何看起來像是教派的團體來根除問題，換言之，消滅任何成員聚集起來一同禱告的組織。[7]實際上，他也變得相信華夏一族如此熱愛自己的古老習俗，「將不會接受任何信仰的正當性，不管多麼適合」，這也從根本上導致基督教在中國寸步難行。[8]然而，他也注意到，皇室一脈受到另外一種宗教的「徹底奴役」，即藏傳佛教，同時官府也容忍了他所謂的遍布於無知的普羅大眾之中的迷信。[9]

李自標本人則恪守基督教教義，這始終是他個人認同的核心。他給那不勒斯的中國學生寫信，勸說他們在聽聞要求流放基督徒或是處決傳教士的新律法時切莫惶恐，因為這並非在每個地方也並不一定得到實際執行。他們應該從這樣的刑律中得到激勵，「生存即基督，死亡乃得到。」[10]在阿美士德使華的前一年，他仍然在給羅馬寫信，信中寫道，正是有賴天主的仁慈和庇護，他所在的地方仍然沒有發生野蠻的迫害，但是人們心存恐懼，不敢讓他進入家中。[11]

李自標的生活無疑也為之改變。傳教士現在被當作頭號逆匪，只要通風報信讓官府成功將他們捉拿歸案，就會得到懸賞。他的兩位來自那不勒斯書院的同事被判發配新疆，終生佩戴卡住他們脖子的沉重木板枷鎖。他本人安逸的生活被打破，再也沒有辦法繼續住在馬廠相對富足的基督徒家中，或是從一家轉至另外一家。基督教的儀式必須在夜間祕密舉行。正如以往經常發生的那樣，在遭遇巨大壓力或是不幸的時候，他又變得時常陷入病患之中。越來越多的時間裡，他都待在趙家嶺，這是一個山上的小村落，大約有五十戶人家，都是些貧苦的農民和小商販。[12]

趙家嶺的村民都是天主教徒，因為村子比較難找，又離向北通往該省中部的道路不遠，以往時不時會有神父在此處歇腳。[13]李自標用了紀念樞機主教斯特凡諾·博爾賈（Stefano Borgia）的錢，有可能來自他的朋友喬瓦尼·波吉亞，在此處建了一間屋子，供兩位年輕女子和一位年長的寡婦按照天主教徒的方式生活。看上去似乎這些女子中至少有一位來自平原上的某一個比較富裕的天主教群體，而她們之所以住在趙家嶺，是因為這種處所如果引起當地官府的注意會招致麻煩。後來在村民中流傳著一個故事，講的是一位神父說服一名寡婦捐三百吊錢，用以修建教堂。十九世紀晚期的歐洲傳教士看到了這處小禮拜堂，乃是由整個教區出資，加上來自羅馬的捐款興建，算得上是整個區域唯一真正的教堂，因為其他的都是人們自家的禮拜堂，所以他們對此十分珍惜，它毀於地震後，又出資加以修復。[14]它得以保留至今：這是一處小窯洞，外牆面用磚砌成，向遠處望去是一個寂靜的山谷，那裡有鳥兒鳴唱和羊群咩咩叫。然而，當時像李自標這樣富有能力和歐洲學識的人之所以和貧苦的農民一起住在山中窯洞裡，是因為他住在其他任何地方都會充滿危險。即使在這裡，幾乎可以肯定的是村民也斷不敢讓他同他們住在一起，而是幫他建了一間屬於自己的窯洞，供他閱讀和祈禱。

1816年，李自標翻山越嶺逃往山西西部，原因就是即使在趙家嶺，他本人和村民們也面臨著過大的風險。對基督教的鎮壓

圖17.1　趙家嶺村現址。村民曾居住於挖在鬆軟岩石中的窯洞裡，有些雖已廢棄，但仍可見。

已經到了不遠處的屯留縣，十五年前當他初次來到此處時，有不少人皈依，令他欣喜不已。如今屯留的基督徒慘遭抓捕和毆打，並被強迫背教。有六人堅持不從，於是被發配新疆，而另有十二人願意踐踏十字架，並因此獲得較輕的懲罰。這一案件被記錄在清朝的檔案中，令人驚詫的一點是，儘管李自標在過去曾有數月在此地傳教，沒有任何人吐露半點關於李自標的消息。當被訊問到他們以何種途徑接觸並信奉基督教時，有的說他們是跟著父母學的，還有人說他們是從已經故去的村民那裡了解到的。他們的回答各異，也都有可信度，基本上無法追蹤，所以巡撫也無法繼續深究此案。[15]

圖 17.2　李自標在趙家嶺所修的教堂今日的模樣。那兩個後邊的拱門通向一間狹小的內室。

李自標擅長與人打交道，這讓他在乾隆的宮廷中替英國人翻譯時一直安然無恙，此刻也讓他得以倖存。過去的數年間，許多歐洲傳教士和許多那不勒斯同學都遭到出賣而被官府捉拿，經常是因為基督教群體的內部不和導致官員關注到他們的存在。李自標得以逃脫，有賴於他能夠處理好他與共事的人們之間的關係，所以人們願意替他承擔風險。後來一位荷蘭傳教士看到了李自標寫的一封記載了當地事務的信，由此注意到他對他所接觸的人的性格和行為有著頗為明智的評價，而其中不乏不信教的人。[16]李自標自己的看法是，「如果在每個基督教群體中都有一位懂得如何同異教徒打交道的人，危險便不復存在。」[17]

在與李自標共事過的歐洲傳教士裡，沒有人對他不充滿敬意：若亞敬甚至推薦他擔任主教。十七世紀中曾有一名中國人被封為主教，但是直到二十世紀都沒有再產生其他的中國主教。然而，並非只有嘉慶一個人認為基督教在中國能像曾經在日本那樣被完全剷除。在羅馬，人們也認為自己在看著中國的傳教任務走入完全的失敗。曾經在北京的宮廷裡工作超過一個世紀的傳教士已近乎絕跡，幾乎不可能偷偷運送歐洲人入境，法國傳教士徐德新被處決而非驅逐。教會官僚開始考慮任用中國人當主教，也徵詢了僅存的三位在華歐洲主教的意見。唯一被確切提及的中國人便是李自標，儘管在福建的主教只是籠統地支持這一想法。不過，若亞敬寫信表示李自標「精明且無所不能，憑藉他的才智、學識、熱忱和對教座的忠誠。」[18]當考慮此事的委員會向前翻閱李自標的檔案來尋找其他評價時，他們發現若亞敬之前便說他是「最為精幹且諸事皆能，因為有才智和學識」，他唯一的負面評價是因為他的「健康似乎不太可靠，雖然他在精神上已做好準備，但傳教時卻有力不從心的時候。」[19]

這些提議從未被付諸行動，所以李自標也沒有成為主教，不過果真當上的話，幾乎肯定會導致他行蹤曝光，繼而被流放或處決。當年為李家贏得榮耀的是李自昌的兒子李炯。李炯放棄天主教而改尊儒家學術的事跡在涼州廣為人知。李炯背教成為主政的官員爭相稱道的事情。在一生苦學之後，李炯終於在1817年通過在北京舉行的殿試。他在從京城返鄉的路上亡故後，其生平被記載下來，作為家鄉顯達的人物供後人研究。[20]

1820年，隨著嘉慶離世，對基督教的鎮壓也告一段落。李自標向羅馬解釋，繼承大統的道光皇帝對此事並無興致。時不時仍有基督徒被流放，但是官員們已經不再那麼積極，因為皇帝不再熱衷此事。李自標則是看到了更大的敬神力量在起作用，「因為人類的敵人在施加著他惡魔般的精力以及他的全部力量。這在各處都是一樣，但是在不信教的地方尤其如此，目的就是要蒙蔽眾人的眼睛，就是怕當福音之光升起之時，他們會逐漸理解到真理。」[21] 李自標回到馬廠生活，在那裡他驚喜地發現信教的人數並沒有減少，有些人雖然在官衙裡棄教，但這僅僅是軟弱和怯懦的表現，而真正在心裡面背教的態度並不存在或是極為罕見。他如今已經年屆六旬，在給羅馬的信中寫到他身體尚佳，但是頭髮已經花白，自己心裡清楚死亡已經臨近。[22]

在馬廠，他又恢復了通信。那不勒斯書院急於找到新的中國學生，而李自標幾乎是他們唯一倖存的通信人。馬戛爾尼使團歸程時，他派往那不勒斯的一名中國學生成了一場災難，其行為讓他成為對傳教事業的巨大威脅。最終，李自標送去了兩名他頗為熟悉的男孩。其中一位是王多祿（Wang Duolu），十五歲，李自標在馬廠時經常住在他家。當他們抵達那不勒斯時，書院院長寫信描述了當兩位年輕人被帶去覲見國王時的人群，以及他們正式入校時舉行的慶祝活動，這些場面「你肯定不難想像，因為你知道這裡是什麼樣子。」[23]之後，李自標寫給在那不勒斯的中國學生的信裡都是要傳遞給他們的消息，包括一則令人傷心的事件——趙家嶺的小禮拜堂掛起了一個尊孔的匾額，此處被改為當地的孔廟，為的是讓省裡巡撫派來的人能夠看到。[24]

令他最為感動的還是收到了來自喬瓦尼·波吉亞的信件和禮物。在迫害最為劇烈的時期，李自標僅同羅馬和那不勒斯的華人學生通信，因為他視此為自己的義務，但這已經殊為不易。有一次，他提示學生們告訴他有關波吉亞的事情，因為「我十分關愛此人」。[25]在對基督徒的迫害最為熾盛的時刻，面對重重危險，他引用了耶穌的話，「愛惜自己生命的，就失去生命」，還通過這些學生向波吉亞和他在學院的同輩、當時已成為書院院長的伊尼亞齊奧·奧蘭多（Ignazio Orlando）送去特別的問候，並轉告他們「如果不是身處這個帝國的緣故，我每年會給他們寫很多封信。」[26]他請求這些中國學生如果路過廣州的話，替他給波吉亞買一個中國的禮物，錢則從他存在澳門的教會庶務那裡的戶頭上出。許多年後，嚴寬仁的侄子在學成歸國時，帶來了波吉亞贈送的一套宗教書籍，同時一封信也寄達。[27]

李自標對此的回覆，也是唯一一封使用非正式的「你」作稱謂的信，見證了友誼的力量，在他返回中國逾三十年後，仍然將他同歐洲聯結在一起：

> 最受鍾愛的先生，我想——也不知對錯——我寫給我們的院長或同事的某一兩封信已經足夠保留和體現我們靈魂的結合，這始於我們的早年，所以許多年來，除非有緊急的事由，我沒有單獨給你寫信。對於許多我本該致信的人，

我也一直未能提筆。你智力超群，自然會意識到其原因在於路途遙遠所帶來的困難以及對危險的擔心，因為攜帶這樣的信件在這裡經常被視為不可接受。至於其他方面，我們想要了解彼此身體健康和互相關愛的願望從未被否認。[28]

他隨後感謝波吉亞寄來了書籍，「但是令我更加欣喜的是，你同我的聯結不僅是在精神層面，而且在我們年邁時也絲毫不弱於我們年輕時，你也印證了你曾經講給我的話，即在年輕時不能容忍的事情在年邁時得以容忍，而軟弱的年輕人在老年時變得更強，這些話語中的真理在我們身上得到了見證。」[29]信件的其餘部分講述他在上了年紀之後日常生活中所要面對的困難，以及需要波吉亞為他祈禱，「我只要一息尚存，便不會辜負我的使命。」[30]

兩年之後，李自標於1828年離世，並被埋葬在馬廠村。[31]他在與人交往時的卓越能力意味著他從未被捕或流放，但是他突出的語言和智識能力導致的後果卻是他一生都藏在中華帝國的一個偏僻又閉塞的角落裡。他始終將自己的生平理解為一項偉大的全球壯舉的一部分，在給羅馬的最後一封信中寫到，他總是感謝天主讓他在過去的三十多年中能夠從事神聖的傳教工作，卻只得到了「非常微小的回報」，原因並不是無限仁慈的天主沒有增加基督徒的虔誠或是感化某些異教徒，而是他自己的罪過和無能阻礙了任務的完成，以至於「從這片主託付給我的果園中，並未能收穫您和整個神聖教會所期望的精神果實。」[32]

李自標死後，若亞敬寫信給羅馬稱讚他是「一位在能力和理論方面擁有最為堅實的基礎的人，超過其他任何人。在過往的數年間，每年能夠和他共處一段時光，對我來說是一種莫大的慰藉，因為我可以和他輕鬆地討論事情，不論是日常普通的事件還是過去發生的不尋常的事情。」[33]此後的年歲中，神學院的年輕中國學生如果在學業中取得了特別優異的進步，經常會被誇獎為是沿著李自標的腳印前行，因為在李自標身後，全省再也沒有出現神學家。[34]

第十八章

小斯當東在議會

小斯當東於1817年返回英國，時年三十六歲，是家財萬貫的從男爵。他比英國的任何人都了解中國，因此期望其知識、財富和地位能夠讓自己從事外交或是在政府中就職。[1]有這樣的職業生涯，他應當足以影響英國對華政策。但這些都未實現。他與中國的聯繫反而造成了他遭受排擠和嘲弄的肇因，這也加劇了一直困擾他的社交焦慮，這些都源自他的背景和異於常人的教育經歷。

但小斯當東想要獲得議會的席位仍可謂易如反掌。在1818年選舉中，他成為了康沃爾郡米切爾（Mitchell）村的議員，這裡有十八位選民。這樣一個席位的通行價碼是四千至五千英鎊，這對於小斯當東來說並不是問題。實際上，他可能支付了一個很合適的價錢，因為掌控這個席位的是強硬的托利黨人法爾茅斯子爵（Viscount Falmouth），他同意讓小斯當東以獨立身分當選。[2]廣州賺了錢的中國商人會捐個功名或者職銜，和他們一樣，小斯當東也能夠利用自己的財富買一個政府中的職位。

不過，和中國的情形一樣，貿易為貴族所鄙視，而土地則是最安全和最受尊重的投資形式。小斯當東在鄉間買了一處田產。他拋棄了一些浪漫的想法，像是購買一處與中世紀斯當東家族相關的地產或拜倫之前在紐斯特德莊園（Newstead Abbey）的故居，轉而購買了利園（Leigh Park），這處宅子相對較小，位於面朝大海的山坡上，能夠俯瞰樸茨茅斯。在房屋雅致的圓形門廳處，有一個先進的火爐供暖，另有數處酒窖和一個不小的溫室花園。這處宅子可能也較為便宜，因為買家擔憂乾腐病，上一次出售已落空。[3]

小斯當東成家立業的最後一步便是娶妻了。他在這一時期購買的一本書是珍・奧斯丁的《曼斯費爾德莊園》（*Mansfield Park*），其故事情節圍繞著一位家資豐厚的從男爵婚配的逸事而展開。奧斯丁此時剛剛過世，與小斯當東屬於同一世界：她家族的房產位於利園北方數英里處，她的侄子是附近一個教區的牧師，她的兄弟是馬禮遜在華的友人。[4]事實上，這些年來許多人都在張羅小斯當東的婚姻。因此有那些在戈爾韋舉辦、他十分喜歡的聚會。他上一次返回英國時，簡・馬戛爾尼就試圖安排他與巴羅的女兒相親，她那時只有十來歲，但是當小斯當東完成在華任期時，她就會是當嫁的年齡。約翰娜（Johanna）在她五十多歲時仍然會談起他們在一起共度的歡快時光。然而，小斯當東卻開始避免住在巴羅家。他閱讀愛情小說，也一直喜歡跳舞，在他的第一個倫敦社交季裡熱衷於參加舞會，但是他卻始終未婚。[5]

起初，他對於擔任議員頗為享受，贊同有些人的說法，即「下議院是倫敦最好的（儘管更像是代價昂貴的）俱樂部！」[6]議程在下午過半後開始，小斯當東會參加，坐在自己位於後排的座位上，聆聽那些顯赫的政客開啟當天的辯論，在用過晚餐後回來

圖18.1 約瑟夫·法蘭西斯·吉伯特（Joseph Francis Gilbert）所繪的利園。這是小斯當東為其倫敦住宅所委託的一系列畫作中的一幅。一輛馬車載著賓客駛來，能夠看到草坪上的兩個園丁和一隻狗：這是小斯當東的理想。從煙囪中升起的煙暗示著溫暖的室內，以及為溫室植物而加熱的溫室花園。他於1832年又增添了哥德式的藏書室。

聽取辯論的總結陳詞。他享受這種「智識的盛宴」，仔細地傾聽各個辯論，以極為嚴肅的態度對待晚間議程結束時的投票。[7]但是在他擔任米切爾的議會代表的八年間，他總是無法讓自己面對發表演講這一考驗。他也從未加入政黨或是參與政治競選。他會傾聽、會餐和投票，但「確實是**無事可做**」。[8]

這一時期的下議院由貴族子弟所占據。本傑明·布羅迪將這一類的人描述為打小就被培養成無所事事，成年後以政治、旅行、戶外運動、賽馬或賭博來填充自己的生活。[9]小斯當東和他的表親們在這樣的世界裡都不愜意，但是他們在其間顯得比他更為成功：本傑明・布羅迪成為了御醫，彼得・布羅迪是一個物權法相關的委員會的主要成員，而湯瑪斯・登曼則成了英國的大法官。小斯當東從未取得他渴望的政府職位，但是他的問題並非僅僅在於社會階層之分：他的中國背景本身也變成了一個問題。[10]

馬禮遜從中國返回之後，兩人都意識到彼此之間有多少共同之處。馬禮遜現在出了名，但是在返回紐卡斯爾後莫名其妙地感覺格格不入，他知道小斯當東是理解這一點的人。馬禮遜的夫人說回國後的兩年間，他唯一的休閒便是訪問利園。他此前已經訪問了小斯當東在馬里波恩的房子，這是一個簡單、安靜的住處，其中的裝飾主要是小斯當東新近購入的一些價格不菲的大師舊作、家族成員的肖像（圖2.1）和關於其田產的畫作。乍看之下，利園顯得大同小異，門廳處有彩繪玻璃窗戶，展示著斯當東的盾形紋章和他的愛爾蘭田產的景色，旁邊是一幅油畫，畫的是被獵殺的獵物。這顯示的是小斯當東作為英國有產紳士的一面，他試圖以這樣的形象出現在鄰居和選民的面前。但實際上他從未開過槍，他同當地獵狐活動的唯一聯繫就是在獵犬踐踏他的花園時大聲地抱怨。[11]

直到進入撞球室，他們才開始提到中國，這裡是小斯當東同至交好友休憩的地方。牆上掛著與中國相關的繪畫。在火爐上方空間的中心位置懸掛著潘有度的肖像（圖12.2），兩翼的畫都是關於對海王星號水手的審訊（圖13.2）。小斯當東還能指出額勒桑德所作的他在乾隆皇帝御前下跪的素描，以及他在那次出使時獲贈的緞面坐墊，擺在靠窗的椅子上。[12]

他還邀請曾在中國陪同他們的馬吝前來與馬禮遜相見，三人徹夜長談。翌日上午，他們一起在花園中散步。在離房子不遠處，他們來到了一處古典風格的聖殿（圖18.2），這是小斯當東

圖18.2 約瑟夫·法蘭西斯·吉伯特所作的聖殿前草坪，1832年。聖殿可遠眺大海，內有小斯當東父母及潘有度等友人的紀念物。園丁們正忙著修剪和清理草坪。

在母親死後於1823年所建。裡面有他父母的紀念物，但是令馬禮遜感觸良多的是一塊用來緬懷其他朋友和親戚的牌匾。上面的名單簡單地按照過世的日期排列，其中包括幾位兩人在中國都認識的人物：兩位年長的東印度公司商人、兩位來自澳門的天主教傳教士、成為小斯當東首位投資人的喬治·米勒船長和潘有度。[13]

後來小斯當東還買了一個價值不菲的銀質鍍金墨水瓶以及配套的燭台，並在上面鐫刻了「致神學博士馬禮遜牧師，來自他親密無間的朋友喬治·湯瑪斯·斯當東」的銘文。[14]禮物在馬禮遜動身赴華之前寄出。小斯當東和馬禮遜共事多年，彼此敬重，但是由於強韌的階級界線，兩人都視小斯當東為馬禮遜的贊助人。小斯當東列上馬禮遜所有的稱號，並將自己僅僅描述為一位親密無間的朋友，這是一件並不尋常的事情。馬禮遜大為感動，在致謝的信中寫道，「在過去二十年間，您不辭俯就——請容許我這樣說（考慮到我卑微的處境）——賜我以友情……就您臨別贈言中提到的『親密無間』的友情，請接受我最誠摯的謝忱。謹願我們的救世主降聖福與汝！」[15]

多年之後，當小斯當東寫回憶錄時，他聲稱他之所以停止了他的中國研究，乃是由於回到英國之後便沒有時間，而且無法得到中國學者的協助，他也無法翻譯。這種說法只是部分真實，因為這肯定不是他剛回國時的打算。他帶回來超過三千卷漢語書籍的典藏，堆滿了他在倫敦住處的一整個房間。[16]他於1821年發表了《中華大使所述中國出使土爾扈特韃靼可汗之紀略》（*Narrative of the Chinese Embassy to the Khan of the Tourgouth Tartars by the Chinese Ambassador*），這是圖理琛所撰《異域錄》的加注譯本，講述了奉康熙皇帝之命前去聯繫居住在俄國伏爾加河流域的土爾扈特蒙古人的旅程。一百年前，該書已經被部分譯為法語並出版，用以提供地理資料，一同出版的還有那批首次將基督教傳播到李自標涼州故里的耶穌會傳教士所做的天文觀測。小斯當東選擇此書另有他因：如譯本題目所示，他將圖理琛的旅程視為一次出使。他理解這來自於康熙統治時期所面臨的外部形勢，但他也認為該書顯示了「中國人反社會的體系」並非一項本質特徵，而是一種政策。[17]正是英國海軍在華南海岸所展示的武力使得中國政府無法在放棄這種政策的同時「在某種程度上無損於自身的安全」。[18]翌年，他又出版了《中英商業往來箚記》（*Miscellaneous Notices Relating to China and Our Commercial*

Intercourse with That Country）以支持他的論點，開篇是一些譯文，但是其中主要是他自己關於對華貿易的一些論文。[19]

這些書籍意在顯示同中國開展外交是行得通的，也為了證明小斯當東的專長，但是反響卻不如人意。中國無涉於歐洲列國為了達成勢力均衡而開展的爭鬥，因此那裡發生的任何事情都不太可能給倫敦的政治帶來實質影響，因此也無人問津。在給馬禮遜的信中，小斯當東寫道，「在中國這一主題上教導公眾幾乎等同於虛擲光陰。」[20]這些書讓他能夠保持末流名人的地位，但是並未引起政府的關注，更不用說得到任命了。1823年，心灰意冷之餘，他做了一個大手筆，將自己所有的漢語藏書都捐給了新成立的皇家亞洲學會。[21]

1826年，當小斯當東因為支持天主教徒的宗教自由而丟掉了議會席位後，他開始嘗試向中國專家之外的身分轉型。有人邀請他加入業餘愛好者協會（Society of Dilettanti），但是必須先完成一次歐陸壯遊，所以他便動身前往義大利，「輾轉於宮殿和教堂」之間，抱怨那裡冬日的天氣，享用了當地的葡萄酒，也買回一些昂貴的藝術品。[22]他還著手修葺利園的花園，增添一處湖泊，擴建溫室花園，甚至讓一株香蕉樹結了果。[23]在愛爾蘭，他在科里布湖岸邊設計了一處新的房產和花園，並遵照父親的遺願選了一個繼承人：他的戈爾韋表侄中年齡最大的喬治·林奇（George Lynch）。他給了這位年輕人一筆津貼，還將他安頓在這處新房產中。[24]

在倫敦的社交圈中，人們想要聽的是馬戛爾尼使華和叩頭的故事，而非小斯當東關於英國當下對華關係的觀點。他見人時鞠躬的方式也與這樣的想法不謀而合，遂成為大家開無心玩笑的話題，似乎他是一位從中國風格的風景畫中走出來的人物。亨利・克拉布・羅賓遜（Henry Crabb Robinson）很高興能在一次宴會中坐在小斯當東旁邊，但是主要對老斯當東關於馬戛爾尼使華的記述感興趣。他對於小斯當東的評論是他鞠躬的方式讓他「看起來有點可笑；但是他有十足的紳士風度，我相信他在各個方面都是可敬的。」[25]愛爾蘭小說家瑪利亞・埃奇沃思（Maria Edgeworth）在一個喜歡邀請名流的女子舉辦的聚會中遇到了他，寫道，「我從未見過和他鞠躬的樣子同樣滑稽的事情，我覺著在我見他時每說一個字，他就會鞠一次躬，沒完沒了。」她把他描繪為「勻速晃動的洋娃娃」，就像一個盒中玩偶，不斷被按進匣子裡又彈出來。[26]因為有馬戛爾尼使華，人們在見到他時總會想起鞠躬的事情。在先前與廣州的清朝官員的談判中，究竟要採取何種程度的禮儀本就是無休止的爭議話題。現在，由於不適應他想要融入的貴族社會，他鞠躬過多，而人們在他背後取笑他是一種中國玩具只會令他平添焦慮。

他結交的一位真正的朋友是馬丁・阿切爾・席（Martin Archer Shee）爵士，他是位肖像畫家，擅長讓人感到輕鬆自在，也有著非常類似的愛爾蘭出身。他們通過業餘愛好者協會相識，當席爵士遇到麻煩時，小斯當東花了大價錢委託他為自己的倫敦住所創作一幅巨幅肖像（圖18.3）。席及其家人遂成為利園的常客，即使在罹患重病、行動不便後，他還繼續前來並盤桓多日。其子後來描述小斯當東「具有迷人的活力、廣博的知識和誠摯的善心，為利園的社交氛圍帶來了一縷獨特的魅力，人們但凡有幸體驗過這種令人振奮的影響力，便再難以從記憶中抹去。」[27]

小斯當東通過1830年的大選重返議會，鼓足勇氣發表了他的首次演說，不過顯然是迫於他的戈爾韋親戚們的壓力：演說是關於將戈爾韋當地的普選權放寬至天主教徒。然而當時的重大政

圖18.3 馬丁．阿切爾．席爵士所作的小斯當東肖像，1833年。

治問題是議會改革。這對小斯當東而言頗為複雜，他繼承了父親作為愛爾蘭人的自由觀念，但是他的席位卻來自一個改革者致力於廢除的衰敗選區。雖然受自己相互矛盾的觀念所困擾，但在兩派勢均力敵的議會中，他手握著一張關鍵的搖擺票。[28]

他被人詬病為優柔寡斷，但用相對主義來形容他可能更為恰當：他關於英國政府的觀點出自他在中國擔任口頭和書面翻譯時所發展出的觀念。當他思考如何投票時，他在自己的私人筆記本中寫道，「在政府體系中，是非對錯取決於人際關係。」[29]他繼續寫道，沒有一位賢明的政治家會期望改變一個國家的政府，無論是「通過民主制、貴族制或是絕對君主制」。[30]不意外地，他隨後對此加以限定，稱一個體系如果不能良好運轉則可予以更易，變更之後應當能使之更好地運轉。譯者所具備的這種接納完全不同觀點的能力也使得他投出了一些從政黨政治的視角看來十分離經叛道的票。

在那些關鍵的時刻，小斯當東總是投票支持改革，而且因為他在議會裡總是不怎麼講話，所以他的意見少為人知。正因如此，當他在1832年大選中爭取南漢普郡（要選出兩位議會成員）的席位時，他和巴麥尊勳爵（Lord Palmerston）作為改革票而相匯。兩人年紀相仿，都對外交事務感興趣，而且兩人此前都曾買過席位，但是巴麥尊是子爵，擁有大片地產，還擔任外交大臣。聚焦巴麥尊和小斯當東的選舉受到批評，主要是因為兩人連成一氣：他最無法忍受的攻擊——可能是在於其中的性暗示——指控他對巴麥尊「哪怕算不上**投懷送抱**，也是**欲拒還迎**的伴侶。」[31]

對小斯當東的批評也會取材自大眾對中國的印象。百靈家族的一位親戚同樣來自那個嘲笑小斯當東的倫敦社交圈，曾經在給朋友的信中輕率地寫道，「我擔心我們將要被斯當東爵士所代表，此人在郡中到處低頭哈腰，如同滿清官吏一般。」[32]在媒體中，這種中國風格的意象被進一步深化。《漢普郡廣告》（*Hampshire Advertiser*）中的一篇韻文拿小斯當東在阿美士德使華時拒絕向茶壺之王（嘉慶皇帝）叩頭的事情，來對比如今他支持格雷勛爵（Lord Grey）領導的改革派的意願：

「在地上磕頭九次，」茶說，
　「我乃日月之兄弟」；
斯當東說，「我絕不會照做——
　不，我很快就要____。」
現在的斯當東已經大不相同——
　身長不過五英尺加一指距；
「在地上向我磕頭」，格雷勛爵說，
　小個子便撲通跪了下去。[33]

不過當年是改革者之年，小斯當東和巴麥尊借助公眾熱情的浪潮一舉贏得選舉。當小斯當東返家時，他發現當地的市鎮已經做好布置，二十六位青年男子身著白衣，腰纏紫帶，帽子上還有月桂樹葉，堅持要解下馬具，並親自拉著他的馬車穿過哈文特（Havant）擠滿人群的街道。[34]

所以當小斯當東返回議會時，他突然變得自信滿滿，而此時東印度公司在對華貿易上的壟斷權利即將到期，它與清廷的關係也將終結。他決定要全力說服議會，如若未同中國政府事先達成一致，單方面的改變會帶來災難性的後果。如果不是「絕對尋求」一個同中國開戰的藉口，沒人會考慮將一位英國代表置於這樣一個可能使人丟臉的境地。[35]這些論點被視為東印度公司的特殊懇求，幾乎沒人關注中國，小斯當東在尋求為他的議案安排議會辯論日期時遭遇重重困難。

當一天夜間終於輪到小斯當東的議案時，時間已經不早了，巴麥尊剛剛就英國與葡萄牙的關係發表了一番令人振奮的演說。

所有人對中國都提不起興趣，但小斯當東卻緊張得難以動彈。在上面旁聽席的報紙記者們才聽到小斯當東開口講幾句話，他的聲音就淹沒在四周漸起的交談中。當他辛苦地完成自己的演說後，一位官員提出清點人數的動議，確保有足夠的法定人數在場。後來發現在場有所需的四十位議員，但這是一個讓人離開的強烈暗示。議員們開始離場。十五分鐘後，下議院再次清點人數，但已不足法定人數，辯論被迫延期，這讓小斯當東感到十分屈辱。[36]

翌年，當新的大選宣布之後，托利黨人有了一個更好的箭靶。小斯當東有使用擴音小喇叭的習慣，對此巴麥尊曾試圖禮貌地勸阻。[37]一首含有猛烈抨擊的歌謠《天朝上國大人G・司當－清－國爵士的哀慟》（*The Lamentation of Sir G. Stan-ching-quot, Mandarin of the Celestial Empire*）把他表現成因為從茶葉貿易牟利無望而哀慟，同時被判出局，「像隻落敗的公雞」。[38]托利黨勝選後，當地報紙中的當選結果名單將出了名的花花公子巴麥尊喚作「丘比特」，而小斯當東為「叩頭」（Koo Too）。[39]獲勝的托利黨候選人發表了勝選演講，其中提到要終結「外交禮儀和象形文字的支配」。[40]小斯當東將剪下來的報紙貼到筆記本中，並起草了一封致報社的信件。這種中國風格的意象現在令他心煩起來：外交禮儀明顯指的是巴麥尊作為外交大臣時的談判，但是象形文字又所指為何？難道作者「有意暗示學識成就和外國語言知識成了議會席位的**不適任因素！**」[41]

與此同時，中國的事態發展正如小斯當東所預料。1834年，律勞卑勛爵（Lord Napier）被派往廣州出任英國政府的代表，稱號是商務總監督（superintendent of trade）。在經歷了與清朝官員的長時間對峙之後，律勞卑的健康急轉直下，在返回澳門的途中病故。很快，在廣州的英國商人開始叫囂開戰。

對於小斯當東而言，這些事件都籠罩在馬禮遜在談判之初離世的陰影之中。馬禮遜被任命為律勞卑的翻譯，他不得不擔任這一角色，因為他覺著自己的家人在自己去世後會用得著這些錢。在一場絕無可能成功的談判中擔任翻譯，他在寫給小斯當東的信中對此充滿了擔憂。在廣州居住多年之後，馬禮遜也替中國憂心：鑒於清朝政府的財政難題，開放貿易後會有何種衝擊？如他給小斯當東的信中所說，「我實非那種通過損害或是毀滅其他國家來增益自己國家的愛國者。」[42]

小斯當東私下致信政府官員，自告奮勇同中國人談判，不顧個人安危，以期避免戰爭。[43]他還使用了漢語文件，這是數年間的首次，在他的私人筆記本裡寫下了兩廣總督盧坤給英國人的兩份諭示的大略翻譯。他的翻譯很明顯是快速完成的，但是隨著他思考如何用英語表達某句話，也有一些更正之處，引人注意的是他的版本迥異於馬禮遜的譯文，而後者被收錄在英國政府的檔案中。[44]按照一直以來的做法，小斯當東讓中國官員像歐洲人一樣說話。精疲力竭、狀態欠佳的馬禮遜讓盧坤講出「本人，總督，向上仰望，體現大皇帝如上天一般的善意」（I, the Governor, looking up, embody the heaven-like benevolence of the Great Emperor），而小斯當東則寫為「本人行事遵照我國君仁慈意願之本意」（I act in the spirit of the benevolent intentions of my Sovereign）。[45]而且，他顯然認同盧坤的論點。當盧坤論說中國重視的是「以理服人」時，他給「理」字添加了底線，在談及將英國人逐出的句子裡加入了「侵略者」一詞以符合英語語法。[46]他後來在自己的筆記本中用了盧坤的話語，說律勞卑的行為是「對中國人無端的暴力侵襲，蔑視其法律，攻擊其要塞，殺傷其人民。」[47]

圖18.4　約瑟夫·法蘭西斯·吉伯特所繪的利園湖泊，其中展示了中式的炮台和船舍。從這個角度看過去，中式橋梁為樹木掩映。

在廣州的一位英國商人林德賽（Hugh Lindsay）曾寫了一封公開信，呼籲巴麥尊逼迫中國人開放廣州之外的其他口岸，並簽訂通商條約，理由是中國人並未開化，對待英國人從未平等視之。[48]小斯當東在震怒之餘，在一本小冊子為文回應，論證中國並非適用他種規則之地，而是與歐洲國家無異。他首先提出了一個現實點：林德賽稱對華作戰只需十二艘船和六百士兵。鑒於中國軍隊的巨大規模，小斯當東論稱這只是假設中國人極端懦弱才成立，而他們並非如此。顯然寫下這段話使得小斯當東聯想到，或許他也助長了這種關於中國人的錯誤觀念，因為在利園的花園裡的湖上有一座橋，上面有中式的門廊和銘文，此外還有一個中式的樓閣和船舍。於是他又增添了一處不小的要塞，模仿鎮守廣州下游江面的炮台，在上面還懸掛了清朝的旗幟。[49]

然而，小斯當東的小冊子主要講的是法律，而非軍事。他認為，儘管獲得北方貿易口岸和通商條約頗令人嚮往，但絕非發動戰爭的正當理由。為此而戰「只會讓我們的旗幟和名號受恥蒙羞」。[50]如同對待一個歐洲國家一樣，英國對待中國的方式應當符合國際法。律勞卑派戰船北上廣州實屬不當，而任何其他政府也都會做出像中國人一樣的反應：畢竟，如果法國的軍艦硬闖泰晤士河，英國人會做何反應呢？[51]

林德賽此前稱國際法並不適用，因為中國人並未視英國人為平等的一方，而是稱他們為蠻族。小斯當東認為林德賽對這裡的「夷」字的翻譯值得商榷，反駁說雖然這個字並非正面的詞語，但也不像英語中「蠻族」（babarian）一詞那樣具有強烈的負面含義。他取笑了林德賽提及孔子如何使用該字——中國人可能變化很少，但即便如此，也不能以為一個字當今的含義與兩千多年前無異。此外，使用詞語「最冒犯的含義」來翻譯，本身就會創造敵意。[52]讓他最為惱火的是將中國人指代律勞卑的「夷目」一詞翻譯為「蠻族之眼」（babarian eye）。對他而言，用「夷目」來稱呼一位外國監督是合情合理的。將其翻譯為「蠻族之眼」或許聽上去像是一個無傷大雅的笑話，但是當人們的內心因此被點燃，「出於臆想的侮辱而憤懣，非利劍和刺刀無以消弭，對此再怎麼嚴厲的譴責都不為過。」[53]換言之，小斯當東並不贊同在過往的經典中尋找詞語的真正含義，而是認為翻譯應當以其當下的政治影響來評判。

小斯當東深切關注中國應當受到與其他國家一般的對待，中國人也應被視同常人，而不該因為他們用蠻人眼睛來指稱一位商務監督就嘲笑他們。毫無疑問，這份熱烈的情緒部分是因為他正在寫小冊子，部分是出於馬禮遜的離世，但是考慮到他此前被當作一個來自東方的消遣，而非要聆聽的權威，他的這種個人經歷或許不無關聯。然而，儘管有這一切，兩年之後已經回歸議會的小斯當東投下了支持鴉片戰爭的一票。

第十九章
鴉片戰爭

1839年英國對華宣戰，這是在道光皇帝對鴉片走私採取了一項新的激進政策而引發了一系列事件之後。鑒於大英帝國勢力漸長而清朝羸弱，這樣一場戰爭或許難免，但這是一場清廷無望獲勝的戰爭，儘管嘉慶曾下令加強海防，小斯當東也提到中國軍隊規模龐大。清廷並不具備相應的財政實力來支持那種能夠打敗英國人的軍事行動。

身在廣州的許多人和一些曾在此任職的清朝官員都對此心知肚明，一如吳熊光在三十年前英國占領澳門時所判斷的那樣。不過這些都沒有形成文字：即使在皇朝的檔案中也只有隻言片語，而刊印的中文資料沒有提供絲毫關於英國人的有價值的資訊。林則徐已經抵達廣州要落實新的政策，他急於學習並很快聘用了一整個翻譯團隊，但到這個時候他已經走過了頭，無力扭轉他先前提倡的政策。此外，林則徐初抵廣州時，與英國人素有聯繫的人疑慮頗深，以至於無人願意充任翻譯。到了戰爭結束時，猜疑與危險尤甚，以至於在最終議定條約時竟無一位中方翻譯在場。

戰爭的直接肇因是鴉片，這是小斯當東所未能預料到的。東印度公司遭廢，刺激了一批新的英國貿易商進入市場，以低價互搏。到十九世紀三〇年代晚期，廣泛吸食鴉片導致對軍隊戰鬥能力的擔憂，一些身居高位的官員也擔心購買煙土導致的白銀外流會帶來經濟疲敝和民怨四起。之前也有鎮壓，但會導致英國出動海軍，或者用論辯這些問題的經典話語來說，引發邊患。現在，鴉片的影響所帶來的憂慮與日俱增，道光皇帝選擇支持一項比先前實施的政策都遠為嚴厲的鎮壓提議：其計畫是同時處理吸食者和販售者，如若不改便處極刑。[1]

這項政策的支持者主要是通過科舉制度獲得提拔的漢人，他們視鴉片貿易為道德和經濟問題，而非對外關係的問題，他們對外交也知之甚少。被派去執行新政的林則徐出身相對低微，通過科舉出仕，官至總督。他因勤勞和清廉而政聲遠揚，因此對於這項註定阻力重重的工作，他成了不二人選。在廣東見過他的外國人所做的報告顯示他也頗具魅力，讓人如沐春風，更不用提他身後歷代的中國仕人對他景仰有加。

林則徐在南下途中已經遍閱檔案，並下令捉拿主要煙販。他於抵達八天後下令外國人必須交出所有鴉片，並具結如有再犯，人即正法。英國人開始拖延，而林則徐沿用吳熊光在1808年採用的策略，撤出所有中國傭工並停止食物供應。英國政府的商務總監督義律（Charles Elliot）通知英國商人向他正式交出所有鴉片，並轉交給林則徐，他親自監督煙土在海水和石灰中銷毀。嗣後，林則徐允許貿易重啟。[2]林則徐和義律都清楚英國有可能出動海軍，但是行船依然有賴於每年的季風，所以距離收到倫敦的回應仍有數月時間。

與此同時，林則徐顯然必須盡可能地增加對英國的了解，以便能夠面對即將到來的威脅。他也的確有一位翻譯：袁德輝，此前受聘於內務府〔譯注：實為理藩院〕擔任拉丁文翻譯多年。他出身於天主教家庭，和李自標一樣赴海外留學以擔任聖職。他在英國控制的海峽殖民地（新加坡、檳榔嶼、麻六甲）的一所神學院裡度過幾年時間。之後，在二十五歲上下，他顯然放棄了擔任聖職的想法，轉學到了位於麻六甲的新教英華書院（Protestant Anglo-Chinese College）。書院由馬禮遜創辦，為此小斯當東也做了一筆不小的捐贈。後來由東印度公司資助，既訓練未來的傳教士，也經營著一家基督教印刷所，同時為付費的學生提供專業的漢語和英語培訓。袁德輝已經對拉丁語頗為精通，此時又勤加學習英語。書院的美國、英國學生認為他很無趣，但是自身學歷不足的漢語老師卻為他的漢語能力所折服。他們雇用他將英語譯為漢語，同時為他們即將印刷的基督教書籍書寫中文活字。兩年之後，他返回廣州，大抵是為了入行貿易。1829年，為處理與俄國宮廷的官方交涉，亟需一位拉丁文翻譯來接替最後一批先前負責此事的耶穌會士，他因此被兩廣總督派往北京。然而，看上去他實際上被用於從事英語的筆譯和口譯：次年，兩名官員被派去處理一些遭遇船難的英國水手，他隨之重返廣州，並購入英文書籍。1836年，他以母親病重為由告假，歸期未定，而我們下一次再遇到他的時候，他已經出現在林則徐的幕府中，這顯示他與那些關心大煙問題的人也有交往。[3]

書面翻譯需要慢功夫，袁德輝幫助林則徐建立一個從事筆譯和口譯的團隊。他似乎曾求助於英華書院的一位教師梁發，此人是馬禮遜培養的最早一批信徒（現在最為人知的是，他寫的布道書《勸世良言》引發了太平天國運動）。梁發的兒子梁進德也曾在新加坡上學，他成了林則徐最為信任的譯員。[4]強烈反對鴉片的美國傳教士伯駕（Peter Parker）先前也曾聘用過梁進德，此時也受邀加入林則徐的翻譯團隊。[5]此外還有一位在美國受教於傳教士的青年男子，以及一位父親是中國人、母親是孟加拉人，曾經在印度跟隨英國傳教士學習的男子。一組船難的倖存者被帶來，由林則徐親自問話，其中有一位英國醫生在出席的通事中又發現一位可能的譯員，「一位十分聰慧的年輕人」，英語講得「出奇地好」，原因是他曾在倫敦為益花臣工作八年。[6]

林則徐似乎安排袁德輝和梁進德主要擔任筆譯。梁進德翻譯了一部地理百科全書的部分篇章，摘選關於英國和美國的章節並側重政府和軍事方面，這是用於理解大背景。袁德輝翻譯了滑答爾（Emmerich Vattel）的經典名著《萬國法》（*Law of Nations*）中的相關章節，用於理解英國人運作的法律框架。為檢驗袁譯準確與否，林則徐又請伯駕翻譯了相同材料中的片段。林則徐親自為最終版本作注，其評論將文中的觀點與最近的中國案件聯繫起來。為探究英國對於他的政策會做何反應，他安排譯員翻譯了地爾窪（Algernon Thelwall）的《對華鴉片貿易罪過論》（*Iniquities of the Opium Trade in China*）的部分章節。（地爾窪是收費的編輯，而此書由東印度公司的前雇員匯總，其中很可能有小斯當東，因為他也贊同此書的目標，他還可能已經結識以公開演講教練為副業的地爾窪。）[7]為了掌握近期事態，林則徐安排屬員選譯廣州的兩份英文報紙，其中轉載了倫敦、印度和其他地方的報導。他還將由此產生的《澳門新聞紙》送與那些心有戚戚的同僚傳閱，而其中的資訊也會出現在他給皇帝的奏摺中。[8]

林則徐還向他的翻譯及他人問詢。他在廣東時所作的這些問詢筆記目前僅餘很小的一部分存世，但其中摘錄的問詢包括袁德輝、先前去過英國的容林（Rong Lin）、來自於孟加拉的溫文伯（Wen Wenbo）以及替英國人翻譯的貿易商羅伯聃（Robert Thom）。[9]綜合來看，這些人對擴張之中的大英帝國有著相當程度的大致了解。

但是林則徐卻也能夠向皇帝論說，英國人由於穿緊身的衣服，以至於膝蓋不便彎曲，這導致他們不善陸地作戰。哪怕對英國征服印度的討論再有限，也應可知英國人能夠在陸地上作戰，而且這是一項重大的風險：保護廣州的炮台是為了應對通過水路強行闖入的英國軍艦，阿美士德使華即將結束時曾發生過這樣的事，但是它們對於來自陸上的進攻則毫無保護。[10]更為糟糕的是，這種完全似是而非的論斷乃是在林則徐抵達廣州六個月之後而發，在這封奏摺中，他想要說服皇帝允許他實施他新制定的規定，事關新一季的鴉片進口，如有必要可處決一兩名外國人，而這一行動無疑會加劇危機。他的奏摺將商定的政策概括為從源頭阻止鴉片進口，並杜絕邊患。他稱自己已經暗中調查，結論是實能戰勝英國人。所有的美國人都告訴他，英國人極端好鬥，在東南亞已經占領了一眾城市，毫無是非之分，只會聽從武力。這封奏摺的立論是為了回應朝中的反對者，他們懼怕於英國的海軍力量和財富。林則徐論稱這種觀點有誤；只要中國人小心避免任何海戰，則無需擔心。關於他們的緊身衣物導致他們不適應陸戰的論點正出現在這種語境當中。[11]

林則徐絕非顢頇之人，他在來到廣州之際已經確定了自己要採取的一系列行動。他所需要的知識此前並未曾出現在北京的政策制定過程之中，這一直以來都圍繞著如何處理大煙，卻避開了關於英國海軍力量的話題。儘管為數不少的官員曾在廣東就職，也極有可能清楚英國戰艦的潛在威脅，但這並未成為漢語中塑造公共論辯的書面知識。這些知識仍然屬於口耳相傳的領域，實際上更是只可意會的，對於林則徐所屬的漢族仕人圈層而言尤其如此，他們仍然戒慎恐懼地不去觸碰對外事務這一屬於滿族的特權。盛泰的故事廣為流傳，阿美士德使華時，他由於對英國好奇而被流放多年，他甚至還不是漢人，而是能面見皇帝的蒙古旗人。

林則徐並未就自己在抵達廣東後所了解的情況而重新思考自己的政策，卻挑選了那些可用來支持他的立場的資訊。於是，他安排譯員從持論跟他比較一致的報紙《廣州週報》（*Canton Press*）選取文章，聚焦於關於鴉片貿易的辯論，而這在英國也是一個引發激烈爭議的事情。關於英國海軍，他僅搜集了極少量的資訊；事實上，他唯一關於英國軍隊的長篇譯文，是英國軍隊參加當時正進行的阿富汗遠征的可怕遭遇。這樣的資訊自然傾向於支撐他所持的英國人只在海上稱霸的觀點。[12] 那位見過他的英國醫生描述了他如何關注英式服飾，吩咐自己的僚屬把船上的一名軍官先帶向一邊，再帶向另一邊。為了看得更清楚些，林則徐戴上了自己的眼鏡，時不時地嘖嘖稱奇，全程都在與同僚們談笑取樂。[13] 很顯然，這次對英國海軍軍服的第一手視察，要麼強化了林則徐對於其不利於作戰的既有認知，要麼就是一個給他人加強這種印象的機會。

1839年八月上旬，倫敦收到了林則徐將英國商人拘禁於商館之中和義律交出了所有庫存鴉片的消息。十月一日，內閣在一個為期兩天的閉門會議中決定對中國宣戰，同期也決定對鄂圖曼帝國宣戰。決定性的因素是交出的鴉片據說有超過兩百萬英鎊的驚人價值。政府顯然無法通過加稅來補償這些鴉片走私者，但是內閣也都同意這個金額過於巨大，不能直接讓市場承受。所以他們決定訴諸武力，讓中國人代為支付。林則徐讀過滑答爾，或許能論辯說國際法並不支持向走私者支付賠償，但是此時的內閣受制於政治而非法律，而一場慷慨激昂的關於英國商人受到囚禁和國家榮譽何等重要的演說提供了掩護。時任外相的巴麥尊獲得了向中國和印度發送指令的授權，但這個決定在倫敦仍然祕而不宣。[14]

直到次年開春新一季的船隻自印度抵達之後，消息才逐漸散播開來。返回議會的小斯當東是樸茨茅斯的議員之一，此地則是東印度公司影響力的堅強據點。兩年前，他曾阻止巴麥尊提出的一項在中國設立英國治外法權的議案，堅稱如果沒有中國政府的同意，英國法庭不能侵犯清朝公堂的司法權。該議案後來被取消。[15]如今的巴麥尊在一屆非常弱勢的輝格政府擔任外交大臣，意識到他需要拉攏小斯當東。巴麥尊諮詢他如何向清廷致信，給他發來禮貌的便函，還在下議院安排了小型的非正式會面。[16]小斯當東繼續以他自己的在華經歷，尤其是在1814年議定他現在所稱的地方條約（Provincial Treaty）的經歷，作為觀看在華的事態發展的鏡頭，而他持續進行的要讓中國如其他列強一般被看待的奮戰，也是影響他的觀點的一個要素。他建議英國的談判立場應當奠基於「常識和常規，為全部國家所理解，不論有的國家遵循的程度有多不完美」，又建議「如果沒有一個人質，即使是地位最低下的個人都不應該交到中國人手中」，顯示他的心中回想起李耀案，甚至可能還有他自身在阿美士德使華時的境況。[17]第二封信件提醒巴麥尊，儘管他的信中並未談論鴉片問題，但是他有一種「反對它的強烈情感」，並承諾在下議院支持反鴉片的動議。[18]

隨後在1840年四月，當反對派就政府處理在華事態提出不信任案投票時，巴麥尊給予小斯當東一項殊榮，安排他第二位出場替政府辯護。這是一場關乎現任政府能否繼續掌權的重要辯論。終於，中國成為英國政治真正關切的重要事務，而小斯當東將處於整場辯論的中心。下議院擠滿了人，辯論持續了三天，所有當時政壇的大人物都做了發言。小斯當東終於要被認可為中國事務的大專家。

小斯當東上了鉤，但是他並不僅僅是因為受了奉承便支持戰爭；和往常一樣，他能夠看到事情的兩面。他的演講大部分是表達對鴉片的反對以及他支持按照國際法來對待中國的信念。隨後的發言者之一抱怨說，他只能從中聽出來，小斯當東並不認為應該對中國人民或政府施加任何種類的干涉。小斯當東實際上為戰爭提供了一個理由：新貿易季節的鴉片商從印度出發前並不知曉中國的新規，那麼中國人威脅要將他們處決談何正當？當日下議院裡的思緒並不在此，但這確實是林則徐拋給道光皇帝的問題之一。小斯當東既了解中國又有法律人的思想，這也是清朝官員素來忌恨的，他此時從中國人的視角在中國人的立場中挑出一個法理上的弱點。在情感層面，小斯當東與義律是相通的，他認識義律，對他素有好感，理解義律正面對著自己在1814年所經歷的那些危險。[19]

在這場辯論中，小斯當東的意見和作品都被雙方反覆徵引：詹姆士・格雷厄姆爵士（Sir James Graham）的開場演說抨擊政府，指責他們未能以應有之尊重對待小斯當東先前的警告。其他演講者稱讚了他的先知先覺，採用他為反戰所寫的小冊子中的論調，批評他如今轉為支持政府。但是小斯當東在獲得所有這些認可時的欣喜被一番話語破壞，那顯示大家看他的態度實際上並未改變：約翰・霍布豪斯（John Hobhouse）調侃他對待辯論過於嚴肅：畢竟最終還是黨派政治說了算。他宣布從此以後要將小斯當東稱作「傑出而天真的朋友，樸茨茅斯議員」，因為他「在中國生活的時間過長，以至於他並不了解下議院如何行事。」[20]巴麥尊在總結整場辯論時，利用小斯當東演講中提到的關於中國法律的事實為自己的行動辯護，最後在雷鳴般的掌聲中落坐。[21]六個月之後，小斯當東給巴麥尊致信，問及政府是否能給他一個更加正式的職位以行諮議，巴麥尊回覆稱自己不理解小斯當東所云何物。[22]

這場辯論的新聞報導甫一抵達中國，林則徐就派人譯出。譯者側重格雷厄姆爵士對於政府的批評，而忽略幾乎所有支持開戰的言論。小斯當東的貢獻也被壓縮為一句話，即警告戰爭有可能會曠日持久。[23]由於他的名字被譯為不同的漢字，所以沒有人能夠認出他就是那個二十年前令嘉慶皇帝大為不悅的人。不管怎樣，英國艦隊此時已正在沿中國的海岸線北上。

英國人並未以澳門為目標，而是朝著寧波外圍的舟山行進，早在馬戛爾尼使華之前，英國政府就將此地視為一個潛在的基地。在占領主島之後，他們繼續北上，抵達天津附近多沙的海灣，並在這裡向震愕之中的朝廷遞交了巴麥尊提出各項要求的信函。林則徐被撤職、流放，代之以直隸總督滿人琦善，南下同英人會商。

同許多年前的馬戛爾尼和未來一段時間的清朝官員一般，琦善不信任從事貿易的任何人。允許這些通事或是行商替他翻譯，恐會賦予他們和當地官員過多的權力。他也是林則徐在政治上的對手，被派來的部分原因就是要調查他。林則徐的支持者後來說他對林的翻譯計畫不屑一顧，但無論如何，在林倒台之後，翻譯團隊面臨風險：梁進德很快便去往澳門躲難。[24]

琦善轉而選擇一個名叫鮑鵬的人擔任他的翻譯，此人之前曾受雇於一位主要的英國鴉片商人。鮑鵬在賺了一大筆錢後便捐了一個低級的職銜，為了逃避對鴉片貿易的鎮壓，向北跑到了山東省內。在那裡，他加入了先前認識的一位縣令的幕府。當一艘英國戰艦經過時，他順勢被召去翻譯。結果這些英國人認識他，來到岸邊僅是為了購買補給，所以鮑鵬毫不費力便讓他們離開了，並無事端。琦善南下路過山東時，聽聞了鮑鵬的事跡，便尋來充當譯員。[25]

鮑鵬的出身使得他難以獲得信任，但琦善顯然意在通過恐嚇來控制他。琦善在1840年十一月曾與義律有一場關鍵的私人會晤，地點在一艘英國船上，而他只帶了鮑鵬隨行。能懂英語的行商、通事及其他人都被留在別的船中。談判的結果是中方同意支付一筆巨額補償，並允許英國人占領香港島，但是不變更通商的條款，這一結果讓道光皇帝和巴麥尊都火冒三丈。琦善被判斬監候（後獲緩決），鮑鵬則被發配新疆充軍。[26]

巴麥尊用璞鼎查（Henry Pottinger）替換了義律，給他的指令是要展開更為猛烈的進攻。1841年秋，英國艦隊沿海岸北上，占領了廈門、寧波二市。當此舉仍未能逼迫清廷就範時，他們又從印度帶來進一步的增援，率艦隊溯長江而上，先是占領了鎮江城，後於1842年夏兵臨南京城下。

在鴉片戰爭為期漫長的第二階段，主要的談判工作由馬禮遜的兒子馬儒翰（John Morrison）執行。馬儒翰在澳門出生，他的童年部分在澳門度過，部分在英國上學。此後他在麻六甲的英華書院學習。自讀書時，他便認識袁德輝和梁進德，但早在開戰之前，他的信念就跟他這一代英國人並無二致：不同於小斯當東，他認為國際法並不適用於中國人，因為他們並不遵循基督教世界的宗教和道德原則。他尤其受到英國領導人的青睞。中國人認為英國的很多政策背後都有他作祟，據說曾喊出五萬元來懸賞他的人頭。[27]

馬儒翰負擔過重，但英國人並無他選，因為貿易仍然十分依賴中國行商及其雇員的語言能力。獲得最高評價的有郭實臘（Karl Gützlaff）和羅伯聃。郭實臘曾在東南亞傳教，能講閩南話，但他是普魯士人；羅伯聃曾十分用功地學習漢語，但時常只能用文字交流。當地還有漢人買辦，他們習慣於為英國人工作，但是知道自己一旦被捕就會遭到處決。[28]

因此，結束戰爭的《南京條約》和後來在廣州簽訂的通商章程所涉及的談判都由馬儒翰擔任翻譯，實際上是主導。清朝官員並沒有帶來自己的翻譯，而馬儒翰則將重大決策都轉給待在香港島上的璞鼎查，之間隔著數日的路程。馬儒翰的影響變得如此之大，以至於雙方都對他抱有疑心。當通商章程的中文和英文版本有出入時，有傳言說他因為收了中國人的賄賂而默許其發生。[29]作為英國國內為數不多的能夠理解翻譯問題的人之一，小斯當東提請新的保守黨政府授權他檢視條約並一探究竟，他的信件卻被標注「此事當歇」。[30]

鴉片戰爭之後，在中國從事口譯或筆譯，要麼是在新的殖民語境中進行，要麼融入中國民族主義者抵抗英國帝國主義的抗爭之中。在香港和新的通商口岸，翻譯成了英國殖民建制所必需的成分。馬儒翰在香港被授予多個高官之位，但於翌年死於高熱症，據信發病之因起於他在議定條約時的處境下所產生的憂慮。郭實臘獲任職掌舟山多年。小斯當東長期以來致力於在英國的大學裡設立一個漢語的講席，也最終獲得支持。梁進德在香港待了一段時間之後便返回廣州，在一位主要的中國行商手下工作。他批評英國人發動戰爭和英國員警在香港的行徑，頗為敢言。在父親死後，他便離開了教會，在離開之前曾告訴一位傳教士，除非英國人變得更為友善，否則基督教就不會獲得尊重。他最終在皇家海關總稅務司謀得一份職務，這是一個清朝設立並且聘用英國人管理的機構，他在那裡成為講英語的新一代華人中的一員，他們將引領中國在十九世紀晚期的洋務運動。[31]

同時，林則徐在發配途中將梁進德翻譯的《四洲志》交予友人魏源，後者加以編輯，並收入篇幅遠為巨大的《海國圖志》中出版。這只是鴉片戰爭後的幾年間出版的眾多關於西方國家的書籍之一，其中許多作者都與林則徐有深交。此前幾乎沒有中國人敢在私人作品中提及馬戛爾尼來華，但是將漢人同鑽研洋務隔離的藩籬已經打開，而戰爭本身也讓許多人意識到這些研究是當務之急。[32]

林則徐以步行的速度穿越中國全境，數月之後抵達甘肅省內，一位老朋友陳德培出來與他做伴，在他的馬車旁走向涼州，這也是七十年前還是孩童的李自標離開家鄉前往那不勒斯時所走過的同一條路線。一路上兩人相互交談，一同飲酒，開懷大笑，感慨於戰事。後來，陳德培謄抄並精心保存了部分林則徐同他的英文譯者詢問時的筆記。為感謝陳德培的同情之心，林則徐作詩以贈，其中一首的末句是，

關山萬里殘宵夢，
猶聽江東戰鼓聲。[33]

第二十章

忘卻

1852年大選讓巴麥尊上台當了首相，但是在備選階段，小斯當東被擠出了他在議會中占據的樸茨茅斯席位。當他試圖轉到南漢普郡參選時，當地報紙刊登的一則來信如此形容他：其漫長的職業生涯「在一個鄉區或街坊留下的印跡不會大於一片浮雲投下的影子」。[1]還將他描繪為完全同時代脫節，只會透過他的客廳或是馬車的窗戶向鄉間看去。「既無家人，就公認的、合理的字義而言也無朋友」，他身邊圍繞著一些只是想要繼承家產的人，這些人一味逢迎，時刻避免觸怒他，所以他的「觀念和意見從未曾同現今的世界發生過聯繫或碰撞」。[2]這些話所言非虛，足以令小斯當東不安，無疑也導致他在回憶錄中對媒體表現出敵意，不過像許多政治攻訐一樣，裡面略去故事的另一面：小斯當東的確了解這個新的全盛時期的維多利亞時代及其觀念，但是他現在已經年過七旬，也和許多長者一樣，並不一定贊同這些觀念。

小斯當東自中國返回後的三十年是一個變革極其快速的時期。他在十八世紀八〇年代隨父親游歷英國時見證了工業革命的早期階段，而到了此時，工業革命已經改變了幾乎所有方面的生活。1841年，他請了一個新的貼身僕人，在他的幫助下赴德國和義大利遊歷一番。這裡面包括了他的第一次鐵路旅行，「在渴望之中遇到驚喜和新奇，令人激動不已。」[3]僅數年之後，他在利園的訪客便由倫敦搭乘火車而來，歐陸上發生的革命也展現了所有這些變化在政治上的衝擊。

他的觀念到現在已經變得十分過時，這一點可以在他新近出版的一本小冊子中看出來，其中談論何為「上帝」一詞的最佳漢譯，因為此時在上海即將出版新的中文版《聖經》。在小斯當東的英國國教信仰之外，這本小冊子又融入了對其他基督教教派甚至其他宗教的開放態度，這個觀念在上個世紀馬戛爾尼和老斯當東提及時就已屬司空見慣，但小斯當東的漢普郡選民卻難以接受。這本小冊子論稱新教的譯者應當採用與天主教徒一樣的漢語詞彙，因為天主教的傳教士同樣也促進了基督教的信仰，就連不信仰基督的中國人在天性之中可能也有「對真正的上帝的了解和崇拜」。[4]這種自然神學的論調為十七世紀耶穌會採取的與儒教相調適的政策提供了基礎，但是如今卻為大多數新教傳教士所不容。最後，在關於翻譯的一點，一如他整個職業生涯中不斷提及的，他認為「詞語不過是思想的符號」，期望任何漢語詞彙能夠完整且正確地傳遞英語中「上帝」一詞的概念是錯誤的。[5]所有這些都是他自十九世紀頭幾年起便秉持的觀念，而這些觀念讓他能夠工作於中國和歐洲的文化之間，但是卻抵牾於以歐洲自信和帝國主義為特徵的新時代。

當他不在藏書室裡工作時，小斯當東會在他的俱樂部裡與人暢聊，不僅是業餘愛好者協會的俱樂部，還有雅典娜神殿俱樂部（Athenaeum）和皇家學會俱樂部（Royal Society Club），在那裡他可以見到許多當時的知識分子領袖。他還是新成立的英國科學促進會（British Association for the Advancement of Science）和皇家亞洲學會的活躍成員。[6]在夜間，他可以盡情享受美酒和佳餚。他之前的老師伊登勒在德文郡街（Devonshire Street）用餐時，總覺得有點難以置信，他的座位上方是馬戛爾尼和老斯當東從馬德拉斯歸國後的肖像（圖2.1），對面牆上的畫是小斯當東在首次出訪後回到母親身邊的情形（圖12.1），「有半打珍選的美酒可大口啜飲，有鹿肉、肉餡油酥、碎肉餅和其他美味可大快朵頤，僅是提到這些美食的名字便讓我口中生津。」[7]

每年夏天有三個月的時間，小斯當東會南下住在利園，訪客們也接踵而至，住下來享受和欣賞那些花園。他二十年前所造的湖泊和聖殿都還在，不過現在花園最為知名的是在加熱的溫室中種植的熱帶植物。這是當時最尖端的園藝學，1845年花園還被《園丁紀事》（*Gardener's Chronicle*）所報導。一則圖解展示了主要的玻璃屋，通過一個設計精巧的燃煤熱水系統，全年保持在至少華氏六十五度（攝氏十八點三度）。位居中心的是熱帶的果樹，包括八種不同類型的香蕉、柳丁、荔枝和龍眼、酪梨和椰棗以及肉桂、豆蔻和其他多種香料樹。開花的攀緣植物被引到立柱之上，而蕨類則以盆栽，置於加熱的花架上。[8]小斯當東的園丁成功地讓一株芒果樹結果，而果實的味道還挺不錯，他隨即又新添了一處山竹屋來栽種更大的植株。在這種溫暖、潮濕的環境中，蘭花不停綻放，包括原產於佛羅里達的雪茄萼足蘭（*Cyrtopodium punctatum*），這是這種蘭花首次在英國開花，小斯當東於1844年將其展示於英國皇家植物園的邱園（Kew Gardens）。為德文郡公爵在查茨沃斯（Chatsworth）工作的約瑟夫・帕克斯頓（Joseph Paxton）於1849年成功地讓巨大

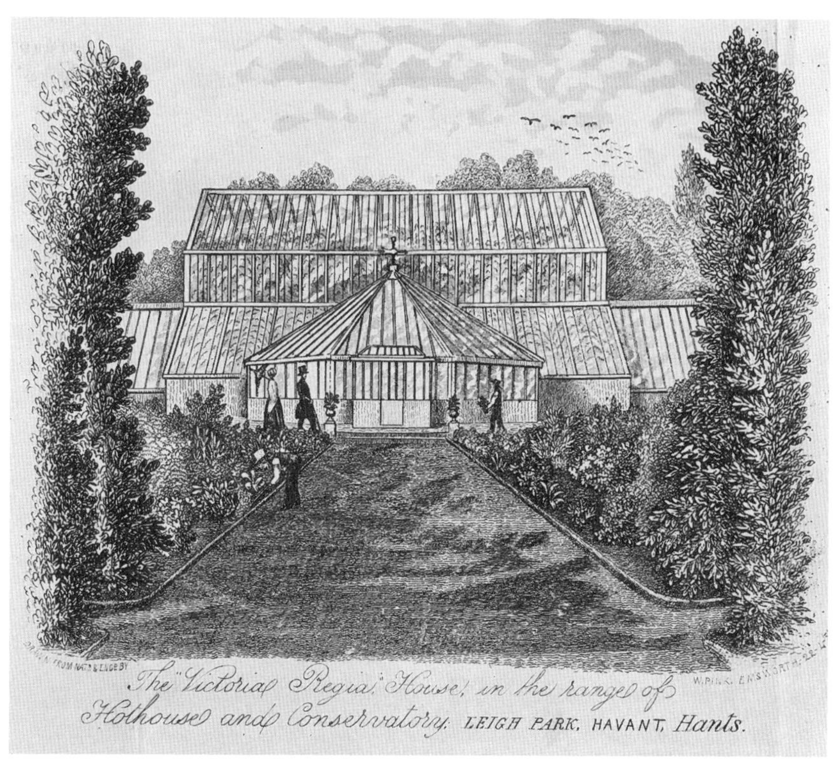

圖20.1 小斯當東信箋的頁首是這幅玻璃屋的圖片。訪客到來，園丁在圍牆內的花園中受到精心打理的邊緣處辛勤勞作。

的亞馬遜王蓮（*Victoria regia*）開花，小斯當東也急切地想要複製。他建造了一間六邊形的玻璃屋，1853年王蓮在裡面首次開花（圖20.1）。[9]

小斯當東先前修建的遊樂場現在也滿是珍奇植物。當來自美國南部沙漠中的碩大的龍舌蘭（*Agave americana*）長出二十四英寸（六十一釐米）長的尖葉並開花時，小斯當東還印製了傳單發給訪客，還另外寄給了邱園的董事們。其大片的淺白色花朵和背後深色的針葉樹形成了驚人的反差，這被小斯當東的表弟本傑明・布羅迪用於他正在寫作的一本科普圖書，成了背景的一部分，同時這也暗示了書中角色的真實身分。[10]

本傑明・布羅迪的《心理探究》（*Psychological Inquiries*）是一本介紹了當時諸多重大科學和政治問題的書，以對話體呈現，三位主角分別是睿智的顧問尤布魯斯（Eubulus）、律師克里忒斯（Crites）和醫生厄爾蓋茨（Ergates），他們漫步於尤布魯斯美麗的花園或者安坐於他的藏書室。布羅迪匿名出版此書，但銷量很好，兩年內便刊印三次，很快他便被認出來。在第一卷就已經很容易辨認出厄爾蓋茨是本傑明・布羅迪，尤布魯斯是小斯當東，克里忒斯是本傑明的哥哥彼得。第二卷寫成時，小斯當東和彼得・布羅迪都已經過世，裡面不僅對尤布魯斯的花園詳細描寫，而且還向他問起漢語。當然，對話是虛構的，但是至少就第一卷而言，布羅迪肯定知道自己的哥哥和小斯當東能夠讀到，並認出他們自己，家族裡的其他成員也同樣會認出他們。事實上，這本書的引人入勝之處很大一部分在於特徵描述，將讀者帶入，開始想像漫步於這樣美麗的地方，就許多有意思的話題同知識廣博、看法各異的人們交談，但是他們又顯然都是親密的朋友，對彼此的觀點都很大度包容。[11]

小斯當東談起景色的優美，以及他如何流連於觀賞光影與形狀的變換、花朵從蓓蕾到盛放的進展、樹木的生長以及鳥類和昆蟲的習性。他稱人不應該忽視他人的良善，並且應當努力保持愉悅，即使是身處困境時。他積極的態度與憤世嫉俗的律師彼得・布羅迪形成了對比，後者總是對「人類的惡習、任性和善變」保持清醒。[12]

他們的討論一開始談的是，在漫長而繁忙的工作生涯之後，退休也並非易事。本傑明和彼得・布羅迪從倫敦搭火車抵達。花園裡清新的空氣尤其令彼得感到愉快，他整天關在自己的房間裡，由於吸了受汙染的倫敦霧氣而頭疼。當他們坐在山毛櫸樹林中倒下的一段樹樁上，他們忍不住想，在這裡隱退會是何等愜意，但小斯當東向他們保證這種想法不會持續多久。不同於彼得・布羅迪，他並不希望退休後離開人群而隱居，因為他確信社交是「同飢餓一樣無法抗拒」的本能。[13]

這將他們引向了探討頭腦的新科學，或者如李維斯（George Henry Lewes）在他一貫挖苦的評論中所說，「一些討人喜歡的評論，關於記憶、睡眠、夢境、顱相、溺水和其他誘人的話題。」[14] 本書很大一部分為布羅迪實驗性的、採取自軼事的知識提供了載體，但是小斯當東被賦予了自然史方面的廣泛知識以及對犬類的特別喜好：他講述了很多狗的故事——能夠找到路回家，樂於與人類作伴，牠們躺在火堆旁時能被看出正在做夢。[15]

討論從頭腦的新科學進入了政治哲學領域。這裡彼得・布羅迪支持時下風靡的新思想。他提出了流行的顱相學，這種學問立基於頭部外形能揭示性格這一概念，而這又被應用於討論不同種族的身體特徵。本傑明・布羅迪則在同動物大腦對比的基礎上對此加以反對。隨後，他安排小斯當東做了一段長篇演講，論證各式各樣的元素能塑造人類性格：天然的人類本能、習慣、教育和兒時的訓練、健康，甚至年齡。其中心思想在於並非是種族或是生物學塑造了國民性格，而是政府：人們在「專斷和壓迫的政府之下，生命、自由和財產皆無定數」，會變得心智低下、詭計多端，而那些有幸生活在自由、規章完備的社群中的人則會顯得開放和強健。[16] 他還在別處論證，文明的最佳形式是人類天然本能、習慣和才智三者交織的結果，但是其交織程度之深，以至於探索文明終極目標的問題「過於複雜，無法找到一個滿意的答案」。[17]

小斯當東也將這些概念應用於社會階級。他論稱勞動階級的才智並無異於其他階級，但是他們的處境意味著他們很難有學習的機會。他通過和附近村子裡的老人交談學到了很多自然史方面的知識。如同那些屬於所謂的社會高等階級的人：「有些人愚笨，許多人粗心，有人從未學會自主觀察和思考。但還有些人能夠自主觀察那些引起他們注意的事物，並對其進行完全精確的推理。」[18]

本傑明・布羅迪的《心理探究》的第二卷在達爾文的《物種起源》之後不久面世。在藏書室中，彼得・布羅迪評論了小斯當東收藏的關於自然神學的書籍。這引發了對於進化的觀念及其關聯意義的辯論。彼得・布羅迪詢問是否應將黑人視為另一物種的成員。本傑明回應說，「我知道這種假說在美國的許多蓄奴州中被大肆宣揚；然而，我不能承認它有何根據。」[19]小斯當東總結，有諸多原因能促進或延滯文明的進程，故而無法回答這樣的問題，只能說改變的發生需要很多代人的時間。他列舉的原因為政府的形式、氣候及和平與戰亂的影響。（氣候是解釋人類差異的典型說法，但是對於政府和戰亂的強調與他自己的在華經歷關係密切。）後來，當他被逼著承認近世歐洲代表了最高程度的文明，他回答說中世紀的人們有同樣的才智，唯一的區別在於今日的人們在科學及其他某些學科方面擁有更為廣泛的知識。[20]

小斯當東並非與時代的流行觀念脫節，但他無法與之產生共鳴。他受教於父親，後者被深刻地烙上了啟蒙運動的理念，而之後他人生的形成階段大部分都在中國度過。他一生當中所結交的最為親密的友誼，其中幾個對象是年齡相仿的中國同事、天主教傳教士和出身勞動階級的不服從國教的新教徒馬禮遜。在英國人和中國人之間擔任口譯員迫使他的思想在迴異的兩種文化的觀念之間不斷切換，而他的筆譯工作讓他在翻譯的過程當中思考他所做的智識選擇。

儘管在他的回憶錄中小斯當東把回到倫敦之後的自己僅僅描述為一位英國紳士，但是他此前的生活卻從未完全離他而去。1853年，利園的訪客名單裡出現了「賀志先生」。[21]這是小斯當東在廣州時和他屬於同一類圈子的何志。在吳亞成和李耀被流放、小斯當東離開廣州之後，何志多次選擇旅居海外的職位，並於1822年在英國永久定居。他娶了一位英國姑娘，並在益花臣手下工作。益花臣在回到英國之後繼續雇用中國傭人，但是何志不僅僅是一名傭人：他擁有一處屬於自己的大房子，管理著益花臣的一處農場，被益花臣和幾位當地的醫師當成朋友對待。有可能他管理著益花臣的鴉片煙癮，兩人也可能一起吸食。現在益花臣答應將自己的英國財產贈與何志，他需要經人推薦成為歸化的英國國民方可繼承。[22]他此時來訪的原因已無從得知。他和小斯當東都愛下棋，也都因花園中的花朵而得獎。我們只能希望他們聊起舊日時光時一起愜意品嘗小斯當東的荔枝和芒果。而小斯當東在訪客清單中提到他的名字，這便讓我們清楚小斯當東把何志視為和自己屬於同一階級的紳士。

然而，現在他身邊最常出現的人是家族裡的年輕一代。小斯當東認可的繼承人喬治・林奇現在住在戈爾韋，時不時地來利園探望，但有些人來訪更為規律：喬治的弟弟亨利；喬治・西姆科克斯（George Simcockes），小斯當東的愛爾蘭教子，一生都由小斯當東支應；他在索爾茲伯里的一位家道中落的親戚的女兒們。在他們後面還有小斯當東的管家喬治・貝爾西（George

圖20.2 一張早期的上色照片，何志和他的兒子約翰・益花臣・發官・賀志（John Elphinstone Fatqua Hochee）。

Belsey）和他的兒子。正是這樣一群人彼此之間以及同他們的恩主之間形成了複雜的關係網，在報紙上被形容為在年長的小斯當東身上費盡心思，「圖的就是錢財」。[23]

小斯當東死於1859年，將他在愛爾蘭的田產以及他的大部分投資留給喬治．林奇，但是他在倫敦的房屋和利園的地產給了亨利．林奇。他還有一大筆遺產給了西姆科克斯、各種表親以及幾位老友，給傭人留了一年的薪水，給他的管家貝爾西一筆數額不小的年金，還給了其他十三位年長、退休的傭人一筆養老金。六週後，亨利．林奇遽死於霍亂，他的兒子在第一時間將遺產出售一空：房屋、傢俱、畫作和珍稀植物都被拍賣。六年間，利園的房屋被購入者拆毀，花園也完全重新布置。在他生命的最後幾年，小斯當東向皇家亞洲學會捐贈了乾隆皇帝賞給他父親的玉如意以及給他的黃緞荷包。玉如意連同學會的藏品後來被轉移給維多利亞與艾爾伯特博物館（Victoria and Albert Museum）。其餘物品皆已散佚。[24]

大抵同時，李自標在山西的遺產也遭拆除。鴉片戰爭在歐洲傳教士、中國神父及教民之間創造了一套新的權力關係。在李自標向乾隆皇帝提出寬容天主教的請求逾五十年後，鴉片戰爭的餘波讓咸豐皇帝最終發布正式諭旨，宣布對基督教的寬容。山西的天主教徒聞訊之後欣喜異常，但是很快接踵而至的是新一代的歐洲傳教士，他們對中國及其人民的態度則遠為嚴苛。[25]這些新的傳教士即使與當地華人天主教徒不和，也不會再有被清廷囚禁或流放的風險，而且給他們出資的是他們自己的國家而非地方精英。他們也受到了文明等級和種族競爭等觀念的影響，而這些都是小斯當東在本傑明．布羅迪的《心理探究》中所反對的。

在山西，新一代傳教士由自信且獨裁的新主教杜約里（Gabriele Grioglio）帶領，他譴責了許多中國習俗，並全力以赴地改造天主教的實踐，使之與歐洲更為接近。中國神父（以曾在那不勒斯受訓的那些人為首）曾向羅馬提出抗議，但無濟於事，發現他們現在被降級為歐洲人的助手。李自標曾常駐的馬廠村成了幾場爭議的中心，因為剛到的義大利傳教士批評了當地的做法。不顧當地天主教徒的堅決反對，他們解散了李自標所創設的機制。李自標的餐會裡的資金從其成員的手中被收走，用於新建一所教堂，剩餘部分移交給教區的神父。[26]

十九世紀接近尾聲時，潞安成為一個獨立教區，由荷蘭傳教士負責，他們將李自標在十九世紀一〇年代教難期間躲藏的趙家嶺村發展為教區的朝聖地。李自標在窯洞中建的禮拜堂被保留下來，但不久就被一座修建在山頂上的巨大的新巴洛克式教堂所超越。這是由歐洲人出資興建的，但最終在二戰期間毀於紅軍的炮火中。[27]

由於這些變化，在人們的眼中，基督教變為一個由外國人引入且一直由他們控制的宗教。十九世紀晚期，李自標在馬廠村的墳墓被遷至一個新的哥德式教堂的院內，現已不存，村裡的老人在2018年對筆者說，他們的祖上改宗都是在荷蘭傳教士時期。在山上的趙家嶺村，人們還記得人稱乜神父的李自標，這是他在馬戛爾尼使華後給自己改的姓，十分罕見。村裡教堂的一份告示稱他是最早將福音帶到這個地方的人，人們還將他同那個位於山坡上的窯洞裡的小禮拜堂聯繫起來，這個禮拜堂被他們精心保存至今。然而，將基督教視為外來宗教的觀念是如此之深，人們推測李自標肯定是個外國人，即使教堂裡的告示說他來自甘肅。在村中培養了第一批信徒的人，最有可能是來自澳門的華人神父何天章，但是他從未久留。他的名字目前僅保存於義大利傳教士史家的檔案和著作中，而李自標作為一名曾在十八世紀的歐洲學習並在乾隆皇帝御前做翻譯的中國人所取得的驚人成就也早已湮沒。[28]

不論是小斯當東還是李自標，他們都未被完全遺忘，不過他們在十八世紀共同經歷的那個相互聯繫的世界已變得如此隱微，連要想像都很困難。到了十九世紀晚期，在人們對於世界所作的更大的敘事中，他們的故事已經無甚意義，他們只會出現在細心的史家的注腳中。他們的生平的確看起來不過是夏日的一片浮雲所投下的影子。

結語

語言至關重要，口譯者在外交談判中有一定的權力，因為翻譯並不是一個簡單的過程。數年前，劉禾論證了在十九世紀及早期二十世紀中國，翻譯的進程創造了一些衍指符號（super-sign），亦即一些配了對的中英詞彙，這些詞彙在兩種語言中都聚集了一連串的含義，而這些衍指符號在政治上也產生了衝擊。一個有力的例證就是漢字「夷」和英文單詞「野蠻人」（barbarian）配成了一對，這也是她論述的起點。[1]翻譯中的選擇本來就有更為廣闊的範圍，而這在談判中也發揮著影響，回首翻譯的歷史便可看出其政治特性。

李自標和斯當東的人生形成階段都是在十八世紀，他們翻譯的方式也反映了當時的世界。在為馬戛爾尼使團翻譯時，李自標所使用的詞彙是為了縮小分歧，讓談判取得成功的結果。馬戛爾尼使華通常被理解為一場失敗，因為英方的所有談判目標都沒有達成，但這並不是李自標評判成功的標準。他的目的則更加平衡，就是得到一個雙方都能接受的結果，所以馬戛爾尼離開時已經計畫未來再次使華，同時李自標得以安全返回澳門，就此而言已可謂成功。作為翻譯的小斯當東心態相仿。在他父親的堅持下，他在孩童時就學習拉丁語和漢語，主要通過沉浸於口語環境中。青年時期，他在從事書面翻譯時受到了長期促進貿易的中國商人及其雇員的指引。他的天性本是在讀書治學，他的書面翻譯也遠較口頭翻譯更為成功，但他從事翻譯時尚無一本漢英字典，因此必須通過與中國的貿易同事進行會話和討論來學習。結果就是他的翻譯盡量消滅分歧，並強調兩種文化的共同之處。

馬禮遜的路徑則與此二人相悖，他學習漢語是在成年之後，全然憑著勇氣和決心，目的是為了翻譯《聖經》，其中的真理在他看來是無法轉譯的。馬禮遜首先造了一部字典，為了達到翻譯的目的，也在中國的古典哲學中搜尋詞語的真正含義。這些使得他最終成了斯當東口中的更好的漢語學者，但是他這種精準的字面翻譯使得漢語在英國讀者眼中顯得陌生且迥異。馬禮遜的方法影響了十九世紀後期的書面譯者和口語譯者：其中幾個人早期在東印度公司時都是受他訓練，其他人則是使用他的字典及後續版本，而他的方法也更接近英國學校中教授語言的方法。由此產生的翻譯有一種疏遠效果，這也與文化差異和政治等級的觀念相符合。

斯當東和馬禮遜都清楚，要將一種文化中的觀念在另一種文化中表達出來，所遭遇到的問題絕沒有一蹴而就的解決方案。翻譯中的選詞不僅是判斷對錯。兩人曾在東印度公司共事，也是摯友，形成這份友誼的部分原因在於，只有他們兩人能了解對方所承接的任務的難度。

在二十世紀，開發中的機器翻譯模型以及口譯的職業化和女性化，某種程度上隱藏了這些決定的難度，因而致使口譯這一角色的價值受到低估。這在二十一世紀的中國尤為明顯，當下的政治辯論又重新用令英語讀者費解的古舊行話進行。清朝的官員制定政策時，使用儒家的術語來討論邊境爭端和英國國王的恭順臣服，當代的中國官員辯論時使用的固定習語則來自中國化的馬克思主義，如果直譯為英語，幾乎一樣令人疑惑。學者們花費大量時間來討論中國的政治決策者是否真的相信這些術語，這一問題與國際關係中關於意識形態的力量如何影響外交政策的重要討論相互交織起來。然而，如何用英語傳遞這些思想仍然是一個棘手的問題。

正因為譯者有其權柄，而成功的外交翻譯往往需要譯者在另一個文化中生活過許多時日，所以當國與國轉向衝突時，翻譯也成了危險的事情。李自標在馬戛爾尼使團的翻譯任務結束後曾寫道，只有極度愚蠢之人才會承擔這般危險的任務——這還是在中英兩國尚未有實質衝突的時候。當英國海軍在華南海岸日趨活躍時，斯當東的友人吳亞成和李耀最終被流放新疆。當嘉慶皇帝威脅要將斯當東同樣處置時，他不得不離開中國，再未返回。本書認為正是這樣的危險解答了為何十九世紀中葉的中國政治決策者對英國如此無知這一問題。

知識本身並不會單純地傳播或是增加，反而有可能會喪失，在英國同在中國一般，知識的缺失讓人費解。十七和十八世紀的耶穌會士及其他歐洲天主教傳教士對中國語言的了解令人佩服。跟李自標家人同住的麥傳世用漢語寫了好幾本書。但是在十七世紀九〇年代的倫敦，義大利人蒙突奇卻嘗試用第一原理來解碼漢語文本以便理解，即使在城市另一邊的碼頭上住著許多中國水手。這裡，社會階級是一個關鍵因素，缺少書面形式的知識同樣也是。精英人士多以學者自居，總期望從書籍中學習。小斯當東之所以成為這一時期唯一真正通曉中文的英國人，在於他父親相信學習所有的語言都需要在兒時便沉浸其中，這種觀念在當時頗不同於尋常。

在中國，因為知識的缺失導致的問題更為嚴重，因為在十九世紀早期，中國面對的是一個富庶、技術先進且結構上是擴張主義的英國，剛剛經歷了與拿破崙的大規模軍事衝突。同在英國一樣，缺乏對外國語言的了解也是一個關鍵問題，而社會階級和書面文本的缺失則構成了這一現象的主要肇因。不論在英國還是在中國，罕有成年的精英男子希望向水手和傭人學習。然而，在中國還多了一層危險的因素。在出現軍事緊張時，因為對於忠誠的疑慮，被人知道擁有關於他方的廣泛知識變成一件格外危險的事。這些風險存在時，口譯者和筆譯者都是首當其衝的。如同在許多政治情境，但尤其是像清朝一樣高度集權和獨裁的體系，這些問題更為惡化，因為控制決策者接觸到哪些知識是影響他的決策的最有效手段之一。當我們說中國對西方的威脅一無所知時，我們首先指的是道光皇帝，但他所接收到的資訊不可避免地是片面的。

即使時至今日，這些問題依然存在，可能並不是在中國，但是在同美國交戰的部分阿拉伯世界的人們卻是如此。那裡的翻譯也會身處極端危險的境地，因為他們也會被視為同另外一方過於親近。其中許多人都逃離了故土。此外，有些資訊為人所知，卻沒有在關鍵時刻傳遞給決策者，一些重大的政治決定就如此被做出，學界也對此類無知行為的研究越來越有興趣。

李自標在孩童時便離開了中國西北邊區的家鄉，遠赴那不勒斯，學習拉丁語、希臘語和希伯來語，成為一位未來公爵的朋友，在法國大革命的戰爭中遊歷歐洲，這樣的人生故事世所罕見。斯當東幼年時便見過乾隆皇帝，在十八世紀九〇年代的溫爾特郡（Wiltshire）觀看阿輝放他做的中國風箏，用漢語編寫了一本幫助把疫苗介紹到中國的冊子，這些經歷幾乎同樣出乎意料之外。正是這樣的故事向我們展現了我們當今所居住的全球化世界的起源。生活在兩種文化之間，進而相互理解並形成跨越文化的長期友情，這樣的經歷在當時不多見，但是在今天卻很普遍。

他們的悲劇在於，這同樣的接觸和交往的過程最終導致國與國之間產生緊張關係，這令他們的生活殊為艱辛。李自標和斯當東卻又是幸運的，因為兩人都以高齡辭世。即使他們對於外國的了解並無人賞識，但至少他們都能苟存性命，未遭流放。當林則徐經過李自標的故鄉涼州，並寫下詩篇抒發對鴉片戰爭的憤懣時，此時的世界已經容不下李自標的故事，其中包含他那些跨越瀛寰的友情，以及他對一種超越文化差異的哲學的堅定信念。鴉片戰爭過後，帝國主義和一種全力與之相拮抗的民族主義，占據了中國與西方關係的主流。帝國主義和民族主義從複雜相連的十八世紀的世界滋長出來，也就是斯當東和李自標生活和工作的世界。在十九世紀早期，帝國主義就已經存在這世界的陰暗面，而帝國主義和民族主義正是其結局。它們後來的支配地位意味著先前的更為複雜的世界不僅不復存在，而且為世人所遺忘。

這本書講的是翻譯的危險，以及隨著中英之間的政治形勢趨向敵對時，這些危險如何與日俱增。譯者因為他們能與另一方共情的能力而面臨風險，而顯然地，能講對方的話就意味著他們的忠誠永遠無法完全透明，但是複雜的身分認同並不應該阻止我們看到譯者工作的價值。李自標和斯當東的人生經歷提醒我們，在理解其他文化時，語言和翻譯無比重要，多年的學習也具有價值，這使得我們能夠聽懂別人講話並產生共鳴與理解，同時也向他們闡釋我們自己。只有具備了這種關於其他文化的知識，我們才能一起為我們今日生存其間的互聯互通的世界打造出一個未來。

致謝

本書的研究和寫作過程歷時數年。對於所有曾幫助過我的人，我都不勝感激，對於所有願意花上幾個小時傾聽李自標和小斯當東的故事並與我交談的朋友和家人亦是如此，而我同樣要感謝的還有那些通過觀點和對話啟發我以及在現實中幫助我的人們，在下文中會提到。我尤其要感謝香港城市大學的程美寶，她對於這個項目一直抱有熱忱和興趣。

就李自標的故事而言，目前在上海大學的柴彬以及他之前在蘭州大學的學生都很熱心，幫我在武威找到李家曾棲身的那些地方。樊米凱（Michele Fatica）則允許我進入那不勒斯東方大學（Università Orientale di Napoli）的檔案館，環境非常優美。傳信部的檔案館不僅歡迎我，而且還熱心地提供了李自標部分信件的拷貝。羅馬的方濟各會General Curia擁有李自標給那些中國學生所寫的信件的抄本，其間的歷任檔案管理員都極為熱情。華東師範大學的李文傑和中國人民大學的曹新宇都曾幫我搜尋清朝的檔案材料，也願意同我暢聊清朝官場和英國使團。經中國人民大學的夏明方介紹，我去了位於北京的中國第一歷史檔案館，而當我到了之後，中國社會科學院的邱源媛給了我很大的幫助和啟發。在山西，長治教區的張姓神父安排我在李自標晚年生活的馬廠和趙家嶺進行訪談。在英國，穆里爾·霍爾（Muriel Hall）和瑪麗·基恩（Mary Keen）都不厭其煩地同我討論拉丁文的翻譯，也給了我很多新的觀點，而倫敦大學學院的凱薩琳·基恩（Catherine Keen）則在義大利語方面給我提供了幫助。

關於斯當東父子，戈爾韋歷史學會（Galway Historical Society）的皮達·歐多德（Peadar O'Dowd）指導我進一步理解他們的愛爾蘭背景。承蒙加布里埃爾·林奇·斯當東（Gabrielle Lynch Staunton）和家人惠允，我得以看到庫茨檔案館（Coutts Archives）所存的小斯當東的銀行帳戶。斯圖加特大學的瑪格麗特·弗蘭茨（Margret Frenz）幫助我處理關於印度譯員的材料。喬丹·古德曼（Jordan Goodman）十分大方地將現存日本東洋文庫的馬戛爾尼文件的照片轉借與我。上海師範大學的徐茂明在倫敦的英國國家檔案館中找到了馬戛爾尼所持國書的中文版本。對於我先前一篇文章中的許多觀點，王宏志提出了具體而有益的異議。何志的後人西莉亞·鄧肯（Celia Duncan）發來了他父親的家族史，而RH7歷史團體（RH7 History Group）的珍妮特·貝特遜（Janet Bateson）替我核對了何志的移民身分。海蓮娜·洛佩斯（Helena Lopes）對於如何閱讀澳門的Rodrigo da Madre de Dios提供了建議。在本專案接近尾聲時，我意識到我需要對十九世紀三〇年代袁德輝的在京活動有更多的了解，漢娜·賽克（Hannah Theaker）替我在第一歷史檔案館做了一些研究工作。

瑪麗斯·吉利特（Maris Gillette）和她在密蘇里大學聖路易斯分校的同事評議了初期撰寫的一章。亞歷山大·斯塔特曼（Alexander Statman）和麥克斯·奧伊特曼（Max Oidtmann）不僅通讀了全部手稿，還寫了精彩的評論。此外，通過與德文·菲茨傑拉德（Devin Fitzgerald）和邁克爾·沙基（Michael Sharkey）談論翻譯和其他話題，我獲益良多。大衛·考克斯（David Cox）修改了約翰·巴羅的1796年地圖，令使團的航行路線得以凸顯。杜克大學圖書館、基爾大學圖書館和亞當馬修出版社（Adam Matthews）都找到並提供了關於斯當東的文件。

我也十分感謝博德利（Bodleian）圖書館的館員，特別是約書亞・瑟福爾（Joshua Seufert）和曼提敏・蘇諾杜拉（Mamtimyn Sunuodula）二位。

一些材料先前曾出現在〈一位忠實的譯者？李自標與1793年馬戛爾尼使華〉（A Faithful Interpreter? Li Zibiao and the 1793 Macartney Embassy to China）一文中，收錄於娜丁・艾姆斯勒（Nadine Amsler）、沈艾娣與克里斯丁・溫德樂（Christian Windler）所編〈跨文化外交之轉變：亞洲與歐洲的比較視角（1700–1850）〉（Transformations of Intercultural Diplomacies: Comparative Views of Asia and Europe (1700–1850)），發表於《國際歷史評論》（*International History Review*）第41卷第5期（2019）。

縮寫列表

ACGOFM	Archivio della Curia Generalizia dell'Ordine dei Fratri Minori, Rome
AION	Archivio Istituto Universitario Orientale Napoli
APF	Archivio Storico di Propaganda Fide, Rome
BL	British Library, London
GT	George Thomas Staunton Papers, Duke University Library
FHA	First Historical Archives, Beijing
IOR	India Office Records, British Library
Macartney Cornell MS	George Macartney Papers, Cornell University Library
TNA	The National Archives, London

注釋

引言

1 Macartney, *Embassy to China*, 122–23; G. L. Staunton, *Authentic Account*, 2:229–34.

2 《清高宗御製詩文全集》第9卷，第581頁；Evelyn S. Rawski, *The Last Emperors: A Social History of Qing Imperial Institutions* (Berkeley: University of California Press, 1998), 6.

3 India Office Records [IOR] G/12/92, Macartney to Dundas, 9 Nov. 1793; Archivio Storico di Propaganda Fide [APF], SOCP 68:623 Ly, 20 Feb. 1794.

4 GT Staunton Papers, Diary, 14 Sept. 1793.

5 Barrow, *Travels in China*, 7.

6 Harrison, "Qianlong Emperor's Letter to George III."

7 Fairbank, *Chinese World Order*; 趙汀陽 Tingyang Zhao, "Rethinking Empire from a Chinese Concept 'All-under-heaven' (Tianxia)," *Social Identities* 12, no. 1 (2006); Perdue, "Tenacious Tributary System."

8 Keliher, *Board of Rites*.

9 Wang, *Remaking the Chinese Empire*; 張雙智，《清代朝覲制度研究》。

10 Amsler, Harrison, and Windler, "Introduction."

11 Wang, *White Lotus Rebels and South China Pirates*.

12 王宏志，《翻譯與近代中國》。

13 Torikai, *Voices of the Invisible Presence*.

14 G. T. Staunton, *Remarks on the British Relations*, 36; Liu, *Clash of Empires*; Chen, *Merchants of War and Peace*, 82–102.

15 Margareta Bowen et al., "Interpreters and the Making of History," in *Translators through History*, ed. Jean Delisle and Judith Woodsworth (Amsterdam: John Benjamins, 1995).

16 Nancy L. Hagedorn, "'A Friend to Go Between Them': The Interpreter as Cultural Broker during Anglo-Iroquois Councils, 1740–70," *Ethnohistory* 35, no. 1 (1988).

17 APF SOCP 68:612 Ly, 20 Feb. 1794.

18 Grégoire Mallard and Linsey McGoey, "Strategic Ignorance and Global Governance: An Ecumenical Approach to Epistemologies of Global Power," *British Journal of Sociology* 69, no. 4 (2018).

19 《鴉片戰爭檔案史料》第1冊，第673頁；茅海建，《天朝的崩潰：鴉片戰爭再研究》。

20 Fatica, "Gli alunni del *Collegium Sinicum* di Napoli."

21 Chen, *Chinese Law in Imperial Eyes*.

22 Jami, *Emperor's New Mathematics*; Nicolas Standaert, *The Intercultural Weaving of Historical Texts: Chinese and European Stories about the Emperor Ko and His Concubines* (Leiden: Brill, 2016).

23 Van Dyke, *Canton Trade*; Wong, *Global Trade in the Nineteenth Century*;

May Bo Ching, "The Flow of Turtle Soup from the Caribbean via Europe to Canton, and Its Modern American Fate," *Gastronomica* 16, no. 1 (2016).

24 陳國棟，《清代前期的粵海關》；賴慧敏，《乾隆皇帝的荷包》；Hanser, *Mr. Smith Goes to China*.

第一章　涼州李家

1 ACGOFM MH 23–4 Libro della recezione de collegiali alla prima pruova, 33; ACGOFM Missioni 53 Raccolta di lettere, Liu 1781

2 G. L. Staunton, *Authentic Account*, 1:389.

3 邱燮友，《唐詩三百首》，臺北：三民書局，1973年，第357頁；李鼎文，《甘肅文史叢稿》，蘭州：甘肅人民出版社，1986年，第130頁。

4 李于鍇，《李于鍇遺稿輯存》，第26頁；《明清實錄》1003 QL 41/2/14；ACGOFM Missioni 53 Raccolta di lettere, Kuo to Ly 1787.

5 Archivum Romanum Societatis Iesu, Jap.Sin. 105 II Sinarum Historia 1681–1707, 319, 341.

6 Souciet, *Observations mathématiques*, 1:35, 176–77; Louis Pfister, *Notices biographiques et bibliographiques sur les Jésuites de l'ancienne mission de Chine 1552–1773* (Shanghai: Imprimerie de la Mission Catholique, 1932), 1:530–34, 584–86.

7 Giovanni Battista Maoletti da Serravalle 葉宗賢, APF SC Indie 12:136, Serravalle, 2 Aug. 1712; APF SOCP 27:319, Serravalle, 4 Aug. 1704.

8 Gianstefano Remo, *Della Nolana ecclesiastica storia* (Napoli: Stamperia Simoniana, 1757), 526; APF SC Indie 14:597 Serravalle, 8 Aug. 1719; APF SC Indie 14:577 Ottaiano, 20 July 1720; APF SC Indie 16:305–6 Ottaiano, 10 Aug. 1722; APF SC Indie 16:840 Memorie dalla Cina dell anno 1724; APF SC Indie 19:711 Supplemento delle Memorie 1728; APF SC Indie 18:413 Memorie degli affari concernenti varie occorenze delle missioni, 20 Dec. 1726.

9 Remo, *Della Nolana ecclesiastica*, 526–27; Zetzsche, *Bible in China*, 26–27; Francesco Jovino 麥傳世, *Moxiang shengong lüeshuo*《默想神工略說》[A brief account of the spiritual task of meditation], Österreichische Nationalbibliothek MS.

10 《武威市民族宗教志》，第229頁。此處將相關的傳教士誤認為是Etienne Lefevre，此人並沒有在涼州傳教過。

11 《清中前期西洋天主教》第1卷，第123–124頁；APF SC Indie 31:297 Liu, 1766.

12 傅伯泉：〈武威歷代的商業貿易〉，《武威文史》2006年第3輯，第58頁；《武威簡史》，第140–42頁。

13 曾繼衛：〈歐陽永裿與其《敦節儉條約》〉，《武威文史》2004年第2輯，第207頁。

14 Vitalis Josephus Kuo郭元性, APF SC Indie 30:248 Kuo, 15 Oct. 1761; Margiotti, *Cattolicismo nello Shansi*, 300–304; Di Fiore, *Lettere di missionari*, 169, 272.

15 ACGOFM MH 23–4 Libro della recezione de collegiali, 33.

16 ACGOFM Missioni 53 Raccolta di lettere, Kuo to Ly 1787; First Historical Archives 02-01-006-003082-0002 Guo Shixun QL 56/10/17; 潘挹奎，《武威耆舊傳》第4卷，第14頁；《武威簡史》，第134–35頁。

17 APF SOCP 55:6 Lieu, 17 June 1764; Archivio Istituto Universitario Orientale Napoli (AION) 16.1.8 Kuo 1792.

18 Perdue, *China Marches West*, 368; 李鼎文，《甘肅文史叢稿》，第214頁；《武威通志．大事卷》，蘭州：甘肅人民出版社，2007年，第33頁。

19 潘挹奎，《武威耆舊傳》第2卷，8–9頁，第4卷，第14–15頁。李于鍇，《李于鍇遺稿輯存》，第26頁。

20 梁份，《秦邊紀略》第2卷，第1–2、20頁；李鼎文，《甘肅文史叢稿》，第175頁。

21 《武威簡史》，第40頁。

22 Xiangyun Wang, "Tibetan Buddhism at the Court of Qing: The Life and Work of lCang-skya Rol-pa'i-rdo-rje (1717–86)" (PhD diss., Harvard University, 1995), 48.

23 《武威市民族宗教志》，第126–27頁。

24 潘挹奎，《武威耆舊傳》第3卷，第9–10頁。

25 Fatica, *Matteo Ripa e il Collegio*, 325–26.

26 ACGOFM Missioni 53 Raccolta di lettere, Vita compendiosa D. Cajetani Siu; APF SOCP 59:480–3 Simonetti, Memorie per l'occurenze 1772; *Elenchus alumnorum*, 2–4; APF SC Collegi vari 10, Nota degli alunni Cinesi del Coll. Della S.F. di Gesu 1773; APF SC Collegi vari 10, Nota degli alunni esistenti nel Collegio della S. Familia di Gesu Cristo, 30 Nov. 1776; APF SOCP 59:500 Simonetti, 16 Jan. 1773.

27 APF SOCP 59:483 Simonetti, Memorie per l'occurenze, 1772; AION 42.2 Corrispondenza dell' Europa, Fatigati, 5 Feb. 1783; APF SC Indie 33:490 Palladini, 20 June 1773; APF SC Indie 33:506 Palladini, 26 July 1773; AION 6 Borgia to Fatigati, 9 Nov. 1773.

第二章　戈爾韋的老斯當東

1 G. T. Staunton, *Memoirs of the Chief Incidents*, 191.

2 G. T. Staunton, *Memoir of the Life and Family*, 2, 143; AION 16.1.15 Ly to Massei, 14 May 1792; McNulty, "Genealogy of the Anglo-Norman Lynches"; G. A. Hayes-McCoy, "A Relic of Early Hanoverian Rule in Galway," *Journal of the Galway Archaeological and Historical Society* 23, nos. 1/2 (1948): 62–63.

3 G. T. Staunton, *Memoir of the Life and Family*, 10; National Archives of Ireland, Documents re Stauntons' interest in the tithes of the parish of Cargine and property in Grenada 999/241/1/4A.

4 G. T. Staunton, *Memoir of the Life and Family*, 11, 160–65, 176; James Hardiman, *History of the Town and County of Galway* (Dublin: Folds and Sons, 1820), 318.

5 G. T. Staunton, *Memoir of the Life and Family*, 12–13; McNulty "Genealogy of the Anglo-Norman Lynches," 32.
6 GT Staunton Papers, G. L. Staunton to sister 1 Dec. 1774; Sir George Leonard Staunton papers, BL, G. L. Staunton to Margaret Staunton, 26 July 1768.
7 *Public Advertiser*, 12 Sept. 1772.
8 G. T. Staunton, *Memoir of the Life and Family*, 200–201; Brodie, *Works of Sir Benjamin Collins Brodie* (London: Longman, Green, Longman, Roberts & Green, 1865), 1:3; GT Staunton Papers, Brodie to G. L. Staunton, 3 June 1781.
9 Barrow, *Some Account of the Public Life*, 1:2–6, 37–38, 327; Roebuck et al., *Macartney of Lisanoure*, 1, 12, 16–20, 23, 57, 61–62, 131; Bodleian Library, George Macartney Papers, Eng. lett. c. 385 Macartney to Jane Macartney, 22 Mar. 1784.
10 Christine Y. Ferdinand, *Benjamin Collins and the Provincial Newspaper Trade in the Eighteenth Century* (Oxford: Oxford University Press, 1997), 28–47.
11 G. T. Staunton, *Memoir of the Life and Family*, 17 (date corrected from correspondence), 393; Sir George Leonard Staunton Papers, BL, Jane Staunton's marriage portion, 22 July 1771, George Leonard Staunton Will; National Archives of Ireland, Stauntons' interest in the tithes of the parish of Cargine, 999/241/2/3 Collins to Staunton, 27 Jan. 1778.
12 G. T. Staunton, *Memoir of the Life and Family*, 57.
13 G. T. Staunton, *Memoir of the Life and Family*, 271.
14 G. T. Staunton, *Memoir of the Life and Family*, 57.
15 National Archives of Ireland, Stauntons' interest in the tithes of the parish of Cargine 999/241 2/3 Collins to Staunton, 27 Jan. 1778.
16 G. L. Staunton, *Authentic Account*, 1:172–73.
17 Bodleian Library, George Macartney Papers, Eng. misc. f. 533:2 Commonplace book.
18 Sir George Leonard Staunton Papers, BL, Staunton to parents, 5 Feb. 1780; G. T. Staunton, *Memoir of the Life and Family*, 22.
19 Sir George Leonard Staunton Papers, BL, Staunton to parents, 5 Feb. 1780.
20 Lucy S. Sutherland, "Lord Macartney's Appointment as Governor of Madras, 1780: The Treasury in East India Company Elections," *English Historical Review* 90 (1975).
21 Bodleian Library, Papers of Lady Louisa Stuart, Eng lett. c. 387 Jane Macartney to Caroline Dawson, 18 May 1785.
22 G. T. Staunton, *Memoir of the Life and Family*, 268.
23 GT Staunton Papers, Brodie to G. L. Staunton, 3 June 1781.
24 GT Staunton Papers, Jane Staunton to G. L. Staunton, 30 June 1781.
25 GT Staunton Papers, Jane Staunton to Margaret Staunton, 6 Sept. 1781.
26 GT Staunton Papers, Margaret Staunton to Jane Staunton, 5 Apr. 1784.
27 Hanser, "From Cross-Cultural Credit to Colonial Debt."
28 Bodleian Library, George Macartney Papers, Eng. misc. b. 162: 56 Short

account of affairs on the Coromandel Coast. See also Davies, *Private Correspondence of Lord Macartney*, ix.

29 G. T. Staunton, *Memoir of the Life and Family*, 264.

30 Bodleian Library, George Macartney Papers, Eng. hist. c. 66:2 Coote to Macartney, 15 Aug. 1781, 25 Aug. 1781, 2 Sept. 1781; Eng. hist. c. 68 Tourndary to Coote, 28 Nov. 1781; Barrow, *Some Account of the Public Life*, 1:188–91.

31 Davies, *Private Correspondence of Lord Macartney*, xi; G. T. Staunton, *Memoir of the Life and Family*, 272–76; Barrow, *Some Account of the Public Life*, 1:174–97.

32 G. T. Staunton, *Memoir of the Life and Family*, 37.

33 Journal of the Commissioners, 1:95, 2:7, 2:169–70; *Minutes of Evidence Taken before the Right Honourable House of Lords, in the Lords Committees Appointed to Take into Consideration So Much of the Speech of His Royal Highness the Prince Regent as Relates to the Charter of the East India Company* (London, 1813), 96–97; Sinnappah Arasaratnam, *Merchants, Companies and Commerce on the Coromandel Coast 1650–1740* (Delhi: Oxford University Press, 1986), 257–58.

34 Journal of the Commissioners, 1:86.

35 Journal of the Commissioners, 1:89.

36 Journal of the Commissioners, 2:170.

37 Journal of the Commissioners, 2:170.

38 Journal of the Commissioners, 2:169.

39 Barrow, *Some Account of the Public Life*, 1:604–5; Bodleian Library, George Macartney Papers, Eng. lett. c. 386:106 Macartney to Jane Macartney, Eng. misc. f 533:14 commonplace book.

40 GT Staunton Papers, G. T. Staunton to Jane Staunton, 30 Dec. 1805; Barrow, *Some Account of the Public Life*, 1:321, 1:334–35; G. T. Staunton, *Memoir of the Life and Family*, 10.

第三章　李自標在那不勒斯的教育經歷

1 Carlo Antonio Pilati, *Voyages en différens pays de l'Europe en 1774, 1775 et 1776* (A La Haye: C. Plaat et Comp., 1772), 2:160–62; Helen Hills, "Cities and Virgins: Female Aristocratic Convents in Early Modern Naples and Palermo," *Oxford Art Journal* 22, no. 1 (1999): 45; Romeo De Maio, *Società e vita religiosa a Napoli nell'età moderna (1656–1799)* (Napoli: Edizioni scientifiche italiane, 1971), 14–20, 104–5, 340– 46; John Moore, *A View of Society and Manners in Italy* (Dublin: Price, W. Watson et al., 1781), 2:226.

2 Ugo Di Furia, "Arte e storia nella chiesa e collegio della Sacra Famiglia ai Cinesi"; Michele Fatica, "I percorso della mostra," in Fatica, *Matteo Ripa e il Collegio.*

3 Tiziana Iannello, "Il collegio dei cinesi durante il decennio francese (1806–

15)," in Fatica and D'Arelli, *La missione cattolica in Cina*, 268–69; Michele Fatica, "Per una mostra bibliografica ed iconografica su Matteo Ripa, il Collegio dei Cinesi e il Real Collegio Asiatico (1682–1888)," in Fatica and D'Arelli, *La missione Cattolica in Cina*, 13; APF SC Collegi vari 9:63 Fatigati, 20 Mar. 1762.

4 *Elenchus alumnorum.*

5 APF SC Collegi vari 10:296 Alunni levantini, 26 Nov. 1773; APF SC Collegi vari 10:289–91 Fatigati, 19 Dec. 1773.

6 Fatica, "Gli alunni del *Collegium Sinicum* di Napoli," 535; *Elenchus alumnorum*, 4.

7 Giacomo Di Fiore and Michele Fatica, "Vita di relazione e vita quotidiana nel Collegio dei Cinesi," in Fatica, *Matteo Ripa e il Collegio*, 37–39; APF SC Collegi vari 10:126 Avvisi dalla Consulta, 1767.

8 APF SC Collegi vari 9:181 Fatigati, 27 Oct. 1764; APF SC Collegi vari 10: 173 Fatigati, 25 May 1770; APF SC Collegi vari 10: 291 Fatigati, 19 Dec. 1773; APF SC Collegi vari 11:142 Fatigati, 19 Jan. 1782; APF SC Collegi vari 11:294 Palladini, 15 Oct. 1785; Di Fiore and Fatica, "Vita di relazione"; Elio Catello, *Cineserie e Turcherie nel '700 napoletana* (Napoli: Sergio Civita Editore, 1982), 12.

9 APF SC Collegi vari 12:150 Massei, 15 Mar. 1794.

10 Alfredo Zazo, *L'Istruzione pubblica e privata nel Napoletana (1767–1860)* (Castello: Il Solco, 1927), 28–29; Giuseppe Maria Galanti, *Breve descrizione della città di Napoli e del suo contorno*, ed. Maria Rosaria Pelizzari (Napoli: Di Mauro, 2000), 235.

11 APF SC Collegi vari 10:296 Alunni levantini, 26 Nov. 1773.

12 AION 42.2 Corrispondenza dell'Europa, Marrini, 26 July 1795; APF SRC Collegi vari 10:557 Fatigati, 5 Dec. 1778.

13 AION 16.1.15 Ly to Borgia, 10 Sept. 1826; Luigi Borgia, "Famiglia Borgia" (Nobili Napoletani), www.nobili-napoletani.it.

14 ACGOFM MH 23–2 Variae erudit（這是那所大學的一位中國學生的筆記本，其中有用中文和拉丁文書寫的內容；有一首關於Jacobus Nien嚴雅谷的詩，他是一位來自福建漳州的學生，於1762年過世，這表示筆記是在十八世紀六〇年代晚期編集而成的）；APF SC Collegi vari 10:240 Nota degli alunni 1771; ACGOFM Missioni 53 Raccolta di lettere 95, Wan, 4 Sept. 1772; Cappello, *Progymnasmatum eloquentiae*; Cappello, *Hieropaedia Catholica*; Giambattista Vico, *On the Study Methods of Our Time*, ed. and trans. Elio Gianturco (Indianapolis: Bobbs-Merill, 1965).

15 APF SC Collegi vari 10:142 Sersale, 24 June 1767; ACGOFM MH 10–1:13 Regole e costituzione della Congregazione e Collegio della Sacra Famiglia di Gesù Cristo.

16 APF SC Collegi vari 10:275 Nota degli alunni cinesi; APF SC Collegi vari 11:147 Stato di signori alunni cinesi del 1782

17 有林雲銘編輯的《古文析義》，1682年（Standaert, "Jean François Foucquet's Contribution," 415）和呂芸莊編輯的《考卷精銳》，1842年（Fatica, *Matteo Ripa e il Collegio*, 324）。

18 APF SRC Collegi Vari 10:142 Sersale, 24 June 1767.

19 ACGOFM MH 23–2 Variae erudit.

20 APF SC Collegi vari 11:6 Fatigati, 16 Dec. 1779; APF SC Collegi vari 11:147 Stato di signori alunni cinesi del 1782.

21 Elvira Choisi, "Intellectuals and Academies," in *Naples in the Eighteenth Century: The Birth and Death of a Nation State*, ed. Girolamo Imbruglia (Cambridge: Cambridge University Press, 2000), 127–28.

22 Cappello, *Hieropaedia Catholica*.

23 APF SC Collegi vari 10:514–5 Nota d'alunni cinese nota d'alunni levantini 1778.

24 Cappello, *Progymnasmatum eloquentiae*, 1; ACGOFM Missioni 53 Raccolta di lettere, Wan, 8 Oct. 1784.

25 APF SC Collegi vari 10:442 Nota degli alunni, 30 Nov. 1776.

26 APF SC Collegi vari 10:515 Nota d'alunni cinese, 6 Jan. 1778; APF SC Collegivari 11:6 Fatigati, 16 Dec. 1779.

27 APF SC Collegi vari 11:95 Fatigati, 31 Mar. 1781.

28 ACGOFM MH 7–7 Libro degli aggregati, Ignazio Orlando "D. Gennaro Fatigati."

29 ACGOFM MH 7–7 Libro degli aggregati, 1791 Giovanni Maria Borgia; ACGOFM MH 7–7 Libro degli recezione de novizii, Giovanni Maria Borgia; Luigi Borgia, "Famiglia Borgia" (Nobili Napoletani), www.nobili-napoletani.it.

30 APF SC Collegi vari 11:5–6 Fatigati, 16 Dec. 1779.

31 APF SC Collegi vari 11:94 Fatigati, 31 Mar. 1781.

32 Michele Fatica, *Seats and Palaces of Università degli Studi di Napoli "L'Orientale" (1729–2005)* (Napoli: Università degli Studie di Napoli "L'Orientale," 2005), 19; Fatica and D'Arelli, *La missione cattolica in Cina*, 234.

33 *Elenchus alumnorum*, 2–5.

34 APF SC Collegi vari 12:62 Massei, 31 Oct. 1789.

35 APF SC Collegi vari 10:136–42 Sersale, 24 June 1769; John A. Davis, *Naples and Napoleon: Southern Italy and the European Revolutions (1780–1860)* (Oxford: Oxford University Press, 2006), 25–26.

36 ACGOFM Missioni 53 Raccolta di lettere, Wan, 8 Oct. 1784.

37 P. Ovidi Nasonis, *Tristium Libri Quinque; Ibis; Ex Ponto Libri Quattuor; Halieutica Fragmenta*, ed. S. G. Owen (Oxford: Oxford University Press, 2015), *Epistulae ex Ponto*, 1:4, 1:8, 3:5, 5:9.

38 Di Fiore and Fatica, "Vita di relazione," 41.

39 APF SC Collegi vari 12:18 Massei, 27 Feb. 1787.

40 AION 16.1.15 Ly, 23 Mar. 1806; *Elenchus alumnorum*, 4.

41 APF SC Collegi vari 12:281–92 Phan, 29 Nov. 1816.

42 APF SC Collegi vari 10:136–42 Sersale, 24 June 1769; *Elenchus alumnorum*, 24–25; ACGOFM Missioni 53 Raccolta di lettere, Ly, 24 Aug. 1792.

43 *Elenchus alumnorum*, 23; APF SC Collegi vari 10:136–42 Sersale, 24 June 1769; APF SC Collegi Vari 10:123 Avvisi dalla consulta della congregazione, 1767; Di Fiore, *Lettere di missionari*, 11.

44 APF SC Esami dei missionarii 3:59, 9 Jan. 1791; APF SOCP 67:183 Cho 19 Feb. 1791; ACGOFM Missioni 53 Raccolta di lettere, Ly, 28 Dec. 1790, 14 Jan. 1791.

第四章　小斯當東的奇特童年

1 G. T. Staunton, *Memoirs of the Chief Incidents*, 7, 187–88.

2 Sir George Leonard Staunton Papers, BL, G. L. Staunton to Ann Staunton, 6 Nov. 1782.

3 GT Staunton Papers, [Peter Brodie] Verses presented to my Dear Wife on Her Birthday 1782.

4 GT Staunton Papers, Margaret Staunton to Jane Staunton, 5 Apr. 1784.

5 Sir George Leonard Staunton Papers, BL, G. L. Staunton to Collins, 28 Jan. 1785; GT Staunton Papers, Blake to Jane Staunton, 1 Oct. 1784.

6 G. T. Staunton, *Memoir of the Life and Family*, 3, 316.

7 National Archives of Ireland 999/241/2/4 Last Will and Testament of Benjamin Collins; *A Pretty Book of Pictures for Little Masters and Misses, or, Tommy Trip's History of Beasts and Birds with a Familiar Description of Each in Verse and Prose to Which Is Prefix'd the History of Little Tom TripHimself, of His Dog Jouler, and of Woglog the Giant*, 14th ed. (London: B.C. Collins, 1787).

8 G. T. Staunton, *Memoir of the Life and Family*, 319; Anna Barbauld, *Lessons for Children. Part I. For Children from Two to Three Years Old* (London: J. Johnson, 1800), 9–10.

9 G. T. Staunton, *Memoir of the Life and Family*, 316–17.

10 G. T. Staunton, *Memoir of the Life and Family*, 319.

11 *The Times*, 23 June 1792, 2.

12 Bodleian Library, George Macartney Papers, Eng. Lett. c. 385:136 Jane Macartney to Pitt, 31 July 1785.

13 Bodleian Library, George Macartney Papers, Eng. Misc. b. 162:39 Commonplace book.

14 Bowen, *Business of Empire*; Hanser, *Mr. Smith Goes to China*, 120–26, 140–43.

15 G. T. Staunton, *Memoir of the Life and Family*, 305; Sir George Leonard Staunton Papers, BL, Staunton to Menzies, 10 Apr. 1788.

16 Pritchard, "Crucial Years of Early Anglo-Chinese Relations," 237.

17 Sir George Leonard Staunton Papers, BL, Staunton to Menzies, 10 Apr. 1788.

18 Old Bailey Proceedings Online, June 1789, trial of Leonard Wilson (t17890603-2); GT Staunton Papers, Curtis to G. L. Staunton, 1 Feb. 1788.

19 GT Staunton Papers, G. L. Staunton to Egan, Jan. 1790; G. T. Staunton

Memoir of the Life and Family*, 324.

20 National Archives of Ireland, Documents re Stauntons' interest in the tithes of the parish of Cargine 999/241/2/12.
21 Old Bailey Proceedings Online, June 1789, trial of Leonard Wilson (t17890603–2).
22 GT Staunton Papers, Beck to G. L. Staunton, 10 Mar. 1791.
23 Barrow, *Auto-biographical Memoir*, 43, see also 5, 8–13, 17, 40, 45.
24 GT Staunton Papers, Diary, 6 June 1791.
25 GT Staunton Papers, Diary, 15 June 1791.
26 Berg, "Britain, Industry and Perceptions of China."
27 GT Staunton Papers, Diary 21, 30 June 1791.
28 Smith, *Memoir and Correspondence*, 382–83.
29 Linnean Society of London, Correspondence of Sir James Edward Smith, Hope to Smith, 28 Sept. 1792.
30 Barrow, *Some Account of the Public Life*, 1:391.

第五章　為使華尋覓翻譯

1 IOR G/12/91:28 Macartney to Dundas, 4 Jan. 1792. 為讓意思清楚，加上標點。
2 G. L. Staunton, *Authentic Account*, 1:40; GT Staunton Papers, Diary, 24 Jan. 1792 and 15, 22, 25 Jan. 1792.
3 G. T. Staunton, *Memoir of the Life and Family*, 348.
4 GT Staunton Papers, Hamilton to G. L. Staunton, 21 Feb. 1792.
5 APF SC Collegi vari 12:131 Massei to Antonelli, 17 Mar. 1792; APF SC Collegivari 10:276 Nota degli Alunni Cinesi [1773].
6 ACGOFM Missioni 53 Raccolta di lettere, Ly [1792]. 李自標提到一本「dictionarium sinicolatinum」，表示這可能是Carlo Orazi da Castorano於1732年在北京編纂的*Dictionarium Latino-Italico-Sinicum*手稿，此份手稿後來由小斯當東送給皇家亞洲學會（RAS George Thomas Staunton Box 1）。參見Hui Li, Il Dictionarium Latino-Italico-Sinicum di Carlo Orazi da Castrorano O.F.M. (1673–1755) (Sapienza PhD diss. 2014/2015), 4, 66.
7 APF SC Collegi vari 10:442 Nota degli alunni, 30 Nov. 1776; APF SC Collegivari 12:18 Massei, 27 Feb. 1787.
8 *Elenchus alumnorum*, 4; APF SC Collegi vari 11:95 Fatigati, 31 Mar. 1781.
9 APF Collegi vari 12:133 Massei to Antonelli, 27 Mar. 1792; APF SOCP 67:518 Cho, 4 Apr. 1792.
10 AION 42.2.8 Cho and Ly, 23 Mar. 1792; Sir George Leonard Staunton Papers, BL, Staunton to Macartney, 11 Aug. 1792.
11 ACGOFM Missioni 53 Raccolta di lettere, Ly, 26 Mar. 1792.
12 ACGOFM Missioni 53 Raccolta di lettere, Ly, 26 Mar. 1792, 13 Apr. 1792; APF SOCP 67:518 Cho, 4 Apr. 1792.
13 ACGOFM Missioni 53 Raccolta di lettere, Ly, 13 Apr. 1792.

14 ACGOFM Missioni 53 Raccolta di lettere, Ly, 13 Apr. 1792; Sir George Leonard Staunton Papers, BL, Staunton to Macartney, 11 Aug. 1792.
15 G. T. Staunton, *Memoirs of the Chief Incidents*, 11; G. T. Staunton, *Memoir of the Life and Family*, 341–42.
16 ACGOFM Missioni 53 Raccolta di lettere, Ly, 14 May 1792.
17 ACGOFM Missioni 53 Raccolta di lettere, Ly, 14 May 1792.
18 ACGOFM Missioni 53 Raccolta di lettere, Ly, 14 May 1792.
19 AION 16.1.15 Ly to Massei, 14 May 1792.
20 AION 16.1.15 Ly to Massei, 14 May 1792.
21 G. T. Staunton, *Memoir of the Life and Family*.
22 AION 16/1/16 Cho and Ly, 22 May 1792.
23 *General Evening Post*, 9 June 1792, 8; Barrow, *Auto-biographical Memoir*, 43; *Morning Herald*, 31 Jan. 1792, 4.
24 ACGOFM Missioni 53 Raccolta di lettere, Ly, 7 July 1792.
25 ACGOFM Missioni 53 Raccolta di lettere, Ly, 7 July 1792, 24 Aug. 1792.
26 ACGOFM Missioni 53 Raccolta di lettere, Ly, 24 Aug. 1792.
27 關於服飾和基督教作為身分的標誌，請參考Roxann Wheeler, *The Complexion of Race: Categories of Difference in Eighteenth-Century British Culture* (Philadelphia: University of Pennsylvania Press, 2000), 7; Dror Wahrman, *Making of the Modern Self: Identity and Culture in Eighteenth-Century England* (New Haven, Conn.: Yale University Press, 2004), 93, 177.
28 *Gazetteer and New Daily Advertiser*, 3 May 1792, 6.
29 Bodleian Library, George Macartney Papers, Eng. Misc. b. 162:81 Commonplace book.
30 Burney, *Journals and Letters*, 1:195.
31 AION 16/1/16 Cho and Ly, 22 May 1792; Roebuck et al., *Macartney of Lissanoure*, 21; Basil Gray, "Lord Burlington and Father Ripa's Chinese Engravings," *British Museum Quarterly* 22, nos. 1/2 (1960); IOR/G/12/91: 28–9 Macartney to Dundas, 4 Jan. 1792.
32 ACGOFM Missioni 53 Raccolta di lettere, Ly, 7 July 1792.
33 Toyo Bunko, Japan, MS-42 Macartney Papers, Dundas to Macartney, 29 July 1792; Baring Archives NPI C.22.7 Baring to Dundas, 28 Aug. 1792.
34 William Shepherd, "Ode on Lord Macartney's Embassy to China," in *New Oxford Book of Eighteenth Century Verse*, ed. Roger Lonsdale (Oxford: Oxford University Press, 1984), 787–88.
35 ACGOFM Missioni 53 Raccolta di lettere, Nien, 24 Aug. 1792, Ly to Borgia, 24 Aug. 1792; APF SOCP 67:517 Nien, 3 July 1792.
36 Pritchard, "Instructions of the East India Company," 375–77; G. L. Staunton, *Authentic Account*, 1:41–42.
37 ACGOFM Misisoni 53 Raccolta di lettere, Ly to Borgia, 24 Aug. 1792; Macartney, *Embassy to China*, 64.
38 Barrow, *Auto-biographical Memoir*, 50.

39 Barrow, *Some Account of the Public Life*, 2:501.
40 GT Staunton Papers, Reeves to G. L. Staunton, 4 July 1792.
41 Antonio Montucci, *Proposals for Publishing by Subscription a Treatise on the Chinese Language with an Answer to the Reviewers* (London, 1801), 2, 8; Antonio Montucci, *De studiis sinicis in imperiali athenaeo petropolitano* (Berlin: Ludovicus Quien, 1808), 9–11; Villani, "Montucci, Antonio." For Fourmont, see Stephanus Fourmont, *Meditationes Sinicae* (Paris: Lutetiae Parisiorum, 1737), xi–xxvi, 8–9, 19–22; Leung, *Etienne Fourmont*, 146–55.
42 Wu, *Traduire la Chine au XVIIIe siècle*, 75–83.
43 Stifler, "Language Students," 48–50.
44 IOR/L/MAR/C/902:33 Statement of the circumstances attending the maintenance and return of Lascars and Chinese, 11 Feb. 1811; *Morning Chronicle and London Advertiser*, 29 July 1782, 4; Old Bailey Proceedings Online, Dec. 1804, trial of Ann Alsey, Thomas Gunn (t18041205–56), Sept. 1800, trial of William Rayer and Charles Moren (t18000917–29); Fisher, *Counterflows to Colonialism*, 151; Price, *Chinese in Britain*, 18–28, 31–33.
45 Steven Shapin, *A Social History of Truth: Civility and Science in Seventeenth-Century England* (Chicago: University of Chicago Press, 1994).

第六章　遠渡重洋

1 GT Staunton Papers, Diary, 15 and 16 Sept. 1792; Macartney, *Embassy to China*, 23; Macartney, Journal of a Voyage, 1–2; G. H. Williams, "The Western Defences of Portsmouth Harbour 1400–1800," *Portsmouth Papers* 30 (1979).
2 *General Evening Post*, 19–21 June 1792, 5; Macartney, Journal of a Voyage, 1–2; Bodleian Library, George Macartney Papers, Eng. misc. f. 534:32–3 Commonplace book; Burney, *Journals and Letters*, 1:193, 207; National Library of Ireland MS 8799 (3) Documents relating to the pedigree of the Winder family.
3 *Biographical Memoir of Sir Erasmus Gower*, 3–6, 11–14, 50.
4 Barrow, *Auto-biographical Memoir*, 45.
5 Barrow, *Auto-biographical Memoir*, 49.
6 Bodleian Library, George Macartney Papers, Eng. misc. f. 534:32–3 Commonplace book; Proudfoot, *Biographical Memoir of James Dinwiddie*, 130–31.
7 G. L. Staunton, *Authentic Account*, 1:88; Baring Archives NP1.C25 Nepean to Baring, 3 Sept. 1792; IOR L/MAR/B 267 GA Henry Lindeman Journal, 1 Nov. 1793; Macartney, Journal of a Voyage, 2; Bodleian Library, George Macartney Papers, Eng. misc. b. 162:79 List of persons belonging to the China embassy; H. V. Bowen, "Privilege and Profit: Commanders of East Indiamen as Private Traders, Entrepreneurs and Smugglers, 1760–1813," *International Journal of Maritime History* 19, no. 2 (2007).
8 Sir George Leonard Staunton Papers, BL, Staunton to Pigott, 23 Sept. 1792.

9 G. L. Staunton, *Authentic Account*, 1:55, 195–96, 319; Anderson, *Narrative of the Embassy*, n.p.; Macartney, Journal of a Voyage, 2; Alexander, Journal, 2 July 1793; *Biographical Memoir of Sir Erasmus Gower*, 90.

10 G. L. Staunton, *Authentic Account*, 1:58; *Lloyds Evening Post*, 29–31 Aug. 1792, 214; J. C. Hüttner, *Voyage a la Chine* (Paris: J.J. Fuchs, 1798), 32–33, 61–63, 79, 147, 245.

11 G. L. Staunton, *Authentic Account*, 1:58 (this translation is not G. L. Staunton's English version but is closer to George Thomas's simple Latin); G. T. Staunton, *Memoirs of the Chief Incidents*, 18–19.

12 GT Staunton Papers, Diary, 25 Sept. 1792.

13 G. L. Staunton, *Authentic Account*, 1:195; GT Staunton Papers, Diary, 14 Apr. 1793.

14 GT Staunton Papers, Diary, 13 Jan. 1793.

15 G. L. Staunton, *Authentic Account*, 1:195; Barrow, *Travels in China*, 105–6; Alexander, Journal, 88.

16 Wellcome Trust MSS 3352 Macartney Journal of a Voyage, 3–9.

17 GT Staunton Papers, Diary, 13 Oct. 1792.

18 Bodleian Library, George Macartney Papers, Eng. misc. f 533 Commonplace book, 29; Peyrefitte, *Collision of Two Civilisations*, 35（我無法確定Peyrefitte的資料來源，但它很可能是馬戛爾尼日記的另一份抄本）.

19 Gower, Journal of His Majesty's ship Lion, 11; G. L. Staunton, *Authentic Account* 1:87; Bodleian Library, George Macartney Papers Eng. misc. f. 533:21Commonplace book; Karen Harvey, "Ritual Encounters: Punch Parties and Masculinity in the Eighteenth Century," *Past and Present* 214 (2012).

20 GT Staunton Papers, Diary, 19 Nov. 1792.

21 GT Staunton Papers, Diary, 3, 8, 13 Dec. 1792; Macartney, Journal of a Voyage, 75–94.

22 G. L. Staunton, *Authentic Account*, 1:174; Barrow, *Voyage to Cochinchina*, 91.

23 Gower, Journal of HMS Lion, 19–20; G. L. Staunton, *Authentic Account* 1:193.

24 GT Staunton Papers, Diary, 10 Jan. 1793 and 7 Jan. 1793.

25 GT Staunton Papers, Diary, 12, 20, and 21 Jan. 1793.

26 Gower, Journal of HMS Lion, 31.

27 GT Staunton Papers, Diary, 25 Jan. 1793; Gower, Journal of HMS Lion, 31.

28 Macartney, Journal of a Voyage, 72; J. K. Laughton and Andrew Lambert, "Ommanney, Sir John Acworth," in *Oxford Dictionary of National Biography* (2004), www.oxforddnb.com.

29 *Hampshire Advertiser*, 29 Sept. 1832.

30 GT Staunton Papers, Diary, 18, 22, 25, and 28 Feb. 1793.

31 GT Staunton Papers, Diary, 5 Mar. 1793; Barrow, *Voyage to Cochinchina*, 169, 203.

32 Alexander, Album, BL WD 959, 280–82; Bodleian Library, George Macartney Papers, Eng. misc. f. 533:9 Commonplace book.

33 Barrow, *Voyage to Cochinchina*, 203; GT Staunton Papers, Diary, 6 Mar. 1793; Alexander, Journal, 11 June 1793; IOR/G/12/93 2:220–1 Secret Committee, 31 June 1793; Kwee, *Political Economy of Java's Northeast Coast*, 14, 162–71.

34 Bodleian Library, George Macartney Papers, Eng. misc. f. 533:15 Commonplace book. See also Mcgee, "Putting Words in the Emperor's Mouth."

35 Macartney, Journal of a Voyage, 111–12; Barrow, *Voyage to Cochinchina*, 204–6.

36 GT Staunton Papers, Diary, 1 Mar. 1793; Macartney, Journal of a Voyage, 113– 18; Barrow, *Voyage to Cochinchina*, 208.

37 Macartney, Journal of a Voyage, 128.

38 ACGOFM Missioni 53 Raccolta di lettere, Nien, 13 Apr. 1793.

39 Gower, Journal of HMS Lion, 62; AION 27/10/5 Nien, 13 Apr. 1793; Bodleian Library, George Macartney Papers, Eng. misc. f. 533:29 Commonplace book; G. L. Staunton, *Authentic Account*, 1:283.

40 AION 27/10/5 Nien, 13 Apr. 1793.

第七章　其他可能的譯員

1 *Elenchus alumnorum*, 2; ACGOFM Missioni 53 Raccolta di lettere, Zen, 15 Mar. 1786; 吳巍巍：〈明末艾儒略在漳州的傳教活動與社會反響〉，《漳州師範學院學報（哲學社會科學版）》2010年第3期；Erik Zürcher, ed., *Kouduo Richao Li Jiubiao's Diary of Oral Admonitions: A Late Ming Christian Journal* (Sankt Augustin: Institut Monumenta Serica, 2007), 94–97.

2 原文請見Morse, *Chronicles of the East India Company*, 2:244– 47。這裡參考的中文版是the National Archives (TNA), London, FO 1048/1 King's letter to Kienlung, Sept. 1793（非常感謝Xu Maoming發現這份文件）。這篇譯文是由嚴寬仁所作的證據，請見G. L. Staunton, *Authentic Account*, 1:388; Macartney Cornell MS DS117, 329 Credentials to King of Vietnam。亦見計秋楓：〈馬戛爾尼使華事件中的英吉利「表文」考〉，其有力地論證這封信是在航程途中翻譯的，但英國人檔案裡不見這個版本，由此可假設清廷檔案裡的版本也是如此（請見第八章）。

3 Macartney, Journal of a Voyage, 196–202.

4 IOR G/12/93 3:33 Macartney to Dundas, 18 June 1793; Barrow, *Voyage to Cochinchina*, 270; Wang, *White Lotus Rebels and South China Pirates*, 210–20.

5 Macartney, Journal of a Voyage, 209; Gower, Journal of HMS Lion, 62–64; Alexander, Journal, 28 May 1793.

6 Macartney, Journal of a Voyage, 217–29; Barrow, *Voyage to Cochinchina*, 291–92; Anderson, *Narrative of the Embassy*, 54.

7 王宏志，《馬戛爾尼使華翻譯問題》；Macartney Cornell MS DS116 vol. 11 Edicts communicated by Thomas Fitzhugh QL20/3/25.

8 AION 42/2/8 Ly, 16 May 1793.

9 APF SOCP 68:611 Ly, 20 Feb. 1794; AION 42/2/8 Ly, 16 May 1793.

10 APF SOCP 68:487 Marchini, 3 Nov. 1793;《清代臺灣關係諭旨檔案彙編》，臺灣史料集成編輯委員會，臺北：行政院文化建設委員會，2004年，

2:163–65；《欽定平定臺灣紀略》，1788年，文淵閣四庫全書版，42:21、50:20、54:24、56:13；《平臺紀事本末》，臺灣銀行編，臺北：中華書局，1958年，第46、49、62頁；FHA 02-01-006-003082-0002 Guo Shixun QL56/10/17.

11 G. L. Staunton, *Authentic Account* 1:389.

12 AION 27/10/5 Nien 8 July 1793.

13 印光任、張汝霖，《澳門記略》；《四庫全書存目叢書・史221》，齊魯書社，1996年，第1卷，第35頁，第2卷，第53頁。

14 李長森，《近代澳門翻譯史稿》，第70–82頁；劉芳、章文欽，《清代澳門中文檔案彙編》。

15 English text: Pritchard, "Instructions of the East India Company," 2:375–77. 亦可參見李長森，《近代澳門翻譯史稿》，第69頁；IOR G/12/93 2:33–9 Secret Committee, 11 Oct. 1792.

16 中文參見《英使馬戛爾尼訪華檔案史料彙編》，第216頁；陳顯波，《主體文化對譯者的影響——以佛朗西斯・百靈致兩廣總督信件翻譯為例》，《佳木斯大學社會科學學報》2011年第5期；劉黎，《中英首次正式外交中百靈致兩廣總督信件的翻譯問題》，《重慶交通大學學報（社會科學版）》2016年第2期。

17 陳國棟，《清代前期的粵海關》，第171–97頁。

18 Pritchard, "Instructions of the East India Company," 376.

19 IOR G/12/93 2:21–2 Browne, 25 Nov. 1792.

20 中文參見《英使馬戛爾尼訪華檔案史料彙編》，第217頁；亦參考《英使馬戛爾尼訪華檔案史料彙編》，第279頁；劉芳、章文欽，《清代澳門中文檔案彙編》第1卷，第357-358頁。（解釋了在類似情況下如何使用「澳門通譯處」）

21 中文參見《英使馬戛爾尼訪華檔案史料彙編》，第91–92頁。

22 IOR G/12/93 2:204 Secret Committee, 1 June 1793, 2:227–28 Secret Committee, 22 June 1793, 2:318 Secret Committee, 29 Sept. 1793 (arrangements were presumably the same for Antonio as for his brother);《英使馬戛爾尼訪華檔案史料彙編》，第309–10頁；G. L. Staunton, *Authentic Account*, 2:14; Barrow, *Some Account of the Public Life*, 1:346.

23 APF SOCP 68:485–6 Marchini, 3 Nov. 1793; IOR/G/12/92:141, Macartney to Dundas, 9 Nov. 1793; Macartney Cornell MS DS117, 252 Macartney journal notes, 22 June 1793.

24 FHA 02-01-006-003087-0006 Agui QL56/12/16; APF SOCP 68:487 Marchini, 3 Nov. 1793.

25 郭成康，《十八世紀的中國政治》，臺北：昭明出版，2001年，第319–20頁。

26 《英使馬戛爾尼訪華檔案史料彙編》，第309–13頁；Alexander, Journal, 22 July 1793.

27 Barrow, *Travels in China*, 55. See also Alexander, Journal, 2 July 1793; Macartney, *Embassy to China*, 65; Macartney Cornell MS DS117, 252

Macartney journal notes, 3 July 1793;《英使馬戛爾尼訪華檔案史料彙編》，第314–15頁。

28 《英使馬戛爾尼訪華檔案史料彙編》，第314頁；Barrow, *Auto-biographical Memoir*, 59.

29 G. L. Staunton, *Authentic Account* 1:416–17.

30 《英使馬戛爾尼訪華檔案史料彙編》，第320–21頁；G. L. Staunton, *Authentic Account*, 1:417. 亦參考Chen, *Chinese Law in Imperial Eyes*, 25–65。

31 G. L. Staunton, *Authentic Account*, 1:432.

32 G. L. Staunton, *Authentic Account*, 1:432–33;《英使馬戛爾尼訪華檔案史料彙編》，第396、65頁。

33 Macartney, *Embassy to China*, 67;《英使馬戛爾尼訪華檔案史料彙編》，第336頁。

34 Macartney Cornell MS DS117, 265 Narrative of Events, 21 July 1793; 賴慧敏，《乾隆皇帝的荷包》，第150頁；李桓，《國朝耆獻類徵初編》第96卷，第38-39頁。《英使馬戛爾尼訪華檔案史料彙編》，第82、340–41頁。

35 王文雄：G. L. Staunton, *Authentic Account*, 1:485–87;《清史稿校註》第12卷，第9553頁。喬人傑：劉文炳，《徐溝縣志》，太原：山西人民出版社，1992年，第432頁；《郝村喬氏家譜》，2005年，第27頁；Macartney, *Embassy to China*, 98, 248；賴慧敏，《乾隆皇帝的荷包》，第150頁。

36 G. L. Staunton, *Authentic Account*, 1:488.

37 G. L. Staunton, *Authentic Account*, 1:488–89.

38 《英使馬戛爾尼訪華檔案史料彙編》，第374頁；G. L. Staunton, *Authentic Account*, 1:489.

39 Barrow, *Travels in China*, 105–6, 267.

40 Alexander, Journal, 28 July 1793; IOR G/12/92:27–32 Macartney's Instructions to his Attendants; Macartney Cornell MS DS117, 252 Macartney journal notes, 22 July–3 Aug. 1793.

41 Bodleian Library, George Macartney Papers, Eng. misc. f. 533:9 List made out by Sir George Staunton.

42 Macartney Cornell MS DS117, 271 Gower to Macartney, 16 Sept. 1793.

43 IOR/G/12/93 2:347–8 Macartney, 6 Aug. 1793.

第八章 作為譯員和中介的李自標

1 APF SOCP 68:611–2 Ly, 20 Feb. 1794.

2 Macartney Cornell MS DS117, 265 Narrative of events, 21 July 1793; Anderson, *Narrative of the Embassy*, 58.

3 Macartney Cornell MS DS117, 265 Narrative of events, 21 July 1793.

4 《御製詩五集》，見《清高宗御製詩文全集》第9卷，第83、23頁。亦參考80卷，第26–27頁。

5 《御製詩五集》第83卷，第23a頁。

6 《英使馬戛爾尼訪華檔案史料彙編》，第347–48頁；王鐘翰編，《清史列傳》，北京：中華書局，1987年，第7卷，第2078頁。

7 《英使馬戛爾尼訪華檔案史料彙編》，第343–45頁；李桓，《國朝耆獻類徵初稿》第8卷，第4451-4452頁。

8 Macartney, *Embassy to China*, 248;《明清宮藏中西商貿檔案》第4卷，第2153-2160頁；Preston M. Torbert, *The Ch'ing Imperial Household Department: A Study of Its Organization and Functions, 1662–1796* (Cambridge, Mass.: Council on East Asian Studies, Harvard University, 1977), 122–23; Chang Te-Ch'ang, "The Economic Role of the Imperial Household in the Ch'ing Dynasty," *Journal of Asian Studies* 31, no. 2 (1972); 賴慧敏，《乾隆皇帝的荷包》，第112-113、140-151、232頁。

9 Macartney, *Embassy to China*, 71.

10 Macartney, *Embassy to China*, 71.

11 Macartney, *Embassy to China*, 74–76; National Library of Ireland MS8799(1) E Winder papers, Account by Edward Winder of a journey in China, 1;《英使馬戛爾尼訪華檔案史料彙編》，第360頁。

12 Fairbank, *Chinese World Order*; John E. Wills, *Embassies and Illusions: Dutch and Portuguese Envoys to K'ang-hsi 1666–1687* (Cambridge, Mass.: Council on East Asian Studies, Harvard University, 1984); James L. Hevia, *Cherishing Men from Afar: Qing Guest Ritual and the Macartney Embassy of 1793* (Durham, N.C.: Duke University Press, 1995), 9–15; Wang, *Remaking the Chinese Empire*, 3–9.

13 Anderson, *Narrative of the Embassy*, 67;《欽定大清會典事例》第505卷，第2、7-8頁。

14 《欽定大清會典事例》，第514卷6，第10–12頁；黎難秋，《中國口譯史》，第441-447頁；Kim, "Foreign Trade and Interpreter Officials"; Chan, "'Chinese Barbarian Officials.'"

15 Alexander, Album, BL WD 959, 60, 155; IOR G/12/93:368 Macartney to Dundas, 9 Nov. 1793;《英使馬戛爾尼訪華檔案史料彙編》，第40頁。

16 《欽定大清會典事例》，第56卷，第4–6頁.

17 IOR G/12/91:85 Macartney to Dundas, 17 Mar. 1792.

18 National Portrait Gallery, London, James Gillray, "The Reception of the Diplomatique and his Suite at the Court of Pekin," 1792; Macartney, *Embassy to China*, 84–85; Bodleian Library, George Macartney Papers, Eng. misc. f. 533:16 Commonplace book (undated note).

19 Macartney, *Embassy to China*, 86–87; Mosca, *Frontier Policy to Foreign Policy*, 129–53.

20 這段對話發生於1793年八月十六日。不清楚福康安此時是否已經抵達北京。FHA 03-0260-008 Fukang'an QL 58/7/5; Barrow, *Travels in China*, 115–16.

21 Macartney, *Embassy to China*, 86.

22 Macartney, *Embassy to China*, 90; Anderson, *Narrative of the Embassy*, 94.

23 Macartney, *Embassy to China*, 90.

24 Barrow, *Travels in China*, 88; Hüttner, *Voyage a la Chine*, 31.

25 Barrow, *Travels in China*, 102, 108; Macartney, *Embassy to China*, 93; Proud-

foot, *Biographical Memoir of James Dinwiddie*, 44.

26 《英使馬戛爾尼訪華檔案史料彙編》，第1頁；Macartney, *Embassy to China*, 80; APF SOCP 68:609 Ly, 20 Feb. 1794.

27 Proudfoot, *Biographical Memoir of James Dinwiddie*, 46; IOR G/12/92:58–9 Macartney to Dundas, 9 Nov. 1793.

28 Proudfoot, *Biographical Memoir of James Dinwiddie*, 46; IOR G/12/92:59 Macartney to Dundas, 9 Nov. 1793.

29 APF SOCP 68:612 Ly, 20 Feb. 1794.

30 Macartney, *Embassy to China*, 92; APF SOCP 68:612 Ly, 20 Feb. 1794;《英使馬戛爾尼訪華檔案史料彙編》，第375頁。

31 APF SOCP 68:609 Jacobus Li, 25 Dec. 1793 and 68:612 Ly, 20 Feb. 1794.

32 IOR G/12/92:57 Macartney to Dundas, 9 Nov. 1793.

33 Macartney, *Embassy to China*, 99–100; G. L. Staunton, *Authentic Account*, 142–43; 王宏志，《馬戛爾尼使華翻譯問題》。

34 Barrow, *Some Account of the Public Life*, 2:422; Macartney, *Embassy to China*, 99–100; G. L. Staunton, *Authentic Account*, 142–43; GT Staunton Papers, G. T. Staunton to G. L. Staunton, 27 Mar. 1800.

35 APF SOCP 68:611 Ly 20 Feb. 1794.

36 Barrow, *Travels in China*, 422.

37 《英使馬戛爾尼訪華檔案史料彙編》，第50–51頁。

38 Georg Simmel, *The Sociology of Georg Simmel*, trans. Kurt H. Wolff (London: Collier-Macmillan, 1950), 145–50.

第九章　御前講話

1 《英使馬戛爾尼訪華檔案史料彙編》，第562頁；Anderson, *Narrative of the Embassy*, 120–21.

2 Macartney, *Embassy to China*, 114; Hüttner, *Voyage a la Chine*, 61–63.

3 Macartney, *Embassy to China*, 114.

4 APF SOCP 68:610 Ly, 25 Dec. 1793.

5 Macartney, *Embassy to China*, 117, 124; Anderson, *Narrative of the Embassy*, 138; GT Staunton Papers, Diary, 8 Sept. 1793; Millward et al., *New Qing Imperial History*; Daniel Mark Greenberg, "A New Imperial Landscape: Ritual, Representation, and Foreign Relations at the Qianlong Court" (PhD diss., Yale University, 2015).

6 GT Staunton Papers, Diary, 8 Sept. 1793; Macartney, *Embassy to China*, 118–21; G. L. Staunton, *Authentic Account*, 2:209–13; APF SOCP 68:612 Ly, 20 Feb. 1794.

7 英文原文：Morse, *Chronicles of the East India Company*, 2:244. 嚴寬仁版本：TNA FO 1048/1 King's letter to Kienlung, Sept. 1793. 阿美士德版：《英使馬戛爾尼訪華檔案史料彙編》，第162–64頁。關於對出自誰手的推論，請見秦國經〈從清宮檔案看英使馬戛爾尼訪華歷史事實〉，《英使馬戛爾尼訪華檔案史料彙編》第74頁；王宏志，〈馬戛爾尼使華的翻譯問題〉，第

128頁。

8 《英使馬戛爾尼訪華檔案史料彙編》，第148–49頁；Durand, "Langage bureaucratique et histoire," 97–98.

9 《英使馬戛爾尼訪華檔案史料彙編》，第535頁。

10 APF SOCP 68:609 Ly, 25 Dec. 1793; AION 27/10/9 Ly, 20 Feb. 1794. See also G. L. Staunton, *Authentic Account*, 2:215; Macartney, *Embassy to China*, 119; 黃一農：〈印象與真相——清朝中英兩國的覲見之爭〉。

11 IOR G/12/93 3:72 Macartney to Dundas, 9 Nov. 1793. See also G. L. Staunton, *Authentic Account*, 2:220–22; Macartney, *Embassy to China*, 120–21; Yoon, "Prosperity with the Help of 'Villains.'"

12 Macartney, *Embassy to China*, 121; IOR G/12/92:68 Macartney to Dundas, 9 Nov. 1793.

13 《英使馬戛爾尼訪華檔案史料彙編》，第51頁。

14 《英使馬戛爾尼訪華檔案史料彙編》，第150–151頁；Macartney, *Embassy to China*, 121.

15 Greenberg, "New Imperial Landscape," 91–182; Keliher, *Board of Rites*, 72; Stephen H. Whiteman, "From Upper Camp to Mountain Estate: Recovering Historical Narratives in Qing Imperial Landscapes," *Studies in the History of Gardens & Designed Landscapes* 33, no. 4 (2013).

16 Macartney Cornell MS DS117, 371 Parish, 28 Feb. 1794; G. L. Staunton, *Authentic Account*, 2:225–29; 昭槤，《嘯亭雜錄》，第375–76頁。

17 Keliher, *Board of Rites*, 154. 就《萬樹園賜宴圖》，請見Greenberg, "New Imperial Landscape," 113–16, 128.

18 Macartney, *Embassy to China*, 122.

19 GT Staunton Papers, Diary, 14 Sept. 1793.

20 GT Staunton Papers, Diary, 14 Sept. 1793.

21 G. L. Staunton, *Authentic Account*, 2:230–38; APF SOCP 68:610 Ly, 25 Dec. 1793; APF SOCP 68:613 Ly, 20 Feb. 1794; IOR/G/12/92:71 Macartney to Dundas, 9 Nov. 1793; Hüttner, *Voyage a la Chine*, 85–89; Macartney, *Embassy to China*, 124.

22 Anderson, *Narrative of the Embassy*, 148; GT Staunton Papers, Diary, 14 Sept. 1793.

23 GT Staunton Papers, Diary, 17 Sept. 1793.

24 GT Staunton Papers, Diary, 18 Sept. 1793.

25 *The Times*, 29 Sept. 1794, 3.

26 National Library of Ireland MS 8799 E Winder papers 1 Account by Edward Winder of a journey in China, 1793.

27 National Library of Ireland MS8799 (4) Wiley (illeg.) to Winder, 17 Feb. 1797.

28 管世銘，《韞山堂詩集》，1802年，第16卷，第3頁。亦參考劉家駒：〈英使馬戛爾尼覲見乾隆皇帝的禮儀問題〉，《近代中國初期歷史研討會論文集》，臺北：中央研究院，1989年。

29 管世銘，《韞山堂詩集》第16卷，第3頁。

30 《清高宗御製詩文全集》第9卷，《御製詩五集》第84卷，第10–13頁。
31 Macartney, *Embassy to China*, 124–26; G. L. Staunton, *Authentic Account*, 2:240–48; Anderson, *Narrative of the Embassy*, 149.
32 Macartney, *Embassy to China*, 127–28; G. L. Staunton, *Authentic Account*, 2:343 (undated but this is the most likely occasion); IOR G/12/92:75 Macartney to Dundas, 9 Nov. 1793.
33 Mosca, *Frontier Policy to Foreign Policy*, 137–54; FHA 03-0259-066 Fukang'an QL58/6/22, 04-01-13-0093-007 QL58/6/11.
34 Macartney, *Embassy to China*, 127;《松文清公升官錄》第119卷，第257–68頁；李桓，《國朝耆獻類徵初編》第36卷，第31頁；馬子木，《論清朝翻譯科舉的形成與發展（1723–1850）》。
35 昭槤，《嘯亭雜錄》，第318頁；《松文清公升官錄》，第275頁。Yoon, "Prosperity with the Help of 'Villains,'" 497.
36 賴慧敏，《乾隆皇帝的荷包》，第478–479頁。陳開科，《嘉慶十年：失敗的俄國使團與失敗的中國外交》，第100–103頁。
37 《松文清公升官錄》，第285頁；《清史稿校註》第7卷，第5420頁。
38 Macartney Cornell MS DS117, 17 Copy of a dispatch from the Ruling Senate, 1791;《松文清公升官錄》，第284頁；Fu, *Documentary Chronicle*, 309–16, 320–22; Afinogenov, *Spies and Scholars*, 177, 200.
39 Macartney, *Embassy to China*, 127. See also G. L. Staunton, *Authentic Account*, 256–57.
40 Gregory Afinogenov, "Jesuit Conspirators and Russia's East Asian Fur Trade, 1791–1807," *Journal of Jesuit Studies* 2, no. 1 (2015).
41 Anderson, *Narrative of the Embassy*, 149. See also Macartney, *Embassy to China*, 125; Hüttner, *Voyage a la Chine*, 93; GT Staunton Papers, Diary, 15 Sept. 1793.
42 Macartney, *Embassy to China*, 136–39; GT Staunton Papers, Diary, 18 Sept. 1793; Xiaoqing Ye, "Ascendant Peace in the Four Seas: Tributary Drama and the Macartney Mission of 1793," *Late Imperial China* 26, no. 2 (2005).
43 Hüttner, *Voyage a la Chine*, 112–17; Macartney, *Embassy to China*, 135; G. L. Staunton, *Authentic Account*, 256–58.
44 IOR/G/12/92 Macartney to Dundas, 9 Nov. 1793, 79, 83; 賴慧敏，《乾隆皇帝的荷包》，第357–409頁。
45 Macartney Cornell MS DS117, 278 Macartney to Cho-chan-tong [Heshen], 3 Oct. 1793 Latin version.
46 *The Times*, 29 Sept. 1794, 3; Macartney Cornell MS DS117, 278 Macartney to Cho-chan-tong, 3 Oct. 1793.
47 Macartney, *Embassy to China*, 150; Macartney Cornell MS DS117, 278 Macartney to Cho-chan-tong, 3 Oct. 1793.
48 APF SOCP 68:613 Ly, 20 Feb. 1794; Fatica, "Gli alunni del *Collegium Sinicum* di Napoli."
49 《英使馬戛爾尼訪華檔案史料彙編》，第59頁。

50 APF SOCP 68:610, Jacobus Ly, 25 Dec. 1793. See also Macartney, *Embassy to China*, 141.
51 《英使馬戛爾尼訪華檔案史料彙編》，第59頁。更晚近的英譯請參考 Edmund Trelawney Backhouse and John Otway Percy Bland, *Annals and Memoires of the Court of Peking* (London: W. Heinemann, 1914), 322–31.

第十章 成為隱身的翻譯

1 APF SOCP 68:620 Ly, 20 Feb. 1794.
2 GT Staunton Papers, Diary, 26 Sept. 1793; Macartney Cornell MS DS117, 259. Irwin to Macartney, 2 July 1793; Bodleian Library, George Macartney Papers, Eng. misc. f. 533:11 Commonplace book（未標明日期的關於李自昌的官服的記事顯示馬戛爾尼跟他會面過，也可能需要再次辨認他）; Barrow, *Travels in China*, 112–13.
3 APF SOCP 68:484 Marchini, 17 Dec. 1793.
4 William Jardine Proudfoot, *"Barrow's Travels in China": An Investigation* (London: George Philip and Son, 1861), 39.
5 Macartney, *Embassy to China*, 149.
6 APF SOCP 68:609–10 Ly, 25 Dec. 1793.
7 Macartney, *Embassy to China*, 150, 155–56.
8 《英使馬戛爾尼訪華檔案史料彙編》，60–62頁；GT Staunton Papers, Diary, 20 Oct. 1793.
9 楊鐘羲，《雪橋詩話續集》（1857），第6卷，第85頁。
10 《英使馬戛爾尼訪華檔案史料彙編》，第176–177頁。
11 《英使馬戛爾尼訪華檔案史料彙編》，第405頁；亦見Macartney, *Embassy to China*, 159.
12 《英使馬戛爾尼訪華檔案史料彙編》，第405頁；亦見Macartney, *Embassy to China*, 159–60.
13 Macartney, *Embassy to China*, 160–61, 178; G. L. Staunton, *Authentic Account*, 2:358.
14 Macartney, *Embassy to China*, 163.
15 Macartney, *Embassy to China*, 179; 姚瑩，《識小錄、寸陰叢錄》，黃季耕點校，合肥：黃山出版社，1991年，第101頁。
16 《英使馬戛爾尼訪華檔案史料彙編》，第415、443頁；Macartney, *Embassy to China*, 177.
17 Macartney Cornell MS DS117, 308 Poirot to Macartney, 29 Sept. 1794; Macartney, *Embassy to China*, 166–67;《英使馬戛爾尼訪華檔案史料彙編》，第437–40頁；IOR G/12/92:102, Macartney to Dundas, 9 Nov. 1793.
18 《英使馬戛爾尼訪華檔案史料彙編》，第438頁。
19 《英使馬戛爾尼訪華檔案史料彙編》，第438頁。
20 IOR G/12/92:353 Note for Cho-chan-tong, 9 Nov. 1793.
21 APF SOCP 68:614 Ly, 20 Feb. 1794.
22 AION 27/10/9 Ly, 20 Feb. 1794.

23 《英使馬戛爾尼訪華檔案史料彙編》，第459頁。
24 《英使馬戛爾尼訪華檔案史料彙編》，第478頁。
25 昭槤，《嘯亭雜錄》，第347、459–60頁；《清史稿校註》第12卷，第9479–81頁；李桓，《國朝耆獻類徵初編》第5卷，第2960頁。
26 Macartney, *Embassy to China*, 176.
27 G. L. Staunton, *Authentic Account*, 2:470–71; FHA 03-0428-043 Changlin QL 53/5/27; Macartney, *Embassy to China*, 190.
28 Barrow, *Auto-biographical Memoir*, 114.
29 GT Staunton Papers, Diary, 11 Nov. 1793; Barrow, *Travels in China*, 523; Barrow, *Auto-biographical Memoir*, 139. 小記：辨認出朱珪是根據巴羅1847年的回憶錄。
30 Barrow, *Auto-biographical Memoir*, 133.
31 Macartney, *Embassy to China*, 180–81; AION 27/10/9 Ly, 20 Feb. 1794.
32 IOR G/12/92:399 Macartney to Dundas, 23 Nov. 1793.
33 Macartney, *Embassy to China*, 184–85; APF SOCP 68:617 Ly, 20 Feb. 1794; Gower, Journal of HMS Lion, 96–97;《英使馬戛爾尼訪華檔案史料彙編》，第198–99頁。
34 Macartney Cornell MS DS117, 333 Interpretatio verbalis responsi Imperatoris dictante Ciaan Zun tu.
35 Macartney, *Embassy to China*, 193.
36 《英使馬戛爾尼訪華檔案史料彙編》，第198–99頁；Macartney Cornell MS DS117, 333 Interpretatio verbalis.
37 《英使馬戛爾尼訪華檔案史料彙編》，第198–99頁；Macartney Cornell MS DS117, 333 Interpretatio verbalis.
38 Macartney, *Embassy to China*, 193.
39 Macartney, *Embassy to China*, 193;《英使馬戛爾尼訪華檔案史料彙編》，第198–99頁。
40 Macartney, *Embassy to China*, 210.
41 《掌故叢編》，臺北：台聯國風出版社，1928年初版，1964年再版，第23頁；王宏志，〈馬戛爾尼使華的翻譯問題〉，第134頁。
42 APF SOCP 68:618 Ly, 20 Feb. 1794; Macartney, *Embassy to China*, 205;《明清宮藏中西商貿檔案》第4卷，第2390–2400頁；Fu, *Documentary Chronicle*, 327–31; IOR G/12/92:471–483 Viceroy's 1st and 2nd edicts; IOR G/12/93 3:316 Representation of Lord Macartney to the Viceroy.
43 IOR G/12/93 3:317 Representation of Lord Macartney; IOR G/12/93 3:289 Macartney to Browne, 22 Jan. 1794; 許地山編，《達衷集（鴉片戰爭前中英交涉史料）》，上海：商務印書館，1928年，第169頁。
44 IOR G/12/92:445 Macartney to Dundas, 7 Jan. 1794.
45 Macartney, *Embassy to China*, 216–17.
46 Macartney Cornell MS DS117, 290 Draft journal, 13 Jan. 1794; Macartney, Journal of a Voyage, 47; IOR G/12/93 Macartney to Dundas, 25 Mar. 1793, 18 June 1793.

47 AION 27/10/9 Ly, 20 Feb. 1794.
48 APF SOCP 68:620 Ly, 20 Feb. 1794.
49 Proudfoot, *Biographical Memoir of James Dinwiddie*, 71.
50 Bodleian Library, George Macartney Papers, Eng. misc. f. 533:8 Commonplace book.
51 G. T. Staunton, *Memoir of the Life and Family*, 49–50.
52 APF SOCP 68:616 Ly, 20 Feb. 1794.
53 APF SOCP 68:620 Ly, 20 Feb. 1794; AION 27/10/9 Ly, 20 Feb. 1794.
54 APF SOCP 68:616 Ly, 20 Feb. 1794.

第十一章 使團之後的李自標

1 APF SOCP 68:484 Marchini, 17 Dec. 1793.
2 *Biographical Memoir of Sir Erasmus Gower*, 38; Macartney Cornell MS DS 117, 290 Journal draft, 6, 12, and 24 Feb. 1794; APF SOCP 68:635 Marchini, 2 Mar. 1794; AION 27/10/9 Ly, 21 Feb. 1794; ACGOFM Missioni 53 Raccolta di lettere, Nien, n.d.
3 GT Staunton Papers, G. T. Staunton to G. L. and Jane Staunton, 25 Jan. 1800, G. T. Staunton to G. L. Staunton, 27 Mar. 1800, G. T. Staunton to Jane Staunton, 7 May 1801; TNA FO 1048/11/87 Copies of Chinese official documents about the Ashing case 1811. 跟斯當東父子去英國的Assing和之後透過清廷和東印度公司檔案而知的Assing（吳亞成），在此處是透過間接推斷被關聯起來。所有關於他們職涯的細節都緊密吻合，而且後面那位Assing顯然跟小斯當東有非常親近的關係。然而，Assing可能是個常見的名字，而我們並不知道去英國的那個年輕人姓什麼，所以也有可能他們是不同的兩個人。
4 APF SOCP 68:635 Marchini, 2 Mar. 1794. See also APF SOCP 68:621–8 Marchini, 17 Jan. 1794 (in Li's handwriting).
5 APF SOCP 69:153–4 Marchini, 17 Nov. 1794.
6 APF SOCP 69:254 Mandello, 18 Oct. 1794.
7 APF SC Indie 39:483 Ly, 3 Oct. 1795.
8 Margiotti, *Cattolicismo nello Shansi*, 89–114; APF SOCP 63:809 Kuo 1781; APF SOCP 69:385 Conforti, 30 Aug. 1799;《天主教長治教區簡史》，第67頁。在韓丁（William Hinton）的《深翻》（*Shenfan*, London: Secker & Warburg, 1983）一書中，馬廠以Horse Square Market一名為英語世界的讀者所知。
9 APF SC Cina 3:412 Landi, 2 Oct. 1807. See also ACGOFM Missioni 53 Raccolta di lettere, Guo to Li, 16 Mar. 1787; Bernward H. Willeke, ed., "The Report of the Apostolic Visitation of D. Emmanuele Conforti on the Franciscan Missions in Shansi, Shensi and Kansu (1798)," *Archivum Franciscanum Historicum* 84, nos. 1–2 (1991); APF SOCP 63:750 di Osimo, 26 Aug. 1782. 有可能李自標新的姓，是他英文的姓Plum譯回漢語的「梅」，但所有紀錄都用「乜」這個中文字。
10 FHA 02-01-006-003213-0024 Changlin QL 60/1/21; APF SC Cina 2:142

Mandello, 1 Sept. 1803; 潘挹奎，《武威耆舊傳》第4卷，第14–15頁；APF SC Indie 39:483 Ly, 3 Oct. 1795.

11 Willeke, "Report of the Apostolic Visitation," 265; ACGOFM Missioni 53 Raccolta di lettere, Ly, 15 Sept. 1798;《清史稿校註》第12卷，第9553頁。Wang, *White Lotus Rebels and South China Pirates*, 41–80.

12 Wang, *White Lotus Rebels and South China Pirates*, 124–57.

13 《清史稿校註》第12卷，第9468–9469、9480頁；Wang, *White Lotus Rebels and South China Pirates*, 151–53.

14 APF SC Cina 1a:440 Ly, 20 Dec. 1801. See also APF SC Cina 10:312 de Donato, 30 Oct. 1841.

15 ACGOFM Missioni 53 Raccolta di lettere Ly, 14 Aug. 1799; APF SC Cina 1a:552 Ly, 4 July 1802.

16 APF SOCP 69:387 Conforti, 30 Aug. 1799; APF SOCP 70:52 Indie Orientali Cina Ristretto 1802; APF SC Indie 39:826–7 Conforti 1799; APF SC Cina 1a:441 Ly, 20 Dec. 1801; APF SC Cina 2:131 Mandello, 9 Oct. 1803; Willeke, "Report of the Apostolic Visitation," 216–17; Henrietta Harrison, *Missionary's Curse*, 48.

17 APF SC Cina 1a:441 Ly, 20 Dec. 1801; APF SOCP 70:111–2 Indie Orientali Cina Pekino ristretto 1803; Willeke, "Report of the Apostolic Visitation," 216; Margiotti, *Cattolicismo nello Shansi*, 615–16.

18 APF SC Cina 14:275 da Moretta, 1851.

19 APF SC Cina 1a:441 Ly, 20 Dec. 1801.

20 AION 27/10/9 Ly, 21 Feb. 1794.

21 APF SC Cina 2:131–2 Mandello 1803; APF SC Cina 2:165 Ciang, 1803; APF SC Cina 3:603 da Signa 1808; APF SC Cina 3:789–90 U and Li, 4 Oct. 1810; APF SOCP 70:1 Conforti 1802.

22 ACGOFM Missioni 53 Raccolta di lettere Ly, nd.

23 AION 16/1/15 Ly, 3 July 1802.

24 AION 16/1/15 Ly, 3 July 1802.

25 ACGOFM Missioni 53 Raccolta di lettere Ly, 14 Aug. 1799; *Elenchus alumnorum*, 4.

26 AION 16/1/15 Ly, 7 Aug. 1799.

27 AION 16/1/15 Ly, 25 Feb. 1801.

28 ACGOFM Missioni 53 Raccolta di lettere, Ly, 30 July 1803.

29 Public Record Office of Northern Ireland, D572 Macartney Papers, 7/77 Ly, 25 Feb. 1801.

30 Public Record Office of Northern Ireland, D572 Macartney Papers 8/174 Plum, July 1802.

31 《清史稿校註》第12卷，第9554頁；昭槤，《嘯亭雜錄》，第92頁。

32 APF SC Cina 2:83–7 Mandello, Sept. 1803. 范天成又名Simone Ciang。

33 ACGOFM Missioni 53 Raccolta di lettere, Ly, 14 Aug. 1797.

34 APF SC Cina 2:245 Ly, 28 Jan. 1804.

35 APF SC Cina 2:245 Ly, 28 Jan. 1804.
36 APF SC Cina 2:245–58 Ly, 28 Jan. 1804; APF SC Cina 2:417 Landi, 7 Nov. 1804.
37 APF SOCP 70:313–4 Ciao, 1 Aug. 1704; APF SC Cina 2:418 Landi, 7 Nov. 1804; AION 16/10/15 Ly, 30 Aug. 1804. 郭儒旺又名Camillus Ciao。
38 APF SC Cina 2:418 Landi, 7 Nov. 1804.
39 APF SOCP 70:373 Indie Orientali Cina Ristretto, 1806.
40 APF SC Cina 3:412 Landi, 2 Oct. 1807.
41 APF SC Cina 3 Ly, 23 Mar. 1806; APF SC Cina 3:376 Ly, 9 Feb. 1807 APF SC Cina 3:419 Landi, 2 Oct. 1807;《清代外交史料：嘉慶朝》第1卷，第24–26頁；Stefano Gitti, *Mons. Gioacchino Salvetti O.F.M. (1769–1843) e la missione dei francescani in Cina* (Florence: Studi Francescani, 1958), 14–23.
42 ACGOFM Missioni 53 Raccolta di lettere Ly, 24 Oct. 1808.
43 APF SC Cina 3:695 Ly to Ciu, 24 Oct. 1809.

第十二章 小斯當東成為翻譯

1 GT Staunton Papers, G. T. Staunton to parents, 21 June 1799, 7 May 1801; IOR B/123:375 Court Minutes, 6 July 1796.
2 G. T. Staunton, *Memoirs of the Chief Incidents*, 200; Smith, *Memoir and Correspondence*, 303.
3 Andrew West, "The Staunton Collection," www.babelstone.co.uk/Morrison/other/Staunton.html.
4 GT Staunton Papers, G. T. Staunton to G. L. Staunton, 15 Aug. 1796. English text: IOR G/12/93 3:327–30 George III to Emperor of China, 20 June 1795. 中文參考《英使馬戛爾尼訪華檔案史料彙編》，第230–34頁。
5 《英使馬戛爾尼訪華檔案史料彙編》，第493頁。
6 G. T. Staunton, *Memoirs of the Chief Incidents*, 18–19; Brodie, *Works of Sir Benjamin Collins Brodie*, 1:5; GT Staunton Papers, G. T. Staunton to parents, 5 Aug. 1796, 15 Aug. 1796, 29 Aug. 1796, 19 Sept. 1796, 7 Oct. 1796; G. T. Staunton, *Memoir of the Life and Family*, 366–67.
7 Arnould, *Life of Thomas, First Lord Denman*, 1:3, 9–10.
8 G. T. Staunton, *Memoirs of the Chief Incidents*, 20–22.
9 IOR B/122: 1249 Court of Directors minutes, 10 Feb. 1796; G. T. Staunton, *Miscellaneous Notices*, 201; Baring Archive, NP1 C.22.11 G. L. Staunton to Francis Baring, 16 Mar. 1796, NP1 B.3.3 William Baring, 18 Nov. 1802.
10 G. L. Staunton, *Authentic Account*, 2:234; GT Staunton Papers, Duke of Portland, 28 July 1797, Lord Mornington, 28 July 1797, Marquis of Lansdown, 15 Aug. 1797, 8 Mar. 1798; IOR B/126: 1229 Court of Directors minutes, 5 Apr. 1798, 1276–7, 10 Apr. 1798; G. T. Staunton, *Memoir of the Life and Family*, 373.
11 GT Staunton Papers, G. T. Staunton to parents, 28 July 1799.
12 GT Staunton Papers, G. T. Staunton to parents, 26 June, 22 Oct. 1799.

13 GT Staunton Papers, G. T. Staunton to parents, 28 July 1799, 25 Jan. 1800.
14 GT Staunton Papers, G. T. Staunton to G. L. Staunton, 18 Apr. 1801.
15 GT Staunton Papers, G. T. Staunton to parents, 25 Jan. 1800.
16 IOR G/12/136:106 Canton consultations, 3 Dec. 1801; Ch'en, *Insolvency of the Chinese Hong Merchants*, 352–53; 毛亦可：〈清代六部司官的「烏布」〉，《清史研究》2014年第3期，第83頁；中國第一歷史檔案館：〈嘉慶十四年書吏冒領庫項案檔案〉，《歷史檔案》2018年第4期，第17頁；Hilary J. Beattie, *Land and Lineage in China: A Study of T'ung-ch'eng County, Anhwei, in the Ming and Ch'ing Dynasties* (Cambridge: Cambridge University Press, 1979).
17 GT Staunton Papers, G. T. Staunton to G. L. Staunton, 27 Mar. 1800; IOR G/12/128:30–1, 50–1, 56 Canton Consultations 1800; Chen, *Chinese Law in Imperial Eyes*, 25–41, 79–82.
18 潘劍芬，《廣州十三行行商潘振承家族研究（1714–1911年）》，第14、60、101頁；Jenkins, "Old Mandarin Home"; IOR G/12/134:78 Canton Consultations 1801.
19 Morrison, *Memoirs of the Life and Labours*, 1:468.
20 GT Staunton Papers, G. T. Staunton to G. L. Staunton, 27 Mar. 1800.
21 GT Staunton Papers, G. T. Staunton to G. L. Staunton, 27 Mar. 1800.
22 GT Staunton Papers, G. T. Staunton to G. L. Staunton, 26 May 1800.
23 GT Staunton Papers, G. T. Staunton to G. L. Staunton, 27 Mar. 1800.
24 IOR G/12/128:211 Canton Consultations 1800.
25 IOR G/12/128:105–7 Canton Consultations 1800; GT Staunton Papers, G. T. Staunton to G. L. Staunton, 27 Mar. 1800.
26 GT Staunton Papers, G. T. Staunton to G. L. Staunton, 27 Mar. 1800.
27 昭槤，《嘯亭雜錄》，第110頁。
28 IOR G/12/128:209 Canton Consultations 1800. See also GT Staunton Papers, G. T. Staunton to G. L. Staunton, 26 May 1800.
29 GT Staunton Papers, G. T. Staunton to G. L. Staunton, 26 May 1800.
30 IOR G/12/136:107–8 Canton Consultations 1801–2; GT Staunton Papers, G. T. Staunton to G. L. Staunton, 27 Mar. 1800.
31 G. T. Staunton, *Memoirs of the Chief Incidents*, 25–26.
32 Elphinstone Collection, BL MSS Eur F89/4 JF Elphinstone to mother, 26 Feb. 1801, 31 July 1801; Guy Duncan, "Hochee and Elphinstone" (unpubl. MS, 2004), 34, 54.
33 GT Staunton Papers, G. T. Staunton to J. Staunton, 20 Dec. 1806; 蔡鴻生，〈清代廣州行商的西洋觀——潘有度《西洋雜咏》評說〉，第70–76頁。
34 GT Staunton Papers, G. T. Staunton to parents, 21 June and 19 Oct. 1799, 25 Jan. and 27 Mar. 1800, 7 May 1801.
35 TNA FO 1048/14/67 Li Yao to G. T. Staunton JQ19/10/13.
36 Duncan, "Hochee and Elphinstone," 33–34; Ch'en, *Insolvency of the Chinese Hong Merchants*, 348–49.

37 William C. Hunter, *The "fan kwae" at Canton before Treaty Days, 1825–1844* (London: Kegan Paul, Trench & Co, 1882), 50–53; Van Dyke, *Canton Trade*, 77–94.

38 GT Staunton Papers, G. T. Staunton to G. L. Staunton, 20 Jan. 1800, 27 June 1800.

39 GT Staunton Papers, G. T. Staunton to G. L. Staunton, 27 June 1800, 9 Aug. 1800, 29 Feb. 1801; G. T. Staunton, *Ta Tsing Leu Lee*, 493–509, 540–43; G. T. Staunton, *Narrative of the Chinese Embassy*, 258–318; IOR G/12/133:38–49 Canton Consultations 1801; IOR G/12/134:48–52 Canton Consultations 1801.

40 IOR G/12/134:13–4, 52, 110–23, 125, 148 Canton Consultations 1801; IOR/G/12/136:101, 107, 115–20 Canton Consultations 1801–2.

41 G. T. Staunton, *Memoir of the Life and Family*, 387; IOR G/12/136:209 Canton Consultations 1801–2; GT Staunton Papers, G. T. Staunton to J Staunton, 5 Oct. 1801.

第十三章　喬治・斯當東爵士，翻譯官與銀行家

1 Sir George Leonard Staunton Papers, BL, Will.

2 Coutts Bank Archive, London, Coutts Ledgers S 1805–6 Sir George Thomas Staunton.

3 Brodie, *Works of Sir Benjamin Collins Brodie*, 1:16, 18, 23, 32; Charles Butler, *Reminiscences of Charles Butler, Esq. of Lincoln's Inn* (London: John Murray, 1822), dedication.

4 GT Staunton Papers, G. T. Staunton to Jane Staunton, 9 Sept. 1802, and also 14 Sept. 1802.

5 《暎咭唎國新出種痘奇書》IOR G/12/150 Canton Consultations 1805:11, 37.

6 《暎咭唎國新出種痘奇書》，6；Leung, "Business of Vaccination," 26; 張嘉鳳：〈十九世紀初牛痘的在地化——以《暎咭唎國新出種痘奇書》、《西洋種痘論》與《引痘略》為討論中心〉。

7 Hariharan, "Relations between Macao and Britain"; 劉芳、張文欽，《清代澳門中文檔案彙編》第2卷，第744–46頁。

8 《清代外交史料：嘉慶朝》第1卷，第11–13頁。

9 昭槤，《嘯亭雜錄》，第110頁。

10 IOR G/12/148 Canton Consultations 1805:78.

11 中文參考《清代外交史料：嘉慶朝》第1卷，第18–19頁。English text: IOR G/12/148 Canton Consultations 1805:135–9.

12 IOR G/12/148 Canton Consultations 1805:135.

13 IOR G/12/148 Canton Consultations 1805:77.

14 IOR/G/12/148 Consultations 1805:78.

15 TNA FO 1048/5/1 Wood to Viceroy, 1805.

16 Coutts Bank Archive, Ledgers S 1805–1817 Sir George Thomas Staunton. 此圖表的編製，是將定期支付利息到帳戶的股份加總起來，僅作為示意。以這種方式記錄的股份，主要是英國政府3%、4%、5%的公債和5%的海軍股票，8,107英鎊來自阿爾科特的納瓦布繼承自他父親的債權。從1809年開始，總額增加至將近16,000英鎊，是掛在他母親名下。這些數字不包含依老斯當東的遺囑轉移的63,000美金（約13,000英鎊）的美國股票，也不包含投資在廣州的金額，所以小斯當東無疑比這裡顯示的更為富有。

17 GT Staunton Papers, G. T. Staunton to G. L. Staunton, 9 Aug. 1800, 18 Apr. 1801; Coutts Bank Archive, Ledgers S 1805–1817 Sir George Thomas Staunton. 有關潘有度，請參考 G. T. Staunton, *Tablets in the Temple*, 8.

18 GT Staunton Papers, G. T. Staunton to G. L. Staunton, 27 Mar. and 26 May 1800, 26 Feb. 1801; Grant, *Chinese Cornerstone of Modern Banking*, 78–82; Hanser, *Mr. Smith Goes to China*, 83.

19 GT Staunton Papers, G. T. Staunton to G. L. Staunton, 5 May 1801.

20 GT Staunton Papers, G. T. Staunton to Jane Staunton, 6 June 1804, 1 Mar. 1805, 30 Dec. 1805, 26 Feb. 1806, James Mackintosh to G. T. Staunton, 15 Aug. 1805; Coutts Bank Archive, Ledgers S 1805 and 1812 Sir George Thomas Staunton; Bank of England Archive, London, Personal communication, 23 Dec. 2019; Weng Eang Cheong, *Mandarins and Merchants: Jardine Matheson & Co., a China Agency of the Early Nineteenth Century* (London: Curzon Press, 1979), 27–32.

21 G. T. Staunton, *Memoirs of the Chief Incidents*, 40.

22 G. T. Staunton, *Select Letters*, 48; Wong, "'We Are as Babies under Nurses'"; Morrison, *Memoirs of the Life and Labours*, 2:305.

23 Morrison, *Memoirs of the Life and Labours*, 1:153.

24 Morrison, *Memoirs of the Life and Labours*, 1:214. See also Morrison, *Memoirs of the Life and Labours*, 1:1–2, 77; Marshall Broomhall, *Robert Morrison: A Master-Builder* (London: Student Christian Movement, 1927), 32–33; 楊慧玲，《十九世紀漢英詞典傳統：馬禮遜、衛三畏、翟理斯漢英詞典的譜系研究》，第102頁。

25 G. T. Staunton, *Memoirs of the Chief Incidents*, 35.

26 Morse, *Chronicles of the East India Company*, 3:40–43; G. T. Staunton, *Miscellaneous Notices*, 262–79; Royal Asiatic Society, Thomas Manning Archive TM 1/1/40 Manning, 24 Feb. 1807.

27 G. T. Staunton, *Miscellaneous Notices*, 271.

28 Royal Asiatic Society, London, RAS 01.001 Chinese Court of Justice in the Hall of the British Factory at Canton, 9 Apr. 1807; G. T. Staunton, *Notices of the Leigh Park Estate*, 6; Morse, *Chronicles of the East India Company*, 3:52–53.

29 G. T. Staunton, *Ta Tsing Leu Lee*, 517.

30 GT Staunton Papers, G. T. Staunton to Jane Staunton, 5 Nov. 1805.

31 GT Staunton Papers, G. T. Staunton to Barrow, 25 Aug. 1807; G. T. Staunton, *Ta Tsing Leu Lee*, xxix–xxx.

32 G. T. Staunton, *Ta Tsing Leu Lee*, title page (original in Latin).

33 Royal Asiatic Society, George Thomas Staunton collection, 28–29.

34 G. T. Staunton, *Ta Tsing Leu Lee*, 148, 528.

35 G. T. Staunton , *Ta Tsing Leu Lee*, xxxii.

36 GT Staunton Papers, G. T. Staunton to G. L. Staunton, 26 May 1800; 潘劍芬，《廣州十三行行商潘振承家族研究（1714–1911年）》，第38–41、97頁。

37 G. T. Staunton, *Miscellaneous Notices*, 57–58; Royal Asiatic Society, George Thomas Staunton Collection, 33; Jenkins, "Old Mandarin Home"; BL IOR Neg 11666 1857 Madeleine Jackson Papers, Memoir compiled c 1871 by James Molony (1795–1874), 30; G. T. Staunton, *Notes of Proceedings*, 9; Duncan, "Hochee and Elphinstone," 25.

38 Chen, *Chinese Law in Imperial Eyes*, 127–28.

39 Ong, "Jurisdictional Politics in Canton."

40 St. André, "'But Do They Have a Notion of Justice?,'" 14.

41 Chen, *Chinese Law in Imperial Eyes*, 113.

42 G. T. Staunton, *Ta Tsing Leu Lee*, ix–x.

43 G. T. Staunton, *Ta Tsing Leu Lee*, x–xi.

44 G. T. Staunton, *Memoirs of the Chief Incidents*, 51–53.

第十四章　英國占領澳門及其後果

1 BL Elphinstone Collection BL MSS Eur F89/4 JF Elphinstone to WF Elphinstone, 14 Dec. 1810.

2 詳細的敘述請見Wakeman, "Drury's Occupation of Macau"; Wang, *White Lotus Rebels and South China Pirates*, 240–46.

3 劉芳、章文欽，《清代澳門中文檔案彙編》第2卷，第749頁；《清代外交史料：嘉慶朝》第2卷，第23–24、33–35頁。

4 IOR G/12/164 Consultations 1808:62.

5 《清代外交史料：嘉慶朝》第2卷，第27頁。

6 《清代外交史料：嘉慶朝》第2卷，第34頁。

7 《清代外交史料：嘉慶朝》第2卷，第28頁。

8 《清代外交史料：嘉慶朝》第3卷，第2頁。這個說法是來自於Wang, *White Lotus Rebels and South China Pirates*, 244.

9 IOR/G/12/164 Consultations 1808, 143;《清代外交史料：嘉慶朝》第2卷，第36頁，第3卷，第13–16頁。

10 GT Staunton Papers, G. T. Staunton to parents, 20 Jan. 1800; IOR G/12/269 Secret Consultations: 21–22 and 27 Feb. 1809, 25 Sept. 1805, 7 Jan. 1808 (re unnamed spy), 11 Jan. 1809; IOR G/12/164 Consultations 1808: 168–70, 191–92; António Aresta, "Portuguese Sinology: A Brief Outline," *Review of Culture* 31 (n.d.), http://icm.gov.mo.

11 IOR G/12/269 Secret Consultations: 27 Feb. and 7 May 1809.

12 G. T. Staunton, *Miscellaneous Notices*, 69.

13 Morrison, *Memoirs of the Life and Labours*, 1:395.

14 Morrison, *Memoirs of the Life and Labours*, 1:293. See also G. T. Staunton, *Notes of Proceedings*, 332; Kitson, *Forging Romantic China*, 161–62.

15 Morrison, *Memoirs of the Life and Labours*, 1:293; IOR G/12/170:23–7.

16 IOR G/12/170 Canton Consultations 1810:81–2. Chinese text: TNA FO 1048/10/34 Ruling by governor on Austin's petition, 1810.
17 IOR G/12/174 Canton Consultations 1810:149–51.
18 Ch'en, *Insolvency of the Chinese Hong Merchants*, 235–38.
19 TNA FO 1048/11/87 Sewn bundle of copies of Chinese official documents about the Ashing case;《清代外交史料：嘉慶朝》第3卷，第31–33頁。
20《清代外交史料：嘉慶朝》第3卷，第18頁。李桓，《國朝耆獻類徵初編》第5卷，第2979、2981頁；FHA 03-1671-020 Songyun JQ16/3/22; IOR G/12/20 Staunton to Barrow, 16 July 1811; IOR G/12/269 Secret Consultations: 19 Oct. 1811; Ch'en, *Insolvency of the Chinese Hong Merchants*, 93.
21 IOR G/12/176 Canton Consultations 1811:95, 99, 109; TNA FO 1048/11/18 Manhop's hong to Sir G Staunton.
22 IOR G/12/176 Canton Consultations 1811:116–7; IOR G/12/20 Staunton to Barrow 16 July 1811; TNA FO 1048/11/22 G. T. Staunton to Songyun 9 May（草稿顯然是用來作為發言依據的筆記）.
23 IOR G/12/176 Canton Consultations 1811: 116–7.
24 English text: IOR/G/12/176 Consultations 1811, 120–26; Chinese text: TNA FO 1048/11/26 Document which Staunton tried to present. Staunton's holdings: GT Staunton Papers, G. T. Staunton to Jane Staunton, 7 Apr. 1815.
25 IOR G/12/176 Canton Consultations 1811:117–9. 亦見昭槤，《嘯亭雜錄》，第88頁。
26 IOR G/12/176 Canton Consultations 1811:127–30.
27 IOR G/12/269 Secret Consultations: 7 June 1811. See also IOR/G/12/176 Canton Consultations 1811: 133–37.
28《清代外交史料：嘉慶朝》第3卷，第42–43頁。
29 IOR G/12/176 Canton Consultations 1811:167; IOR G/12/269 Secret Consultations: 23 Dec. 1811.
30 IOR G/12/176 Canton Consultations 1811:188–89.
31 IOR G/12/176 Canton Consultations 1811:186, 198, 208.
32 IOR G/12/269 Secret Consultations: 19–20 Oct. 1811; IOR G/12/178 Canton Consultations 1811:45; Duncan, "Hochee and Elphinstone," 22–23.
33 FHA 02-01-008-002876-006 Songyun JQ 16/7/1; FHA 03-1681-098 Songyun JQ 16/9/24; IOR G/12/178 Canton Consultations 1811:48–49, 80–81.
34 GT Staunton Papers, G. T. Staunton to Jane Staunton, 26 July 1812.
35 G. T. Staunton, *Miscellaneous Notices*, 31.
36 G. T. Staunton, *Miscellaneous Notices*, 55.
37 G. T. Staunton, *Memoirs of the Chief Incidents*, 54.
38 G. T. Staunton, *Miscellaneous Notices*, 136. See also *Minutes of Evidence Taken before the Committee of the Whole House, and the Select Committee, on the Affairs of the East India Company* (London, 1813), 739.

第十五章　一位通事和他的麻煩

1 GT Staunton Papers, G. T. Staunton to Jane Staunton, 14 Aug. 1814.
2 Wong, *Global Trade in the Nineteenth Century*, 72, 82–84, 95–97; Grant, "Failure of the Li-ch'uan Hong."
3 Ch'en, *Insolvency of the Chinese Hong Merchants*, 135, 168; GT Staunton Papers, G. T. Staunton to Jane Staunton, 22 Sept. 1814.
4 Morse, *Chronicles of the East India Company*, 3:214–19.
5 劉芳、張文欽，《清代澳門中文檔案彙編》第2卷，第771–772頁；《清代外交史料：嘉慶朝》第4卷，第23頁；IOR G/12/270 Secret Consultations, 1 Oct. 1814;《清史稿校註》第12卷，第1970頁。
6 TNA FO 1048/14/67 9th of 10 letters from Ayew in prison, FO 1048/14/68 10th of 10 letters from Ayew in prison, FO 1048/15/2 Ayew to Elphinstone, FO 1048/15/7 Ayew from prison to Elphinstone（度路利是這一時期唯一造訪華南海岸的白人海軍少將）.
7 TNA FO 1048/14/72 The confessions of Ayew and of his wife.
8 TNA FO 1048/14/108 Ayew from prison to Elphinstone, FO 1048/14/68 10th of 10 letters from Ayew.
9 TNA FO 1048/13/3 Letter to [?Elphinstone] from linguist Ayou in Peking, FO 1048/14/68 10th of 10 letters from Ayew.
10 TNA FO 1048/14/72 Another copy of FO 1048/14/71 with a report on the case by the Nan-hai magistrate, FO 1048/14/68 10th of 10 letters from Ayew, FO 1048/14/58 Letter from Ayew to Elphinstone; IOR/G/12/197:40–1 Amherst Embassy. 關於這個案件的一份詳細描述，聚焦於李耀作為通事的角色，請見王宏志：〈1814年「阿耀事件」：近代中英交往中的通事〉。
11 TNA FO 1048/14/68 10th of 10 letters from Ayew.
12 IOR G/12/270 Secret Consultations, 4 and 11 Dec. 1814; TNA FO 1048/14/57 Part of a letter from Ayew.
13 Morrison, *Memoirs of the Life and Labours*, 1:421.
14 TNA FO 1048/14/58 Letter from Ayew to Elphinstone.
15 TNA FO 1048/14/58 Letter from Ayew to Elphinstone.
16 GT Staunton Papers, G. T. Staunton to Jane Staunton, 14 Dec. 1814. 關於這些談判的重要性，請見王宏志：〈斯當東與廣州體制中英貿易的翻譯：兼論1841年東印度公司與廣州官員一次涉及翻譯問題的會議〉。
17 G. T. Staunton, *Miscellaneous Notices*, 216–17; IOR G/12/197 Lord Amherst's Embassy, 37; TNA FO 1048/14/96 Statement from Select Committee delivered to Sub-prefect Fu, FO 1048/14/73 Petition to viceroy and provincial treasurer.
18 IOR G/12/197:41 Lord Amherst's Embassy.
19 IOR G/12/197: 34–7, 42 Lord Amherst's Embassy; TNA FO 1048/14/96 Statement from Select Committee, FO 1048/14/73 Petition to viceroy, FO 1048/10/21 Petition from Capt. Austin to viceroy.
20《清代外交史料：嘉慶朝》第4卷，第23頁。

21 TNA FO 1048/14/59 1st of 10 letters from Ayew in prison to Staunton, FO 1048/14/60 2nd of 10 letters from Ayew in prison to Staunton.
22 G. T. Staunton, *Miscellaneous Notices*, 213–15, 297; TNA FO 1048/14/63 5th of 10 letters from Ayew in prison to Staunton; IOR G/12/190:168–72 Canton Consultations 1814; G. T. Staunton, *Corrected Report of the Speeches*, 38–39.
23 TNA FO 1048/14/80 Statement submitted to sub-prefect for Macao.
24 TNA FO 1048/14/63 5th of 10 letters from Ayew in prison to Staunton.
25 TNA FO 1048/14/65 7th of 10 letters from Ayew in prison to Staunton.
26 TNA FO 1048/14/65 7th of 10 letters from Ayew in prison to Staunton.
27 TNA FO 1048/14/82 Order from Viceroy and Hoppo to Select Committee.
28 FO 1048/14/87 Order from Hoppo to hong merchants.
29 FO 1048/14/87 Order from Hoppo to hong merchants.
30 G. T. Staunton, *Miscellaneous Notices*, 214–15; TNA FO 1048/14/66 8th of 10 letters from Ayew in prison to Staunton.
31 TNA FO 1048/14/89 Order from viceroy to Canton prefect.
32 TNA FO 1048/14/94 Senior hong merchants to Staunton; Morrison, *Chinese Commercial Guide*, 48–53; 梁廷枏,《粵海關志》,第560–62頁;潘劍芬,《廣州十三行行商潘振承家族研究(1714–1911年)》,第225頁。
33《清代外交史料:嘉慶朝》第4卷,第24、27頁。
34《清代外交史料:嘉慶朝》第4卷,第24–25頁。
35 TNA FO 1048/15/4 Ayew to Elphinstone; IOR G/12/270 Secret Consultations 3 and 5 Mar. 1815, 17 June 1815; Ch'en, *Insolvency of the Chinese Hong Merchants*, 354–55; 昭槤,《嘯亭雜錄》第2卷;《明清實錄》, JQ14/7 12190–2 and 12219, JQ17/8 15339; 中國第一歷史檔案館,《嘉慶十四年書吏冒領庫項案檔案》。劉德章的外甥是劉洋。
36《清代外交史料:嘉慶朝》第4卷,第28頁。
37《清代外交史料:嘉慶朝》第4卷,第25頁。譯文改寫自IOR G/12/270, 3 Mar. 1815。
38 IOR G/12/20:298 Board of Control Miscellaneous.
39《清代外交史料:嘉慶朝》第3卷,第1058頁。
40 Morrison, *Memoirs of the Life and Labours*, 1:424–25.
41 G. T. Staunton, *Miscellaneous Notices*, 244–45.
42 TNA FO 1048/14/108 Ayew from prison to Elphinstone and others.
43 TNA FO 1048/14/113 Ayew to Elphinstone.
44 TNA FO 1048/14/113 Ayew to Elphinstone.
45 GT Staunton Papers, G. T. Staunton to Jane Staunton, 14 Dec. 1814.
46 IOR G/12/196:191 Lord Amherst's Embassy (Select Committee with Staunton as president).
47 FO 1048/15/9 Ayew from San-shui hsien.
48 GT Staunton Papers, G. T. Staunton to Jane Staunton, 8 July 1815, 21 Sept. 1815.

第十六章 阿美士德使華

1 G. T. Staunton, *Memoirs of the Chief Incidents*, 41–43; IOR G/12/197:1–6 Barrow to Buckinghamshire, 14 Feb. 1815.

2 IOR G/12/196 Letter to China, 27 Sept. 1815; IOR G/12/196:7–8 Elphinstone to Buckinghamshire, 3 Mar. 1815, 38–44 Grant to China, 27 Sept. 1815, 75–6 Secret Commercial Committee to Amherst, 17 Jan. 1816.

3 IOR G/12/196:36 Buckinghamshire, 21 Sept. 1815, 100–2 Secret commercial committee to Amherst, 17 Jan. 1816; Douglas M. Peers, "Amherst, William Pitt, First Earl Amherst of Arracan" and R. M. Healey, "Ellis, Sir Henry (1788–1855)," in *Oxford Dictionary of National Biography* (2004), www.oxforddnb.com.

4 IOR G/12/196:189–91 Canton Secret Consultations, 12 Feb. 1816; GT Staunton Papers, G. T. Staunton to Jane Staunton, 21 Feb. 1816.

5 G. T. Staunton, *Notes of Proceedings*, 423; Davis, *Sketches of China*, 1:84; IOR G/12/196:274 Secret consultations, 17 June 1816; GT Staunton Papers, G. T. Staunton to Jane Staunton, 7 Aug. 1816.

6 Ellis, *Journal of the Proceedings*, 2:219. See also IOR G/12/196:112 Secret Commercial Committee to China, 26 Jan. 1816.

7 IOR G/12/196:215 Staunton to Amherst, 11 July 1816.

8 G. T. Staunton, *Notes of Proceedings*, 3; IOR G/12/196:217 Amherst to Staunton 11 July 1816.

9 IOR G/12/196:36 Buckinghamshire, 21 Sept. 1815. See also Healey, "Ellis, Sir Henry."

10 Ellis, *Journal of the Proceedings*, 1:111, 1:113; Clarke Abel, *Narrative of a Journey in the Interior of China, and a Voyage to and from That Country in the Years 1816 and 1817* (London: Longman, Hurst, Rees, Orme & Brown, 1819), 70, 76, 87–88; G. T. Staunton, *Notes of Proceedings*, 39–40.

11 昭槤，《嘯亭雜錄》，第423頁。

12 G. T. Staunton, *Notes of Proceedings*, 206.

13 IOR G/12/196:367 Secret consultations, 1 Jan. 1817. 亦參考王宏志：〈1816年阿美士德使團的翻譯問題〉，《翻譯學研究》，2015年。

14 《清代外交史料：嘉慶朝》第5卷，第3頁。

15 張瑞龍，《天理教事件與清中葉的政治、學術與社會》，第144–156頁；陳開科，《嘉慶十年》，第330–52、456–57頁。

16 《清代外交史料：嘉慶朝》第6卷，第20頁。

17 《清代外交史料：嘉慶朝》第5卷，第5頁。

18 G. T. Staunton, *Notes of Proceedings*, 44.

19 《清代外交史料：嘉慶朝》第5卷，第15頁；G. T. Staunton, *Notes of Proceedings*, 43–44;《英使馬戛爾尼訪華檔案史料彙編》，第512頁；Ellis, *Journal of the Proceedings*, 1:133.

20 《英使馬戛爾尼訪華檔案史料彙編》，第512頁。亦參考IOR G/12/197:223 Amherst to Canning, 12 Feb. 1817; G. T. Staunton, *Notes of Proceedings*, 46–47.

21 IOR G/12/197 p 223, 234 Amherst to Canning, 12 Feb. 1817;《清代外交史料：嘉慶朝》第5卷，第29頁；G. T. Staunton, *Notes of Proceedings*, 50; Morrison, *Memoir of the Principal Occurrences*, 20–21; Abel, *Narrative of a Journey*, 74.

22 《英使馬戛爾尼訪華檔案史料彙編》，第210頁。

23 《英使馬戛爾尼訪華檔案史料彙編》，第211頁。

24 Morrison, *Memoir of the Principal Occurrences*, 32 (adapted). 亦參考 Morrison, *Memoir of the Principal Occurrences*, 29,《英使馬戛爾尼訪華檔案史料彙編》，第211頁。

25 《清代外交史料：嘉慶朝》第5卷，第50頁；*Morrison, Memoir of the Principal Occurrences*, 34; Ellis, *Journal of the Proceedings*, 1:235.

26 Ellis, *Journal of the Proceedings*, 1:239–40; G. T. Staunton, *Notes of Proceedings*, 85–86, 88–89, 91. 亦參考《英使馬戛爾尼訪華檔案史料彙編》，第515頁。

27 G. T. Staunton, *Notes of Proceedings*, 89, see also 85–89.

28 G. T. Staunton, *Notes of Proceedings*, 93.

29 G. T. Staunton, *Notes of Proceedings*, 30, 94; Ellis, *Journal of the Proceedings*, 1:167, 231–32, 255.

30 Morrison, *Memoir of the Principal Occurrences*, 37; G. T. Staunton, *Notes of Proceedings*, 100–103; Ellis, *Journal of the Proceedings*, 1:258–60; Davis, *Sketches of China*, 1:138–39;《英使馬戛爾尼訪華檔案史料彙編》，第213頁。

31 G. T. Staunton, *Notes of Proceedings*, 103–4.

32 G. T. Staunton, *Notes of Proceedings*, 116.

33 G. T. Staunton, *Notes of Proceedings*, 118–22; Abel, *Narrative of a Journey*, 104–5; IOR G/12/197:286–8 Amherst to Canning, 8 Mar. 1817; Morrison, *Memoir of the Principal Occurrences*, 40.

34 G. T. Staunton, *Notes of Proceedings*, 121. See also Ellis, *Journal of the Proceedings*, 1:271; Abel, *Narrative of a Journey*, 106.

35 《清代外交史料：嘉慶朝》第5卷，第55–60頁。

36 G. T. Staunton, *Notes of Proceedings*, 57–58, 162–63; Duke University Library Henry Hayne papers, Diary, 7 Sept. 1816.

37 《清代外交史料：嘉慶朝》第6卷，第25頁。

38 G. T. Staunton, *Notes of Proceedings*, 162;《清代外交史料：嘉慶朝》第6卷，第25頁；《明清實錄》，DG8/6 9582, DG8/10 9958；奕賡，《佳夢軒叢著》，雷大受編輯，北京：北京古籍出版社，1994年，第39頁。

39 G. T. Staunton, *Notes of Proceedings*, 330, see also 323.

40 Ellis, *Journal of the Proceedings*, 2:64.

41 G. T. Staunton, *Notes of Proceedings*, 150.

42 《清代外交史料：嘉慶朝》第5卷，第59–60頁，第6卷，第12頁。

43 《清代外交史料：嘉慶朝》第5卷，第59–60頁，第6卷，第19–20、25頁。

44 John McLeod, *Voyage of His Majesty's Ship Alceste along the Coast of Corea to the Island of Lewchew* (London: John Murray, 1818), 152–53, 155–57, 163.

45 IOR G/12/197:365 Amherst to Canning, 21 Apr. 1817.

46 English text: IOR G/12/197:391–9 Translation of letter to Regent. 中文文本：《英使馬戛爾尼訪華檔案史料彙編》，第213頁（草稿）。

47 English text: IOR G/12/197:391–9 Translation of letter to Regent. 中文文本：《英使馬戛爾尼訪華檔案史料彙編》，第213頁（草稿）。

48 王宏志：〈1816年阿美士德使團的翻譯問題〉。王宏志贊同馬禮遜的精確翻譯。

49 GT Staunton Papers, G. T. Staunton to Jane Staunton, 3 Jan. and 8 July 1817.

50《清代外交史料：嘉慶朝》第6卷，第38頁。

51《清代外交史料：嘉慶朝》第6卷，第38頁。

第十七章　李自標四處藏匿的晚年

1 APF SOCP 73:316 Ly, 22 Nov. 1816;《清中前期西洋天主教在華活動檔案史料》第3冊，第1085–1087頁。

2《清代外交史料：嘉慶朝》第1卷，第28頁。

3《清代外交史料：嘉慶朝》第1卷，第23頁；ACGOFM Missioni 53 Raccolta di lettere degli alunni Cinesi, 184 Ly, n.d.

4《清中前期西洋天主教在華活動檔案史料》第3冊，第994–995頁；此處的專家是甘家斌。對於張鐸德，參考《清中前期天主教在華活動檔案史料》第2冊，第901–902頁；APF SC Cina 3:859–65 Salvetti, 25 Sept. 1811; APF SC Cina 2:165 Ciang, 15 Oct. 1803; APF SC Cina 3:871 Ly, 29 Oct. 1811. 亦參見張瑞龍，《天理教事件與清中葉的政治、學術與社會》，第275–276頁。

5《清中前期西洋天主教在華活動檔案史料》第3冊，第1004頁。

6《清中前期西洋天主教在華活動檔案史料》第3冊，第1075–1076頁；Sachsenmaier, *Global Entanglements*, 130–35.

7 APF SOCP 73:315 Ly, 22 Nov. 1816.

8 ACGOFM Missioni 53 Raccolta di lettere degli alunni Cinesi, 171 Ly, 2 Oct. 1810.

9 ACGOFM Missioni 53 Raccolta di lettere degli alunni Cinesi, 171 Ly, 2 Oct. 1810.

10 ACGOFM Misioni 53 Raccolta di lettere degli alunni Cinesi, 173 Ly, 26 Sept. 1815.

11 APF SOCP 73:248 Ly, 29 Sept. 1815.

12 APF SOCP 73:316 Ly, 22 Nov. 1816; APF SOCP 70:4 Ciao 1801; APF SC Cina 4:362–3 Salvetti, 15 Sept. 1814; Timmer, *Apostolisch Vicariaat van Zuid-Shansi*, 18–20;《趙家嶺聖母堂簡介》，2013年。

13 Léon de Kerval, *Deux Martyrs Francais de l'ordre des frères mineurs le R.P. Théodoric Balat et le Fr. André Bauer massacrés en Chine le 9 Juillet 1900* (Rome: Lemière, 1914), 119–20.

14 APF SC Cina 6:120 Salvetti 1825; APF SC Cina 10:306 De Donato, 30 Oct. 1841,《趙家嶺聖母堂簡介》。喬瓦尼・波吉亞跟樞機主教的關係並不緊密，但這份關係對於那不勒斯的波吉亞來說頗為重要。

15《清中前期西洋天主教在華活動檔案史料》第3冊，第1085–1087頁。

16 Timmer, *Apostolisch Vicariaat van Zuid-Shansi*, 20.
17 APF SC Cina 4:365 Li, 15 Sept. 1814.
18 APF SOCP 73:71, 75 Garofalsi [1817]. See also APF SOCP 73:153–5 Memoria sopra la necessità [1817].
19 APF SOCP 73:208–9 Salvetti, 28 Sept. 1813.
20 潘挹奎，《武威耆舊傳》第4卷，第15頁。
21 APF SC Cina 6:310 Ly, 10 Sept. 1826.
22 APF SC China 5:151 Ly, 8 Sept. 1821; AION 16/1/15 Ly, 22 Apr. 1825 (Petrus Van was from Machang).
23 AION 1/5 to Ly, Jan. 1822. See also AION 16/1/15 Ly, 13 Sept. 1821; *Elenchus alumnorum*, 4.
24 ACGOFM Missioni 53 Raccolta di lettere degli alunni Cinesi, 182 Ly, 18 Sept. 1826.
25 ACGOFM Missioni 53 Raccolta di lettere degli alunni Cinesi, 175 Ly, 26 Sept. 1815.
26 ACGOFM Missioni 53 Raccolta di lettere degli alunni Cinesi, 178, 2 Sep 1818.
27 AION 16/1/15 Ly to Borgia, 10 Sept. 1826.
28 AION 16/1/15 Ly to Borgia, 10 Sept. 1826.
29 AION 16/1/15 Ly to Borgia, 10 Sept. 1826.
30 AION 16/1/15 Ly to Borgia, 10 Sept. 1826.
31 Timmer, *Apostolisch Vicariaat van Zuid-Shansi*, 93.
32 APF SC Cina 6:310 Ly, 10 Sept. 1826.
33 APF SC Cina 6:659 Salvetti, 28 Oct. 1828.
34 ACGOFM Missioni 53 Raccolta di lettere, 204 Vam Minor, 19 Sept. 1832.

第十八章　小斯當東在議會

1 G. T. Staunton, *Memoirs of the Chief Incidents*, 74–75.
2 G. T. Staunton, *Memoirs of the Chief Incidents*, 109–10; R. G. Thorne, "Mitchell," in *The History of Parliament: The House of Commons 1790–1820*, ed. R. Thorne (London: Secker & Warburg, 1986) (History of Parliament Online); Brown, *Palmerston*, 50.
3 Kitson, *Forging Romantic China*, 99; Gladwyn, *Leigh Park*, 30–34.
4 G. T. Staunton, *Catalogue of the Library at Leigh Park*, 13. 奧斯丁住在利園北邊的喬頓（Chawton）村，她的侄子喬治在羅蘭堡（Rowland's Castle）的聖約翰教堂被紀念。
5 G. T. Staunton, *Select Letters*, 56–57; GT Staunton Papers, Jane Macartney to G. T. Staunton, 18 Mar. 1812; John Sweetman, "Robert Batty, 1788–1848," in *Oxford Dictionary of National Biography*, www.oxforddnb.com; GT Staunton Papers, G. T. Staunton to Jane Staunton 9 Aug. 1812, 3 June 1818.
6 G. T. Staunton, *Memoirs of the Chief Incidents*, 118.
7 G. T. Staunton, *Memoirs of the Chief Incidents*, 117.
8 G. T. Staunton, *Memoirs of the Chief Incidents*, 118; O'Neill and Martin,

"Backbencher on Parliamentary Reform."

9 Brodie, *Works of Sir Benjamin Collins Brodie*, 1:122; "The Members," in Fisher, *History of Parliament*.

10 Brodie, *Works of Sir Benjamin Collins Brodie*, 1:xvii, 68, 93; C. C. Boase and Beth F. Wood, "Brodie, Peter Bellinger (1778–1854)," in *Oxford Dictionary of National Biography*, www.oxforddnb.com; Arnould, *Life of Thomas*, 1:19; Nechtman, Nabobs.

11 Morrison, *Memoirs of the Life and Labours*, 2:259–62, 304–6; G. T. Staunton, *Notices of the Leigh Park Estate*, 12–13, 42–44; GT Staunton Papers, G. T. Staunton, Nov. 1828; G. T. Staunton, *Memoirs of the Chief Incidents*, 141.

12 G. T. Staunton, *Notices of the Leigh Park Estate*, 6–11. 在1836年這本書出版時，小斯當東已經將海王星號審判的原畫作贈送給皇家亞洲學會。

13 Morrison, *Memoirs of the Life and Labours*, 2:305; G. T. Staunton, *Tablets in the Temple*, 6.

14 British Museum, London, Inkstand by Robert Hennell (1979,1008.1).

15 Morrison, *Memoirs of the Life and Labours*, 2:343, see also 325.

16 G. T. Staunton, *Memoirs of the Chief Incidents*, 101; Royal Asiatic Society, George Thomas Staunton Collection, 27–29; Andrew West, "The Staunton Collection," www.babelstone.co.uk/Morrison/other/Staunton.html; Morrison, *Memoirs of the Life and Labours*, 1:523.

17 G. T. Staunton, *Narrative of the Chinese Embassy*, v. 中文版：圖理琛，《異域錄》，上海：商務印書館，1936年。（小斯當東是用滿語文本的中文版進行翻譯。）French: Souciet, *Observations mathématiques*, 148–65.

18 G. T. Staunton, *Narrative of the Chinese Embassy*, v.

19 G. T. Staunton, *Miscellaneous Notices.*

20 Morrison, *Memoirs of the Life and Labours*, 1:522–23.

21 G. T. Staunton, *Memoirs of the Chief Incidents*, 173; Morrison, *Memoirs of the Life and Labours*, 2:231.

22 GT Staunton Papers, Diary, 4 Dec. 1826, and Oct. 1826 to Feb. 1827 passim; G. T. Staunton, *Notices of the Leigh Park Estate*, 13, 43.

23 Gladwyn, *Leigh Park*, 53–57, 65–66.

24 Sir George Leonard Staunton Papers, BL, George Leonard Staunton Will; G. T. Staunton, *Memoirs of the Chief Incidents*, 147–50.

25 Henry Crabb Robinson, *Diary, Reminiscences and Correspondence of Henry Crabb Robinson, Barrister-at-Law F.S.A.*, ed. Thomas Sadler (London: Macmillan, 1869), 2:403. Cf. Nechtman, *Nabobs*, 234–35.

26 Maria Edgeworth, *Letters from England 1813–1844*, ed. Christina Colvin (Oxford: Clarendon, 1971), 450.

27 Martin Archer Shee, *The Life of Sir Martin Archer Shee, President of the Royal Academy, F.R.S. D.C.L.* (London: Longman, Green, Longman & Roberts, 1860), 2:247–48. See also William Fraser, ed., *Members of the Society of Dilettanti 1736–1874* (London: Chiswick Press, 1874), 32; GT Staunton

Papers, Visitors to Leigh Park.

28 Farrell, "Staunton, Sir George Thomas," in Fisher, *History of Parliament*; O'Neill and Martin, "Backbencher on Parliamentary Reform."

29 GT Staunton Papers, Diary, 14 July 1831.

30 GT Staunton Papers, Diary, 14 July 1831.

31 Palmerston Papers BR 195/71A To Sir G.T. Staunton Bart.; GT Staunton Papers, Diary, 25 Oct. 1832 (newspaper clipping). See also David Brown, "Palmerston, South Hampshire and Electoral Politics, 1832–1835," *Hampshire Papers* 26 (2003).

32 Keele University, Sneyd Archive GB172 SC17/182 Baring Wall to Sneyd, 15 Aug. 1832.

33 *Hampshire Advertiser*, 10 Nov. 1832.

34 *Hampshire Telegraph*, 7 Jan. 1833.

35 G. T. Staunton, *Corrected Report of the Speeches*, 32.

36 *The Times*, 5 June 1833, 4 and 23 May 1834, 4.

37 GT Staunton Papers, Palmerston to G. T. Staunton, 7 Jan. 1834.

38 Lamentation of Sir G. Stan-ching-quot, Mandarin of the Celestial Empire (Portsea: Moxon, 1834), broadside held in BL.

39 GT Staunton Papers, Diary, 18 Jan. 1835.

40 GT Staunton Papers, Diary, 21 Jan. 1835 (newspaper clipping) and draft, 19 Jan. 1835.

41 GT Staunton Papers, Diary, 21 Jan. 1835 (newspaper clipping) and draft, 19 Jan. 1835.

42 Morrison, *Memoirs of the Life and Labours*, 2:505.

43 GT Staunton Papers, Diary, 5 and 7 Mar. 1835 (drafts).

44 Staunton: GT Staunton Papers, Diary, 7 Mar. 1835 (edicts). Morrison: *Sessional Papers Printed by Order of the House of Lords or Presented by Royal Command in the Session 1840* (1840) 8:35–39.

45 GT Staunton Papers, Diary, 7 Mar. 1835.

46 GT Staunton Papers, Diary, 7 Mar. 1835.

47 GT Staunton Papers, Diary, 13 May 1835.

48 Hugh Hamilton Lindsay, *Letter to the Right Honourable Viscount Palmerston on British Relations with China* (London: Saunders & Otley, 1836), 4.

49 G. T. Staunton, *Remarks on the British Relations*, 8; GT Staunton Papers, Diary notes for Leigh Park, 1836.

50 Staunton, *Remarks on the British Relations*, 28.

51 Staunton, *Remarks on the British Relations*, 16, 24.

52 Staunton, *Remarks on the British Relations*, 35–36. See also Dilip K. Basu, "Chinese Xenology and the Opium War: Reflections on Sinocentrism," *Journal of Asian Studies* 73, no. 4 (2014).

53 Staunton, *Remarks on the British Relations*, 38.

第十九章　鴉片戰爭

1 Polachek, *Inner Opium War*; 茅海建，《天朝的崩潰》，第74–78頁。

2 Glenn Melancon, *Britain's China Policy and the Opium Crisis: Balancing Drugs, Violence and National Honour, 1833–1840* (Aldershot: Ashgate, 2003), 74–79; 楊國楨，《林則徐傳》，北京：人民出版社，1981年，第144頁。

3 Hunter, *Bits of Old China*, 260–62; 陳德培：〈林則徐《洋事雜錄》〉，第23頁；"Letter to the Editor," *Canton Press*, 14 Nov. 1840, 17–18; FHA 05-08-003-000166-018 Duyusi 都虞司 DG 20/8/27, 04-01-12-0408-113 Li Hongbin 李鴻賓 DG 9/6/12; 譚樹林，〈英華書院與晚清翻譯人才之培養——以袁德輝、馬儒翰為中心的考察〉，第66頁。

4 McNeur, *Liang A-fa*, xiv, 71, 82–83, 88; 蘇精，《林則徐看見的世界：《澳門新聞紙》的原文與譯文》，第35–37頁。

5 George B. Stevens and W. Fisher Markwick, *The Life, Letters and Journals of the Rev. and Hon. Peter Parker, M.D. Missionary, Physician, and Diplomatist* (Boston: Congregational Sunday-School and Publishing Society, 1896), 175.

6 蘇精，《林則徐看見的世界》，第24、29–35；"Loss of the British Bark Sunda," *Chinese Repository*, 1 Jan. 1840, 484.

7 陳順意，，《翻譯與意識形態：林則徐翻譯活動研究》，武漢大學博士論文，2016，第46–47、54–56、81–83、94、107–10、170–73頁；Algernon S. Thelwall, *The Iniquities of the Opium Trade with China* (London: W.H. Allen, 1839), ix; M. C. Curthoys, "Thelwall, Algernon Sydney (1795–1863)," in *Oxford Dictionary of National Biography*, www.oxforddnb.com.

8 蘇精，《林則徐看見的世界》，第3頁。陳順意，《翻譯與意識形態》，第95–96頁。

9 陳德培：〈林則徐《洋事雜錄》〉；陳勝粦：〈林則徐「開眼看世界」的珍貴記錄——林氏《洋事雜錄》評介〉，第1、3頁。

10 茅海建，《天朝的崩潰》，第122頁。

11 《鴉片戰爭檔案史料》第1冊，第673–675頁；王宏志：〈第一次鴉片戰爭中的譯者〉。

12 蘇精，《林則徐看見的世界》，第17–18、43、58–60頁。

13 "Loss of the British Bark Sunda," *Chinese Repository*, 1 Jan. 1840.

14 Hobhouse, *Recollections of a Long Life*, 5:227–28. 另一個翻譯版本請參考 Melancon, *Britain's China Policy*, 104–7.

15 G. T. Staunton, *Memoirs of the Chief Incidents*, 139–41; Palmerston Papers GC/ST/36 G. T. Staunton to Palmerston, 3 May 1838, GC/ST/38 G. T. Staunton to Palmerston, 12 June 1838; GT Staunton Papers, Palmerston to G. T. Staunton, 12 May 1838, 10 June 1838.

16 G. T. Staunton, *Memoirs of the Chief Incidents*, 87–88; GT Staunton Papers, Palmerston to G. T. Staunton, 2 Apr. 1840. 另一個翻譯版本請參考關詩珮所著〈英法《南京條約》譯戰〉。

17 TNA FO 17/41:116 G. T. Staunton to Palmerston, 17 Feb. 1840.

18 TNA FO 17/41:145 G. T. Staunton to Palmerston, 20 Feb. 1840.

19 G. T. Staunton, *Corrected Report of the Speech of Sir George Staunton on Sir James Graham's Motion on the China Trade in the House of Commons, April 7, 1840* (London: Edmund Lloyd, 1840), 7; *The Times*, 7 Apr. 1840, 4–6;《鴉片戰爭檔案史料》第1冊，第669頁；GT Staunton Papers, Visitors to Leigh Park.

20 *The Times*, 10 Apr. 1840, 4. See also *The Times*, 7 Apr. 1840, 4–6, 8 Apr. 1840, 4.

21 Hobhouse, *Recollections of a Long Life*, 5:257–58.

22 GT Staunton Papers, Palmerston to G. T. Staunton, 24 Oct. 1840.

23 蘇精，《林則徐看見的世界》，第445頁。

24 王宏志：〈第一次鴉片戰爭中的譯者〉，第99頁；季壓西、陳偉民，《中國近代通事》，第158、178頁；李文傑，《中國近代外交官群體的形成（1861–1911）》，第203、340–41頁。Porter, "Bannermen as Translators"; McNeur, *Liang A-fa*, 88.

25 季壓西、陳偉民，《中國近代通事》，第163–67頁。

26 季壓西、陳偉民，《中國近代通事》，第169–70、185頁；王宏志：〈第一次鴉片戰爭中的譯者〉，第102頁。

27 Morrison, *Chinese Commercial Guide*, vi; 王宏志：〈第一次鴉片戰爭中的譯者〉，第25、28–29頁；關詩珮：〈翻譯與調解衝突：第一次鴉片戰爭的英方譯者費倫（Samuel T. Fearon，1819–1854）〉，第64頁。

28 王宏志：〈第一次鴉片戰爭中的譯者〉，第17、24頁；Platt, *Imperial Twilight*, 277–78.

29 王宏志：〈第一次鴉片戰爭中的譯者〉，第52、57頁；關詩珮：〈英法《南京條約》譯戰與英國漢學的成立——「英國漢學之父」斯當東的貢獻〉，第153–54頁。

30 TNA FO 17/63 G. T. Staunton, 19 Dec. 1842.

31 Barton Starr, "Morrison, John Robert," in *Oxford Dictionary of National Bioraphy*, www.oxforddnb.com; 王宏志：〈第一次鴉片戰爭中的譯者〉，第18、91頁；關詩珮：〈英法《南京條約》譯戰與英國漢學的成立〉，第161–63頁；McNeur, *Liang A-fa*, 93, 97, 116.

32 Leonard, *Wei Yuan and China's Rediscovery*, 97–98; 王宏志：〈第一次鴉片戰爭中的譯者〉，第94頁；陳順意，《翻譯與意識形態》，第47頁。

33 林則徐，《林則徐全集》第6冊，第3086頁；陳勝粦：〈林則徐「開眼看世界」的珍貴記錄〉，第1頁。

第二十章　忘卻

1 *Hampshire Advertiser*, 17 Apr. 1852, see also 22 Feb. 1851.

2 *Hampshire Advertiser*, 17 Apr. 1852, see also 22 Feb. 1851.

3 G. T. Staunton, *Memoirs of the Chief Incidents*, 163, see also 162–66.

4 G. T. Staunton, *Inquiry into the Proper Mode of Rendering the Word "God,"* 31. See also *Hampshire Advertiser*, 24 Feb. 1838, 3 and 29 June 1839, 3.

5 G. T. Staunton, *Inquiry into the Proper Mode of Rendering the Word "God,"* 42.

6 G. T. Staunton, *Select Letters*, 4, 12, 14, 66.

7 G. T. Staunton, *Memoirs of the Chief Incidents*, 206.

8 *Gardeners' Chronicle and Agricultural Gazette*, 26 Apr. 1845, 275; Richard Carter, "Notes on the Different Kinds of Banana Cultivated at Leigh Park, the Seat of Sir G.T. Staunton, Bart," *Gardener's Magazine and Register of Rural and Domestic Improvement* 8 (1832): 506–7.
9 Jones, "Timeline of Leigh Park History," 19, 22, 25.
10 Royal Botanic Gardens, Kew, Archives: Directors' Correspondence 38/3 "Floriculture"; Brodie, *Works of Sir Benjamin Collins Brodie*, 1:262.
11 Brodie, *Works of Sir Benjamin Collins Brodie*, 1:119–377; G. H. Lewes, "Brodie's Psychological Inquiries," *Saturday Review* 1, no. 21 (22 Mar. 1856): 422–23.
12 Brodie, *Works of Sir Benjamin Collins Brodie*, 1:228, see also 1:262–63.
13 Brodie, *Works of Sir Benjamin Collins Brodie*, 1:228, see also 1:122, 299.
14 Lewes, "Brodie's Psychological Inquiries."
15 Brodie, *Works of Sir Benjamin Collins Brodie*, 1:194, 202, 244.
16 Brodie, *Works of Sir Benjamin Collins Brodie*, 1:240.
17 Brodie, *Works of Sir Benjamin Collins Brodie*, 1:225.
18 Brodie, *Works of Sir Benjamin Collins Brodie*, 1:333.
19 Brodie, *Works of Sir Benjamin Collins Brodie*, 1:372.
20 Brodie, *Works of Sir Benjamin Collins Brodie*, 1:373, 376–77.
21 GT Staunton Papers, Visitors to Leigh Park.
22 Janet H. Bateson, "Ho Chee, John Fullerton Elphinstone and the Lowdell Family" (RH7 History Group, 2008), www.rh7.org; Ch'en, *Insolvency of the Chinese Hong Merchants*, 348–51; Duncan, "Hochee and Elphinstone," 40, 53, 54, 58; Price, *Chinese in Britain*, 86.
23 Duke Staunton Papers, Visitors to Leigh Park; *Hampshire Advertiser*, 17 Apr. 1852, 3.
24 Hampshire Record Office, Winchester, Copy/628/4 Will of Sir George Thomas Staunton of Leigh Park, 30 Jan. 1852; Steve Jones, "William Henry Stone of Leigh Park His Life, Including His Political Career and the Changing Face of the Leigh Park Estate," *Havant Borough History Booklet* 65 (n.d.): 8–15; Royal Asiatic Society, George Thomas Staunton Collection; Victoria and Albert Museum, London, A.17–1925 Ruyi sceptre.
25 AFP SC Cina 11:775 Grioglio 1845, 11:604 Agostino 1845.
25 APF SC Cina 14:275–6 Grioglio 1851; ACGOFM Missioni 53 Raccolta di letter Wang 1832; Harrison, *Missionary's Curse*, 65–91.
27 《天主教長治教區簡史》;《趙家嶺聖母堂簡介》;《山西通志・民族宗教志》,北京:中華書局,1997年,第405頁。
28 Timmer, *Apostolisch Vicariaat van Zuid-Shansi*, 93; Margiotti, *Cattolicismo nello Shansi*, 173; APF SOCP 43:587 Serrati, 16 Sept. 1739; APF SOCP 63:809 Kuo 1781.

結語

1 Liu, *Clash of Empires*, 31–86.

參考書目

Abbatista, Guido, ed. *Law, Justice and Codification in Qing China: European and Chinese Perspectives.* Trieste: Edizioni Università di Trieste, 2017.

Afinogenov, Gregory. *Spies and Scholars: Chinese Secrets and Imperial Russia's Quest for World Power.* Cambridge, Mass.: Harvard University Press, 2020.

Alexander, William. Journal of Lord Macartney's Embassy to China 1792–94. British Library, Add MS 35174.

——. Album of 379 drawings of landscapes, coastlines, costumes and everyday life made during Lord Macartney's embassy to the Emperor of China (1792–94). British Library, India Office Records, Prints, Drawings and Photographs, WD959.

Amsler, Nadine, Henrietta Harrison, and Christian Windler. "Introduction: Eurasian Diplomacies around 1800: Transformation and Persistence." *International History Review* 5 (2019).

Anderson, Aeneas. *A Narrative of the Embassy to China, in the Years 1792, 1793, and 1794.* London: J. Debrett, 1795.

Archivio della Curia Generalizia dell'Ordine dei Fratri Minori (ACGOFM). Rome.

Archivio Istituto Universitario Orientale Napoli (AION). Naples.

Archivio Storico di Propaganda Fide (APF). Rome.

Archivum Romanum Societatis Iesu. Rome.

Arnould, Joseph. *Life of Thomas, First Lord Denman, Formerly Lord Chief Justice of England.* 2 vols. Boston: Estes & Lauriat, 1874.

Baring Archive. London.

Barrow, John. *Auto-biographical Memoir of Sir John Barrow, Bart., Late of the Admiralty.* London: John Murray, 1847.

——. *Some Account of the Public Life and a Selection from the Unpublished Writings of the Earl of Macartney.* London: T. Caddell & W. Davies, 1807.

——. *Travels in China.* London: T. Cadell & W. Davies, 1804.

——. *A Voyage to Cochinchina in the Years 1792 and 1793.* London: T. Cadell & W. Davies, 1806.

Basu, Dilip K. "Chinese Xenology and the Opium War: Reflections on Sinocentrism." *Journal of Asian Studies* 73, no. 4 (2014).

Berg, Maxine. "Britain, Industry and Perceptions of China: Matthew Boulton, 'Useful Knowledge' and the Macartney Embassy to China 1792–94." *Journal of Global History* 1, no. 2 (2006): 269–88.

Biographical Memoir of Sir Erasmus Gower, Knt. Portsea: W. Woodward, 1815.

Bowen, H. V. *The Business of Empire: The East India Company and Imperial Britain, 1756–1833.* Cambridge: Cambridge University Press, 2006.

British Library (BL). London.

Brodie, Benjamin. *The Works of Sir Benjamin Collins Brodie.* London: Longman, Green, Longman, Roberts & Green, 1865.

Brown, David. *Palmerston: A Biography.* New Haven, Conn.: Yale University Press, 2010.

Burney, Fanny. *The Journals and Letters of Fanny Burney.* Edited by Joyce Hemlow et al. Oxford: Oxford University Press, 1972–84.

Cai Hongsheng 蔡鴻生. "Qingdai Guangzhou hangshang de xiyang guan—Pan Youdu 'Xiyang zayong' pingshuo" 清代廣州行商的西洋觀——潘有度《西洋雜咏》評説 [The attitudes towards the West of a Qing dynasty Guangzhou hong merchant—Pan Youdu's *Miscellaneous songs on the Western Ocean*]. Guangdong shehui kexue 廣東社會科學 1 (2003).

Cappello, Felice. *Hieropaedia Catholica sive sacra instructio de diversis sacerdotii ordinibus in modum examinis exarata.* Neapoli: Petrus Perger, 1804.

——. *Progymnasmatum eloquentiae.* Neapoli: Fratres Simonii, 1763.

Chan Hok-Lam. "The 'Chinese Barbarian Officials' in the Foreign Tributary Missions to China during the Ming Dynasty." *Journal of the American Oriental Society* 88, no. 3 (1968).

Chen Depei 陳德培. "Lin Zexu Yangshi zalu" 林則徐《洋事雜錄》[Lin Zexu's *Miscellaneous Notes on Foreign Affairs*]. *Zhongshan daxue xuebao (zhexue shehuikexue ban)* 中山大學學報（哲學社會科學版）3 (1986).

Chen Guodong 陳國棟. *Qingdai qianqi de Yue haiguan yu shisan hang* 清代前期的粵海關與十三行 [The Guangdong customs and the cohong in the early Qing]. Guangzhou: Guangdong renmin chubanshe, 2014.

Chen Kaike 陳開科. *Jiaqing shi nian: shibai de Eguo shituan yu shibai de Zhongguo waijiao* 嘉慶十年：失敗的俄國使團與失敗的中國外交 [1805: The defeat of the Russian embassy and the defeat of China's foreign policy]. Beijing: Shehui kexue wenxian chubanshe, 2014.

Ch'en, Kuo-tung Anthony. *The Insolvency of the Chinese Hong Merchants 1760–1843.* Taipei: Academia Sinica, 1990.

Chen, Li. *Chinese Law in Imperial Eyes: Sovereignty, Justice and Transcultural Politics.* New York: Columbia University Press, 2016.

Chen Shenglin 陳勝粦. "Lin Zexu 'kaiyan shijie' de zhengui jilu: Lin shi *Yangshi zalu* pingjia" 林則徐「開眼看世界」的珍貴記錄——林氏《洋事雜錄》評介 [A precious record of the broadening of Lin Zexu's horizons—An evaluation of Mr Lin's *Miscellaneous notes on foreign matters*]. *Zhongshan daxue xuebao (Zhexue shehuikexue ban)* 中山大學學報（哲學社會科學版）3 (1986).

Chen, Song-chuan. *Merchants of War and Peace: British Knowledge of China in the Making of the Opium War.* Hong Kong: Hong Kong University Press, 2017.

Chen Xianpo 陳顯波. "Zhuti wenhua dui yizhe de yingxiang—yi Folanxisi Bailing zhi Liangguang zongdu xinjian fanyi wei li" 主體文化對譯者的影響——以佛朗西斯百靈致兩廣總督信件翻譯為例 [The influence of subjective culture on translators—A case study of the translation of the letter from Francis Baring to the governor general of Guangdong and Guangxi]. *Jiamusi daxue shehui kexue xuebao* 佳木斯大學社會科學學報 29, no. 5 (2011).

Coutts Bank Archive. London.

Davies, C. Collin, ed. *The Private Correspondence of Lord Macartney Governor of Madras (1781–85).* London: Offices of the Royal Historical Society, 1950.

Davis, John Francis. *Sketches of China.* London: Charles Knight, 1841.

Di Fiore, Giacomo. *Lettere di missionari dalla Cina (1761–1775): La vita quotidiana nelle missioni attraverso il carteggio di Emiliano Palladini e Filippo Huang con il Collegio dei Cinesi in Napoli.* Napoli: Istituto Universitario Orientale, 1995.

Di Fiore, Giacomo, and Michele Fatica. "Vita di relazione e vita quotidiana nel Collegio dei Cinesi." In *Matteo Ripa e il Collegio dei Cinesi di Napoli (1682–1869): Percorso documentario e iconografico*, edited by Michele Fatica. Napoli: Università degli Studi di Napoli "L'Orientale," 2006.

Durand, Pierre-Henri. "Langage bureaucratique et histoire: Variations autour du Grand Conseil et de l'ambassade Macartney." *Études chinoises* 12, no. 1 (1993).

Elenchus alumnorum, decreta et documenta quae spectant ad Collegium Sacrae Familiae Neapolis. Chang-hai: Typographia Missionis Catholicae, 1917.

Ellis, Henry. *Journal of the Proceedings of the Late Embassy to China.* 2 vols. London: John Murray, 1818.

Elphinstone Collection. British Library.

Fairbank, John King, ed. *The Chinese World Order: Traditional China's Foreign Relations.* Cambridge, Mass.: Harvard University Press, 1968.

Farrell, Stephen. "Staunton, Sir George Thomas, 2nd bt. (1781–1859), of Leigh Park, Hants and 17 Devonshire Street, Portland Place, Mdx." In *The History of Parliament: The House of Commons 1820–1832*, edited by D. R. Fisher. Cambridge: Cambridge University Press, 2009.

Fatica, Michele. "Gli alunni del *Collegium Sinicum* di Napoli, la missione Macartney presso l'imperatore Qianlong e la richiesta di libertà di culto per i cristiani cinesi [1792–1793]." In *Studi in onore di Lionello Lanciotti*, edited by S. M. Carletti, M. Sacchetti, and P. Santangelo. Napoli: Istituto Universitario Orientale, 1996.

——. *Matteo Ripa e il Collegio dei Cinesi di Napoli (1682–1869): Percorso documentario e iconografico.* Napoli: Università degli Studi di Napoli "L'Orientale," 2006.

Fatica, Michele, and Francesco D'Arelli, eds. *La missione cattolica in Cina tra i secoli XVIII–XIX: Matteo Ripa e il collegio dei cinesi: Atti del colloquio internazionale Napoli, 11–12 febbraio 1997.* Napoli: Istituto universitario orientale, 1999.

First Historical Archives 中國第一歷史檔案館 (FHA). Beijing.

Fisher, D. R., ed. *The History of Parliament: The House of Commons 1820–1832.* Cambridge: Cambridge University Press, 2009.

Fisher, Michael H. *Counterflows to Colonialism: Indian Travellers and Settlers in Britain 1600–1857.* Delhi: Permanent Black, 2004.

Fu, Lo-Shu. *A Documentary Chronicle of Sino-Western Relations (1644–1820).* Tucson: University of Arizona Press, 1966.

Gao, Hao. *Creating the Opium War: British Imperial Attitudes towards China, 1792–1840.* Manchester: Manchester University Press, 2020.

Gladwyn, Derek. *Leigh Park: A 19th Century Pleasure Ground.* Midhurst: Middleton Press, 1992.

Gower, Erasmus. A Journal of His Majesty's Ship Lion beginning the 1st October 1792 and ending the 7th September 1794. British Library, Add MS 21106.

Grant, Frederic D. *The Chinese Cornerstone of Modern Banking: The Canton Guaranty System and the Origins of Bank Deposit Insurance 1780–1933.* Leiden: Brill, 2014.

——. "The Failure of the Li-ch'uan Hong: Litigation as a Hazard of Nineteenth Century Foreign Trade." *American Neptune* 48, no. 4 (1988).

Guan Shipei 關詩珮. "Fanyi yu tiaojie chongtu: diyici yapian zhanzheng de Ying fang yizhe Feilun (Samuel T. Fearon, 1819–1854)" 翻譯與調解衝突：第一次鴉片戰爭的英方譯者費倫 (Samuel T. Fearon, 1819–1854) [Translation and conflicts over mediation: Samuel T. Fearon (1819–1954) an interpreter for the British during the First Opium War]. *Zhongyang yanjiuyuan jindaishi yanjiusuo jikan* 中央研究院近代史研究所集刊 76 (2012).

——. "Ying Fa 'Nanjing tiaoyue' yizhan yu Yingguo hanxue de chengli—Yingguo hanxue zhi fu Sidangdong de gongxian 英法《南京條約》譯戰與英國漢學的成立——「英國漢學之父」斯當東的貢獻 [The translation war between Britain and France over the Treaty of Nanking and the establishment of British Sinology—The contribution of the father of British Sinology Staunton]. *Fanyishi yanjiu* 翻譯史研究 3 (2013).

Hanser, Jessica. "From Cross-Cultural Credit to Colonial Debt: British Expansion in Madras and Canton, 1750–1800." *American Historical Review* 124, no. 1 (2019): 87–107.

——. *Mr. Smith Goes to China: Three Scots in the Making of Britain's Global Empire.* New Haven, Conn.: Yale University Press, 2019.

Hariharan, Shantha. "Relations between Macao and Britain during the Napoleonic Wars: Attempt to Land British Troops in Macao, 1802." *South Asia Research* 30, no. 2 (2010).

Harrison, Henrietta. *The Missionary's Curse and Other Tales from a Chinese Catholic Village.* Berkeley: University of California Press, 2013.

——. "The Qianlong Emperor's Letter to George III and the Early-Twentieth-Century Origins of Ideas about Traditional China's Foreign Relations." *American Historical Review* 122, no. 3 (2017).

Hobhouse, John Cam. *Recollections of a Long Life.* 6 vols. London: John Murray, 1911.

Huang Yilong 黃一農. "Yinxiang yu zhenxiang—Qing chao Zhong Ying liangguo de jinjian zhi zheng" 印象與真相——清朝中英兩國的覲禮之爭 [Prints and the real picture—The contest over imperial audiences between China and Britain in the Qing Dynasty]. *Zhongyang yanjiuyuan lishi yuyan yanjiusuo jikan* 中央研究院歷史語言研究所集刊 78, no. 1 (2007).

Hunter, William C. *Bits of Old China.* London: Kegan Paul, 1855.

India Office Records (IOR), British Library. London.

Jami, Catherine. *The Emperor's New Mathematics: Western Learning and Imperial Authority during the Kangxi Reign (1662–1722).* Oxford: Oxford University Press, 2011.

Jenkins, Lawrence Waters. "An Old Mandarin Home." *Essex Institute Historical Collections* 71, no. 2 (1935).

Ji Qiufeng 計秋楓. "Magaerni shi Hua shijian zhong de Yingjili 'biaowen' kao" 馬戛爾尼使華事件中的英吉利「表文」考 [An examination of the English "memorial" presented during Macartney's embassy to China]. *Shixue yuekan* 史學月刊 8 (2008).

Ji Yaxi 季壓西 and Chen Weimin 陳偉民. *Zhongguo jindai tongshi* 中國近代通事 [Interpreters in modern China]. Beijing: Xueyuan chubanshe, 2007.

Jones, Steve. "Timeline of Leigh Park History." *Borough of Havant History Booklet* 97 (n.d.).

Journal of the Commissioners appointed by the President and Select Committee of Fort St. George, Madras, to conclude a treaty of peace on behalf of the East India Company with Tipu Sultan. British Library, Add MS 39857–8.

Keliher, Macabe. *The Board of Rites and the Making of Qing China.* Oakland: University of California Press, 2019.

Kim, Kyung-ran. "Foreign Trade and Interpreter Officials." In *Everyday Life in Joseon-Era Korea: Economy and Society*, edited by Michael D. Shin. Leiden: Brill, 2014.

Kitson, Peter J. *Forging Romantic China: Sino-British Cultural Exchange 1760–1840.* Cambridge: Cambridge University Press, 2013.

Kwee, Hui Kian. *The Political Economy of Java's Northeast Coast c. 1740–1800: Elite Synergy.* Leiden: Brill, 2006.

Lai Huimin 賴惠敏. *Qianlong huangdi de hebao* 乾隆皇帝的荷包 [Emperor Qianlong's purse]. Taibei: Zhongyanyuan jinshisuo, 2014.

Leonard, Jane Kate. *Wei Yuan and China's Rediscovery of the Maritime World.* Cambridge, Mass.: Council on East Asian Studies, Harvard University, 1984.

Leung, Angela Ki Che. "The Business of Vaccination in Nineteenth-Century Canton." *Late Imperial China* 29, no. 1, Supplement (2008).

Leung, Cécile. *Etienne Fourmont (1683–1745): Oriental and Chinese Languages in Eighteenth-Century France.* Leuven: Leuven University Press & Ferdinand

Verbiest Foundation, 2002.

Li Changsen 李長森. *Jindai Aomen fanyi shigao* 近代澳門翻譯史稿 [A draft history of translation in modern Macao]. Beijing: Shehuikexue wenxian chubanshe, 2016.

Li Huan 李桓, ed. *Guochao qi xian leizheng chubian* 國朝耆獻類徵初編 [Classified biographies of notables of the dynasty first series]. 1883. Reprint, Taibei: Wenhai chubanshe, 1966.

Li, Hui. "Il Dictionarium Latino-Italico-Sinicum di Carlo Orazi da Castrorano O.F.M. (1673–1755)." Sapienza PhD dissertation, 2014–15.

Li Nanqiu 黎難秋. *Zhongguo kouyi shi* 中國口譯史 [A history of interpreting in China]. Qingdao: Qingdao chubanshe, 2002.

Li Wenjie 李文傑. *Zhongguo jindai waijiaoguan qunti de xingcheng (1861–1911)* 中國近代外交官群體的形成 (1861–1911) [The emergence of modern Chinese diplomats (1861–1911)]. Beijing: Sanlian shudian, 2017.

Li Yukai 李于鍇. *Li Yukai yigao jicun* 李于鍇遺稿輯存 [Collected writings left by Li Yukai]. Lanzhou: Lanzhou daxue chubanshe, 1987.

Liang Tingnan 梁廷枏. *Yue haiguan zhi* 粵海關志 [Guangdong maritime customs gazetteer] (1839). Edited by Yuan Zhongren 袁鐘仁. Guangzhou: Guangdong renmin chubanshe, 2014.

Liu Fang 劉芳 and Zhang Wenqin 張文欽, eds. *Qingdai Aomen zhongwen dang'an huibian* 清代澳門中文檔案彙編 [Collected Chinese archives from Qing dynasty Macao]. 2 vols. Aomen: Aomen jijinhui, 1999.

Liu Li 劉黎. "Zhong Ying shouci zhengshi waijiao zhong Bailing zhi liang Guang zongdu xinjian de fanyi wenti" 中英首次正式外交中百靈致兩廣總督信件的翻譯問題 [The problem of the translation of Baring's letter to the Guangdong Guangxi governor general during the first formal diplomatic encounter between China and Britain]. *Chongqing jiaotong daxue bao (shehui kexue ban)* 重慶交通大學報（社會科學版）16, no. 2 (2016).

Liu, Lydia H. *The Clash of Empires: The Invention of China in Modern World Making.* Cambridge, Mass.: Harvard University Press, 2004.

Ma Zimu 馬子木. "Lun Qing chao fanyi keju de xingcheng yu fazhan" 論清朝翻譯科舉的形成與發展 [On the formation and development of translation examinations in the Qing dynasty]. *Qing shi yanjiu* 清史研究 3 (2014).

Macartney, George. *An Embassy to China Being the Journal Kept by Lord Macartney during His Embassy to the Emperor Ch'ien-lung 1793–1794.* Edited by J. L. Cranmer-Byng. London: Longmans, 1962.

——. George Macartney Papers. Asia Collections, Cornell University Library, Ithaca, N.Y. (Macartney Cornell MS).

——. Journal of a Voyage from London to Cochin China 11/9/1792–15/6/1793. Copy ca. 1805. Wellcome Trust, MSS 3352.

——. Papers of George Macartney, 1st Earl Macartney. Bodleian Library, Oxford.

Mao Haijian. *The Qing Empire and the Opium War: The Collapse of the Heavenly*

Dynasty. Translated by Joseph Lawson et al. Cambridge: Cambridge University Press, 2016.

Margiotti, Fortunato. *Il cattolicismo nello Shansi dalle origini al 1738.* Rome: Edizioni "Sinica Franciscana," 1958.

Mcgee, Nicholas. "Putting Words in the Emperor's Mouth: A Genealogy of Colonial Potential in the Study of Qing Chinese Diaspora." *Journal of World History* 30, no. 4 (2019).

McNeur, George Hunter. *Liang A-fa: China's First Preacher, 1789–1855.* Edited by Jonathan A. Seitz. Eugene, Oregon: Pickwick, 2013.

McNulty, Paul. "The Genealogy of the Anglo-Norman Lynches Who Settled in Galway." *Journal of the Galway Archaeological and Historical Society* 62 (2010).

Millward, James A., et al., eds. *New Qing Imperial History: The Making of Inner Asian Empire at Qing Chengde.* London: RoutledgeCurzon, 2004.

Ming Qing gong cang Zhong xi shangmao dang'an 明清宮藏中西商貿檔案 [Ming and Qing palace archives on the Sino-Western trade]. Zhongguo di yi lishi dang'anguan 中國第一歷史檔案館 ed. Beijing: Zhongguo dang'an chubanshe, 2010. 8 vols.

Ming Qing shilu 明清實錄 [Veritable records of the Ming and Qing]. Reprint, Beijing: Airusheng shuzihua jishu yanjiu zhongxin, 2016.

Morrison, John Robert. *A Chinese Commercial Guide, Consisting of a Collection of Details Respecting Foreign Trade in China.* Canton: Albion Press, 1834.

Morrison, Robert. *A Memoir of the Principal Occurrences during an Embassy from the British Government to the Court of China in the Year 1816.* London, 1819.

Morrison, Robert, and Eliza A. Morrison. *Memoirs of the Life and Labours of Robert Morrison D.D.* 2 vols. London: Longman, Orme, Brown, Green and Longmans, 1839.

Morse, Hosea Ballou. *The Chronicles of the East India Company Trading to China, 1635–1834.* 5 vols. Oxford: Clarendon, 1926–29.

Mosca, Matthew William. *From Frontier Policy to Foreign Policy: The Question of India and the Transformation of Geopolitics in Qing China.* Stanford, Calif.: Stanford University Press, 2013.

——. "The Qing State and Its Awareness of Eurasian Interconnections 1789–1806." *Eighteenth-Century Studies* 47, no. 2 (2014).

The National Archives (TNA). London.

National Archives of Ireland. Dublin.

Nechtman, Tillman W. *Nabobs: Empire and Identity in Eighteenth-Century Britain.* Cambridge: Cambridge University Press, 2010.

Old Bailey Proceedings Online. www.oldbaileyonline.org.

O'Neill, Mark, and Ged Martin. "A Backbencher on Parliamentary Reform, 1831–1832." *Historical Journal* 23, no. 3 (1980).

Ong, S. P. "Jurisdictional Politics in Canton and the First English Translation of the Qing Penal Code (1810)." *Journal of the Royal Asiatic Society* 20, no. 2 (2010).

Palmerston Papers, Southampton University Archive. Southampton.

Pan Jianfen 潘劍芬. *Guangzhou shisanhang hangshang Pan Zhencheng jiazu yanjiu (1714–1911)* 廣州十三行行商潘振承家族研究（1714–1911）[The family history of Pan Zhencheng of the thirteen hong merchant houses of Guangzhou]. Beijing: Shehui kexue chubanshe, 2017.

Pan Yikui 潘挹奎. *Wuwei qijiu zhuan* 武威耆舊傳 [Biographies of Wuwei elders]. ca. 1820.

Perdue, Peter C. *China Marches West: The Qing Conquest of Central Eurasia.* Cambridge, Mass.: Harvard University Press, 2005.

——. "The Tenacious Tributary System." *Journal of Contemporary China* 24, no. 96 (2015).

Peyrefitte, Alain. *The Collision of Two Civilisations: The British Expedition to China in 1792–4.* Translated by Jon Rothschild. London: Harvill, 1993.

Platt, Stephen R. *Imperial Twilight: The Opium War and the End of China's Last Golden Age.* New York: Knopf, 2018.

Polachek, James. *The Inner Opium War.* Cambridge, Mass.: Harvard University Press, 1992.

Porter, David. "Bannermen as Translators: Manchu Language Education in the Hanjun Banners." *Late Imperial China* 40, no. 2 (2019).

Price, Barclay. *The Chinese in Britain: A History of Visitors and Settlers.* Stroud: Amberley Publishing, 2019.

Pritchard, Earl H. "The Crucial Years of Early Anglo-Chinese Relations, 1750–1800." *Research Studies of the State College of Washington* 4, nos. 3–4 (1936).

——. "The Instructions of the East India Company to Lord Macartney on His Embassy to China and His Reports to the Company 1792–4." *Journal of the Royal Asiatic Society of Great Britain and Ireland* 70, nos. 2–4 (1938).

Proudfoot, William Jardine. *Biographical Memoir of James Dinwiddie, LL.D.* Liverpool: Edward Howell, 1868.

Qinding da Qing huidian shili 欽定大清會典事例 [Imperially authorised collected statutes and precedents of the great Qing]. Edited by Kungang 崑岡 et al. 1,220 vols. Beijing: Waiwubu, 1899.

Qingdai waijiao shiliao Jiaqing chao 清代外交史料：嘉慶朝 [Qing foreign affairs historical materials from the Jiaqing reign]. Edited by Gugong bowuyuan 故宮博物院. 1932–35.

Qing Gaozong (Qianlong) yuzhi shiwen quanji 清高宗（乾隆）御製詩文全集 [The collected poetry and prose of Qing Gaozong (Qianlong)]. 10 vols. Beijing: Zhongguo Renmin daxue chubanshe, 1993.

Qing shi gao xiaozhu 清史稿校註 [Draft Qing History annotated edition]. 15 vols. Taibei: Guoshiguan, 1986.

Qing zhongqianqi xiyang tianzhujiao zai Hua huodong dang'an shiliao 清中前期西

洋天主教在華活動檔案史料 [Historical archives relating to the activities of Western Catholics in China in the early and mid-Qing]. Edited by Zhongguo di yi lishi dang'anguan 中國第一歷史檔案館. Beijing: Zhonghua shuju, 2003.

Roebuck, Peter, ed. *Macartney of Lisanoure, 1737–1806: Essays in Biography.* Belfast: Ulster Historical Foundation, 1983.

Royal Asiatic Society. George Thomas Staunton Collection in the RAS Library, May 1998 (unpublished MS).

Sachsenmaier, Dominic. *Global Entanglements of a Man Who Never Travelled: A Seventeenth-Century Chinese Christian and His Conflicted Worlds.* New York: Columbia University Press, 2020.

Smith, Pleasance, ed. *Memoir and Correspondence of the Late Sir James Edward Smith M.D.* London: Longman, Rees, Orme, Brown, Green & Longman, 1832.

Song Wenqing gong sheng guan lu 松文清公升官錄 [A record of Songyun's official career]. In *Beijing tushuguan zhenben nianpu congkan* 北京圖書館藏珍本年譜叢刊 (Beijing: Beijing tushuguan chubanshe, 1999).

Souciet, Etienne. *Observations mathématiques, astronomiques, geographiques, Chronologiques, et physiques tirées des anciens livres chinois ou faites nouvellement aux Indes et à la Chine par les pères de la Compagnie de Jesus.* Paris: Rollin, 1729.

Standaert, Nicolas. "Jean François Foucquet's Contribution to the Establishment of Chinese Book Collections in European Libraries: Circulation of Chinese Books." *Monumenta Serica* 63, no. 2 (2015).

St. André, James. " 'But Do They Have a Notion of Justice?' Staunton's 1810 Translation of the Great Qing Code." *The Translator* 10, no. 1 (2004).

Staunton, George Leonard. *An Authentic Account of an Embassy from the King of Great Britain to the Emperor of China.* 2 vols. London: W. Bulmer, 1797.

——. Sir George Leonard Staunton Papers, 1753–1804. British Library.

Staunton, George Thomas. *Catalogue of the Library at Leigh Park, 1842.* Adams, 1842.

——. *Corrected Report of the Speeches of Sir George Staunton on the China Trade in the House of Commons, June 4, and June 13, 1833.* London: Edmund Lloyd, 1833.

——. George Thomas Staunton Papers, 1743–1885. David M. Rubenstein Rare Book & Manuscript Library, Duke University. Reproduced in China through Western Eyes: Manuscript Records of Traders, Travellers, Missionaries & Diplomats, Adam Matthews.

——. *An Inquiry into the Proper Mode of Rendering the Word "God" in Translating the Sacred Scriptures into the Chinese Language.* London: Lionel Booth, 1849.

——. *Memoir of the Life and Family of the Late Sir George Leonard Staunton Bart.* Hampshire: Havant Press, 1823.

——. *Memoirs of the Chief Incidents of the Public Life of Sir George Thomas Staunton, Bart.* London: L. Booth, 1856.

——. *Miscellaneous Notices Relating to China and Our Commercial Intercourse with That Country Including a Few Translations from the Chinese Language.* London: John Murray, 1822.

——, trans. *Narrative of the Chinese Embassy to the Khan of the Tourgouth Tartars.* London: John Murray, 1821.

——. *Notes of Proceedings and Occurrences during the British Embassy to Pekin in 1816.* Hampshire: Havant Press, 1824.

——. *Notices of the Leigh Park Estate Near Havant 1836.* London: Edmund Lloyd, 1836.

——. *Remarks on the British Relations with China and the Proposed Plans for Improving Them.* London: Edmund Lloyd, 1836.

——, ed. *Select Letters Written on the Occasion of the Memoirs of Sir G.T. Staunton Bart. by His Private Friends.* London, 1857.

——. *Tablets in the Temple, Leigh Park.* 1840.

——, trans. *Ta Tsing Leu Lee; Being the Fundamental Laws, and a Selection from the Supplementary Statutes, of the Penal Code of China.* London: T. Cadell & W. Davies, 1810.

Stifler, Susan Reed. "The Language Students of the East India Company's Canton Factory." *Journal of the North China Branch of the Royal Asiatic Society* 69 (1938).

Su Jing 蘇精. *Lin Zexu kanjian de shijie: "Aomen xinwenzhi" de yuanwen yu yiwen* 林則徐看見的世界：《澳門新聞紙》的原文與譯文 [The world that Lin Zexu saw: Original texts and translations of the "Macao News sheets"]. Guilin: Guangxi shifan daxue chubanshe, 2017.

Tan Shulin 譚樹林. "Ying Hua shuyuan yu wan Qing fanyi rencai zhi peiyang—yi Yuan Dehui, Ma Ruhan wei zhongxin de kaocha" 英華書院與晚清翻譯人才之培養——以袁德輝、馬儒翰為中心的考察 [The Anglo-Chinese College and the education of late Qing translation talent—An examination centred on Yuan Dehui and John Robert Morrison]. *Anhui shixue* 安徽史學 2 (2014).

Tianzhujiao Changzhi jiaoqu jianshi 天主教長治教區簡史 [A brief history of Changzhi Catholic diocese]. Edited by Jiaoyou shenghuo 教友生活 [1997].

Timmer, Odoricus. *Het Apostolisch Vicariaat van Zuid-Shansi in de eerste vijf-en-twintig jaren van zijn bestaan (1890–1915).* Leiden: G.F. Théonville, 1915.

Torikai, Kumiko. *Voices of the Invisible Presence: Diplomatic Interpreters in Post-World War II Japan.* Amsterdam: John Benjamins, 2009.

Van Dyke, Paul A. *The Canton Trade: Life and Enterprise on the China Coast, 1700–1845.* Hong Kong: Hong Kong University Press, 2005.

Villani, Stefano. "Montucci, Antonio." In *Dizionario biografico degli italiani (1960–).* 2018. http://treccani.it.

Wakeman, Frederic. "Drury's Occupation of Macau and China's Response to

Early Modern Imperialism." *East Asian History* 28 (2004).

Waley-Cohen, Joanna. "China and Western Technology in the Late Eighteenth Century." *American Historical Review* 98, no. 5 (1993).

Wang Hongzhi 王宏志 (Lawrence Wong). "Di yi ci yapian zhanzheng zhong de yizhe: shang pian: Zhongfang de yizhe" 第一次鴉片戰爭中的譯者——上篇：中方的譯者 [The translators/interpreters in the First Opium War. Part one: Translators/interpreters of the Chinese camp]. *Fanyishi yanjiu* 翻譯史研究 1 (2011).

——. "Di yi ci yapian zhanzheng zhong de yizhe: xia pian: Yingfang de yizhe" 第一次鴉片戰爭中的譯者——下篇：英方的譯者 [The translators/interpreters in the First Opium War. Part two: Translators/interpreters of the English camp]. *Fanyishi yanjiu* 翻譯史研究 (2012): 1–59.

——. *Fanyi yu jindai Zhongguo* 翻譯與近代中國 [Translation and modern China]. Shanghai: Fudan daxue chubanshe, 2014.

——. "Magaerni shi Hua de fanyi wenti" 馬戛爾尼使華的翻譯問題 [The translation problems of the Macartney embassy to China]. *Zhongyang yanjiuyuan jindaishi yanjiusuo jikan* 中央研究院近代史研究所集刊 63 (2009).

——. "Sidangdong yu Guangzhou tizhi Zhong Ying maoyi de fanyi: jianlun 1814 nian Dong Yindu gongsi yu Guangzhou guanyuan yi ci sheji fanyi wenti de huiyi" 斯當東與廣州體制中英貿易的翻譯：兼論1814年東印度公司與廣州官員一次涉及翻譯問題的會議 [George Thomas Staunton and translation in Sino-British trade in the Canton system: With special reference to the 1814 meeting involving the translation issue]. *Fanyixue yanjiu* 翻譯學研究 17 (2014): 225–59.

——. "1814 nian 'Ayao shijian': Jindai Zhong Ying jiaowang zhong de tongshi" 1814年「阿耀事件」：近代中英交往中的通事 [The 1814 "Ayew Incident": Linguists in Sino-British relations in the nineteenth century]. 中國文化研究所學報 / *Journal of Chinese Studies* 59 (2014).

Wang, Wensheng. *White Lotus Rebels and South China Pirates: Crisis and Reform in the Qing Empire.* Cambridge, Mass.: Harvard University Press, 2014.

Wang Yuanchong. *Remaking the Chinese Empire: Manchu-Korean Relations, 1616–1911.* Ithaca, N.Y.: Cornell University Press, 2018.

Wong, John D. *Global Trade in the Nineteenth Century: The House of Houqua and the Canton System.* Cambridge: Cambridge University Press, 2016.

Wong, Lawrence Wang-chi. " 'We Are as Babies under Nurses': Thomas Manning (1772–1840) and Sino-British Relations in the Early Nineteenth Century." *Journal of Translation Studies* 1, no. 1 (2017).

Wu, Huiyi. *Traduire la Chine au XVIIIe siecle: les jésuites traducteurs de textes chinois et le renouvellement des connaissances européennes sur la Chine (1687–ca. 1740).* Paris: Honoré Champion, 2017.

Wuwei jianshi 武威簡史 [A simple history of Wuwei]. Edited by Wuwei xianzhi bianzuan weiyuanhui 武威縣志編纂委員會. Wuwei: Wuwei xian yinshuachang, 1983.

Wuwei shi minzu zongjiao zhi 武威市民族宗教志 [Wuwei city nationalities and religions gazetteer]. Lanzhou: Gansu minzu chubanshe, 2002.

Yang Huiling 楊慧玲. *19 shiji Han Ying cidian chuantong—Malixun, Weisanwei, Zhailisi Han Ying cidian de puxi yanjiu* 19 世紀漢英詞典傳統——馬禮遜，衛三畏，翟理斯漢英詞典的譜系研究 [The tradition of 19th-century Chinese-English dictionaries—Research into the genealogy of the Chinese-English dictionaries of Robert Morrison, Samuel Wells Williams and Herbert Giles]. Beijing: Shangwu yinshuguan, 2012.

Yapian zhanzheng dang'an shiliao 鴉片戰爭檔案史料 [Historical archival materials on the Opium War]. Edited by Zhongguo diyi lishi dang'anguan 中國第一歷史檔案館. Tianjin: Tianjin guji chubanshe, 1992.

Yingjiliguo xinchu zhongdou qishu 暎咭唎國新出種痘奇書 [The extraordinary story of the newly discovered English method of inoculation]. 1805. Reprint, 1885. Bodleian Library Sinica, 1417.

Yingshi Magaerni fang Hua dang'an shiliao huibian 英使馬嘎爾尼訪華檔案史料匯編 [Collected archival materials on the English envoy Macartney's visit to China]. Edited by Zhongguo di yi lishi dang'anguan 中國第一歷史檔案館. Beijing: Guoji wenhua chuban gongsi, 1996.

Yoon, Wook. "Prosperity with the Help of 'Villains,' 1776–1799: A Review of the Heshen Clique and its Era." *T'oung Pao* 98, nos. 4/5 (2012).

Zetzsche, Jost Oliver. *The Bible in China: The History of the Union Version, or The Culmination of Protestant Missionary Bible Translation in China.* Sankt Augustin: Monumenta Serica Institute, 1999.

Zhang Jiafeng 張嘉鳳. "Shijiu shiji chu niudou de zaidihua—yi 'Yingjili guo xinchu zhongdou qishu,' 'Xiyang zhongdou lun' yu 'Yindou lue' wei taolun zhongxin" 十九世紀初牛痘的在地化——以《暎咭唎國新出種痘奇書》、《西洋種痘論》與《引痘略》為討論中心 [Localisation of vaccination in the early nineteenth century—based around "The Extraordinary Story of the Newly Discovered English Method of Inoculation," "On Western Inoculation" and "An Outline of Inoculation"] *Zhongyang yanjiuyuan lishi yuyan yanjiusuo jikan* 中央研究院歷史語言研究所集刊 78, no. 4 (2007).

Zhang Ruilong 張瑞龍. *Tianlijiao shijian yu Qing zhongye de zhengzhi xueshu yu shehui* 天理教事件與清中葉的政治、學術與社會 [The Tianli Sect incident and politics, academy and society in the mid-Qing]. Beijing: Zhonghua shuju, 2014.

Zhang Shuangzhi 張雙智. *Qingdai chaoqin zhidu yanjiu* 清代朝勤制度研究 [Research into the Qing tribute system]. Beijing: Xueyuan chubanshe, 2010.

Zhaolian 昭槤. *Xiaoting zalu* 嘯亭雜錄 [Miscellaneous records from the Sighing Wind Pagoda]. Edited by He Yingfang 何英芳. Beijing: Zhonghua shuju, 1980.

圖片來源

1.1 George Ernest Morrison, *Liangchow from the Bell Tower Looking North*, 1910. Mitchell Library, State Library of New South Wales.

2.1 Lemuel Francis Abbott, *George Macartney and George Leonard Staunton*, ca. 1785. © National Portrait Gallery, London.

3.1 *The Chinese Church and College*, nineteenth century. Santangelo Collection. Photo: Pedicini fotografi, Naples.

3.2 Entrance hall of Chinese College. 作者拍攝

3.3 Chinoiserie porcelain boudoir of Queen Maria Amalia. Courtesy of Italian Ministry of Cultural Heritage and Activities and Tourism—Museum and Royal Park of Capodimonte.

4.1 George Thomas Staunton's Diary, 1791. David M. Rubenstein Rare Book & Manuscript Library, Duke University.

4.2 Thomas Hickey, *George Thomas Staunton*, 1792. MOCA (Museum of Contemporary Art), Yinchuan. Photo: Martyn Gregory Gallery, London.

6.1 John Barrow, *A General Chart on Mercator's Projection*, 1794. From George Leonard Staunton, *An Authentic Account of an Embassy from the King of Great Britain to the Emperor of China*. W. Bulmer, 1797. Adapted by David Cox.

6.2 William Alexander, *HMS Lion*, 1792. © Trustees of the British Museum.

6.3 WD959 William Alexander's Sketches of the Macartney Embassy to China 1793 by permission of the British Library.

7.1 From the British Library Collection: WD961, f.53(147)

7.2 From the British Library Collection: WD959 section 2 053

7.3 From the British Library Collection: WD961 f.151

7.4 From the British Library Collection: WD959 section 2 201

8.1 From the British Library Collection: WD959 section 1 127, 128

9.1 萬樹園賜宴圖，1753年，來源：Wikimedia Commons

9.2 與封面圖片 William Alexander (British, 1767–1816), Detail of *Chien-Lung's Court*, n.d. Pen and watercolor over pencil, 7 5/8 × 10 in. (19.4 × 25.4 cm), sheet: 10 3/8 × 13 1/2 in. (26.4 × 34.3 cm.). The Huntington Library, Art Museum, and Botanical Gardens. Gilbert Davis Collection. © Courtesy of the Huntington Art Museum, San Marino, California.

10.1 From the British Library Collection: Maps 8 TAB.c.8.83

12.1 John Hoppner, *Jane Staunton and Her Son*, ca. 1794. Courtesy of Patrick Dingwall.

12.2 *Portrait of Puankhequa II*. 香港藝術館藏品，圖片由香港藝術館提供

13.2 *The Trial of the Neptune Sailors in the English Factory*, 1807. © National Maritime Museum, Greenwich, London.

13.3 Thomas Allom, *The Fountain Court in Consequa's House, Canton*. From

Thomas Allom, *The Chinese Empire Illustrated*. Fisher, 1843.

14.1 Staunton's statement to Songyun. The National Archives, ref. FO1048/11/26.

14.2 Letter from Songyun. The National Archives, ref. FO1048/11/45.

16.1 Sir Thomas Lawrence (British, 1769–1830), *Lord Amherst*, 1821, oil on canvas, 93 × 57 1/2 in. (236 × 146 cm), Toledo Museum of Art (Toledo, Ohio). Purchased with funds from the Libbey Endowment, Gift of Edward Drummond Libbey, 1964.

17.1 趙家嶺，作者拍攝

17.2 趙家嶺，作者拍攝

18.1 Joseph Francis Gilbert, *Leigh Park*, ca. 1832. Reproduced by kind permission of Portsmouth Museum Service, Portsmouth City Council.

18.2 Joseph Francis Gilbert, *Temple Lawn*, ca. 1832. Reproduced by kind permission of Portsmouth Museum Service, Portsmouth City Council.

18.3 © Martin Archer Shee, *George Thomas Staunton*, 1833; Crown Copyright: UK Government Art Collection.

18.4 Joseph Francis Gilbert, *The Lake at Leigh Park*. Photo: Paul Carter, Southampton.

20.1 *The Victoria Regia House, Leigh Park, Havant*. Hampshire Record Office, ref. TOP 151/2/2.

20.2 *Hochee Playing Chess with His Son*. Courtesy of Celia Duncan.

作者、譯者簡介

作者

沈艾娣（Henrietta Harrison）

英國著名漢學家與歷史學家，於牛津大學擔任中國現代研究教授以及彭布羅克學院研究員。2014年獲遴選為英國國家學術院院士。現居英國牛津。著有《夢醒子：一位華北鄉居者的人生（1857–1942）》與《傳教士的詛咒》。《翻譯的危險》是她的最新著作，榮獲十八世紀研究最佳圖書獎Kenshur Prize，並且入圍沃爾夫森歷史獎（Wolfson History Prize）和坎迪爾歷史獎（Cundill History Prize）。

譯者

趙妍杰

女，北京大學歷史學博士。現為中國社會科學院近代史研究所副研究員，中國社會科學院大學副教授、碩士生導師。專業方向為近代中國社會文化史、民國政治史。著有《家庭革命：清末民初讀書人的憧憬》（社會科學文獻出版社，2020年）。譯有《夢醒子：一位華北鄉居者的人生（1857–1942）》，（北京大學出版社，2013年）。

BC00366

翻譯的危險：
清代中國與大英帝國之間兩位譯者的非凡人生

作　　者——沈艾娣（Henrietta Harrison）
譯　　者——趙妍杰
主　　編——何秉修
校　　對——Vincent Tsai
企　　劃——林欣梅
封面設計——陳恩安

總 編 輯——胡金倫
董 事 長——趙政岷
出 版 者——時報文化出版企業股份有限公司
108019 台北市和平西路三段 240 號 7 樓
發行專線｜ 02-2306-6842
讀者服務專線｜ 0800-231-705
02-2304-7103
讀者服務傳真｜ 02-2304-6858
郵撥｜ 1934-4724 時報文化出版公司
信箱｜ 10899 臺北華江橋郵局第 99 信箱
時報悅讀網—— http://www.readingtimes.com.tw
時報文化臉書—— https://www.facebook.com/readingtimes.fans
法律顧問——理律法律事務所 陳長文律師、李念祖律師
印　　刷——勁達印刷有限公司
初版一刷——2024 年 8 月 30 日
初版二刷——2024 年 11 月 1 日
定　　價——新臺幣 580 元

ISBN 978-626-396-617-8
Printed in Taiwan

時報文化出版公司成立於一九七五年，
並於一九九九年股票上櫃公開發行，二〇〇八年脫離中時集團非屬旺中，
以「尊重智慧與創意的文化事業」為信念。

翻譯的危險：清代中國與大英帝國之間兩位譯者的非凡人生/沈艾娣
(Henrietta Harrison)著；趙妍杰譯. -- 初版. -- 臺北市：時報文化出版企業股份有限公司, 2024.08　面；　公分.
譯自：The perils of interpreting : the extraordinary lives of two translators between Qing China and the British Empire.
ISBN 978-626-396-617-8(平裝)

1.CST: (清)李自標 2.CST: 斯當東(Staunton, George Thomas, Sir, 1781-1859) 3.CST: 翻譯 4.CST: 傳記 5.CST: 清代

781　　113011119